VERNACULAR MODERNISM IN VISUAL CULTURES

ヴァナキュラー・モダニズムとしての映像文化

HASE MASATO
長谷正人

東京大学出版会

Vernacular Modernism in Visual Cultures
Masato HASE
University of Tokyo Press, 2017
ISBN978-4-13-003380-0

ヴァナキュラー・モダニズムとしての映像文化——目次

序論

ヴァルター・ベンヤミンは、「複製技術時代の芸術作品」というよく知られた論文において、写真や映画などの複製技術（＝映像文化）は、伝統的な芸術作品が持っていたアウラ（＝オーラ）を凋落させると主張した。教会の天井に描かれた宗教画や王宮に飾られた君主の肖像画を思い起こせばわかるように、そもそも多くの芸術作品は、宗教や政治に関わる神秘性と権威（＝アウラ）を輝かせるために作られていた。だから芸術とは、人びとにとって礼拝的価値を持つものだった。しかし教会という礼拝の場所から切り離され、写真に撮影されて美術全集に掲載されたキリスト生誕の絵画は、もはや自宅や図書館で美的鑑賞の対象として眺められるものにすぎないだろう。だからベンヤミンは、芸術作品はいまでは「礼拝的価値」の代わりに「展示的価値」を持つようになったと言う。

では、そのようにアウラを剝ぎ取られた芸術の「展示的価値」は、具体的に人びとにどのように経験されるものなのだろうか。ベンヤミンは、カメラという機械を通して世界をそのままに知覚するときの経験を挙げている。例えば、クローズアップによって捉えられた生活環境の細部やスローモーションによって人間が浮遊したように見える走行光景を、人間はカメラを通して初めて見た。つまり複製技術が「展示」するのは、自分たちには手の届かないアウラ的な神話の非日常的世界ではなく、私たちのすぐ目の前にあるごく平凡な日常生活の様子なのだ。誰もが馴染んではいるが、決してじっくりと観察することはなかった日常生活の光景を、カメラは隅から隅までありのままに私たちに展示する。そのとき私たちは、自分たちにとって当たり前だった日常生活のただなかに、「広大な規模の、これまで予想もしなかったような自由な活動の空間」が想像的に開かれるのを感じる。[1]そのように複製技術がもたらした新しい知覚様式のありように、ベンヤミンは人間が現実世界を変革する可能性を感じ取ったのだ。

　本書が探求しようとしているのは、こうした複製技術＝映像文化が生み出す「自由な活動の空間」の可能性を、現代の日常生活のなかで私たちがどのように経験し得るのかという問題である。確かにベンヤミンの論じたとおり、一八九五年にリュミエール兄弟が映画を発明した当初、人びとはシネマトグラフが捉えたごく平凡な日常的な光景——庭先で赤ちゃんを挟んで若い夫婦が食事する光景（『赤ん坊の食事』）や三人の男が沖に向けて小舟を漕いでいく光景（『港を出る小舟』）——に驚くほどの熱狂を示した。とりわけ観客たちは、家族の背景で木々の葉っぱが風に揺れる光景や小舟の周囲で絶え間なく波紋が変化する様子に大きな感覚的刺激を受けた。[2]そうした自然の微細な動きを、日常生活のなかでじっくりと眺めた経験がなかったからだ。だから確かに、発明された当時の映画は、人びとが日常生活のなかで忘れていた光景を、新しい現実のありようとして展示するような革命性を持っていたと言えるだろう。

　しかし現代から見れば、それは映画創成期だったからこそ起こり得た、「歴史性」を帯びた話にしか聞こえないだろう。それは所詮、映画というテクノロジーが与えてくれた新しい経験（展示的価値）に、大衆たちが新鮮な喜びを感じたからこそ成り立った、起源における特異な出来事だったのではないか。実際、リュミエール映画を見る観客たちは、数年のうちに新鮮な驚きを失ってしまって、映画の人気もしばらくは凋落してしまったのだ。

だからむしろ、二一世紀を生きる私たちがいまここで考えなければならないのは、アニメのキャラクターグッズが若者たちの個室を埋め尽くし、アイドル気取りで撮られた自撮り写真がインターネット上で繁茂しているような、誰もが複製技術を使って日常生活を文化的に成り立たせている凡庸な時代のことだろう。現代においては、個室内であれ、街路であれ、ショッピングモール内であれ、私たちの日常生活空間は鮮やかな複製イメージによって隙間なく覆い尽くされているので、映像文化が、かつてのように日常生活のなかの無意識的光景を見せてくれるような革新的な役割を果たしているとは感じられない。むしろ現代の映像文化は、ただ私たちの自己愛（＝承認欲求）を充足させるために、現実に装飾を与えるような保守的な役割しか担っていないのではないか。だからかつてベンヤミンが夢見ていた複製技術の「自由な活動の空間」の可能性は、いまではすっかり失われてしまったようにしか思えない。そのような文化的な閉塞感に満ちた現代社会のなかで、私たちはどのようにして「自由な活動の空間」をもう一度切り開けばよいのだろうか。それこそが、本書で私が問おうとする問題である。

そのとき本書に召喚されるのが、「ヴァナキュラー・モダニズム」というミリアム・ハンセンの用語である。(3)「モダニズム」は普通、地域ごとに異なった特色を持った土着的文化から離脱したところに、普遍的で純粋な形式として探求された芸術の営みを指すだろう。映画もまた、各地の日常生活に根差した伝統的な演劇や音楽といった文化とは異なって、一秒間一六コマという機械的な律動の普遍的形式によって与えられたモダンな視覚世界だったからこそ、人びとに興奮を巻き起こしたのだ。例えば、エイゼンシュテインの『戦艦ポチョムキン』（一九二五年）のオデッサの階段の場面は、それが帝政ロシアの圧政による悲劇を描いたロシア特有の物語としてではなく、階段を逃げ惑う群衆たちの様子を、純粋な視覚的イメージのモンタージュによってダイナミックに表現していたからこそ（モダニズム芸術だったからこそ）世界中の人びとを興奮させたと言えるだろう。

しかし他方で、モダニズムには「ヴァナキュラー」な側面もあるとミリアム・ハンセンは言う。抽象表現主義や無調音楽のようなハイ・アートのモダニズム芸術が、芸術の形式的側面を徹底的に探求したのに対して、世界中の大衆に愛されたロー・アートのモダニズム芸術である娯楽映画は、もっと日常生活の身体感覚に根差したヴァナキュラーな（土着的な）側面を探求したと言える。それは、アメリカの西部劇やインドのミュージカル映画、日本の時代劇のような、その地域固有の文化が表象されたという意味においてだけでなく、日常生活の無意識的な次元に根差していたという意味においてヴァナキュラー（土着的）なのだ。例えばオデッサの階段の場面もまた、慌てて階段から落ちそうになるという私たち自身の日常的な身体経験に根差し、その危機的な感覚を想起させられるからこそ興奮するのだろう。そうした大衆たちの身体感覚的な受容から捉えられるようなモダニティ経験として、ハンセンは映像文化をヴァナキュラー・モダニズムと呼んでいる。(4)

私はかつて、『映画というテクノロジー経験』（青弓社、二〇一〇年）という書物で、人びとを日常生活の文化から離脱させるモダンなテクノロジー経験としての映画に注目したのだが、本書では反対に、日常生活のなかに根差したヴァナキュラーな映像体験を取り上げていきたいと思う。例えばそれは、死者を追悼する心霊写真、剝製化された動物のジオラマ、日本独特の股旅映画、子どもが真似して楽しむテレビCMのような卑近な事例である。それらはモダニズム的芸術作品のように作家の意図によって構築された作品世界ではなく、日常生活のなかで何気なく経験されるために作られた凡庸な映像文化だろう。しかしベンヤミンの議論の可能性は、むしろこうした凡庸で日常的な文化の事例を取り上げることによってこそ、より徹底的に掘り下げることができるのではないかと私は考えている。

そして私はそのとき、思い切って言うならば、複製技術によってアウラが凋落させられてしまったあとの平板な世界のなかに、神秘的な経験＝「アウラ」の可能性を見出したいと考えているのである。しかもそれは決して、ベンヤミンの主張に抗ってそうしようとするわけではない[5]。なぜならもともとベンヤミンの複製芸術論自体は、人間が当たり前のように見ていた日常生活のなかに、異なった知覚世界への通路を見出そうとするという試みだったからだ。だからそれは、宗教や政治へ奉仕するような権威的なアウラとは異なっているかもしれないが、もう一つ別の、日常生活のなかの小さな神秘としてアウラを見出そうとする探求だったと言えるだろう。

つまり私は、ほかのベンヤミン論者たちのように、複製技術がアウラを凋落させる革命性を声高に唱えることをベンヤミンから受け継ぐのではなく、複製技術が日常生活のなかにもたらすアウラ的経験に、繊細な感受性を働かせようとしたベンヤミンのほうを受け継ぎたいというだけである。そうした日常的で繊細な視点から映像文化の経験の可能性を問い直すこと。それが本書の目的である。

本書は一七のエッセイや論文によって構成されている。それらは別々の依頼に応じて書かれたものであるから、それぞれが独立した論考として読まれても一向に構わない。しかし筆者としては、いま述べてきたような「ヴァナキュラー・モダニズム」としての映像文化という観点から、別々に書かれてきた論考をここで組み立て直すことを通して、それらがまったく新しい意味を獲得することを企図して本書を作った。だから一冊の書物として全体を通して読んでいただければ、筆者としてこれ以上の喜びはない。

第1部「ジオラマ化する世界」は、日常的な身体感覚に根差した神秘性という意味でのヴァナキュラーな映像文化について、さまざまな事例を取り上げて論じている。第1章では、映画監督が映画を作るという営みのなかに、第2章と第3章は、ごく普通に写真を見るという経験のなかに、第4章から第7章は、自然史博物館の動物の剝製、モネの庭園、硫黄島の星条旗の写真、視聴者の記憶のなかの人物を演じるテレビタレントといった独特のイメージのなかに、私たちの呪術的で神秘的な感覚をそれぞれ読み解こうとしたものである。

第2部「戦後日本映画とポストモダン」は、純粋な視覚イメージの組み立てとしてモダニズム美学的に既存の映画研究が日本映画を読解しようとしてきたことに抵抗して、日本映画をそれ独自の歴史性を帯びたヴァナキュラーな文化として読み解くことを試みたものである。第8章は小津安二郎の映画に、第9章は中村錦之助主演の股旅映画に、それぞれ日本映画独特のヴァナキュラーな表現を読み取っている。そして第10章と第11章は、そうしたヴァナキュラーな日本映画がいかにポストモダン化されたかを歴史的に追いかけ、その潮流のなかでどのような身体感覚的（ヴァナキュラーな）表現が試みられたかが論じられる。

第3部「テレビというヴァナキュラーな公共圏」では、日本のテレビが、タテマエの理性的公共圏からは排除された子どもや主婦や老人のような人びとを視聴者にして、ヴァナキュラーなホンネの公共圏を作り出してきたことを論じている。第12章では、六〇年代半ばの子どもたちにさまざまなフレーズを流行らせたテレビCMを、第13章では、現代のテレビにおいて視聴者をつねに巻き込もうとするクイズ的な表現のありようが論じられ、第14章では、山田太一がドラマのなかでいかにそうしたホンネの公共圏を描いてきたかが紹介される。

そして第15章から第17章は、こうしたヴァナキュラーな公共圏としてのテレビのなかに七〇年代以降生み出されてきた新しい感覚として、「パーソナルな文化」を論じたものである。とくに第17章では、東日本大震災のテレビ報道における、素人が手持ちのデジタルビデオカメラで撮った津波襲来の光景に注目し、私たちはいまそのようにパーソナルな身体感覚の次元から日常世界を感じ直したいという欲望を持っていることを読み取っている。

第3部後半における、新しいデジタル機器（複製技術）がもたらした「パーソナルな文化」という問題は、一見したところ、本書の主張する「ヴァナキュラー・モダニズム」とは対立しているように見える。しかし実は、身体感覚的に日常生活のリアリティを感じ直したいという意味では両者は通底していると思われるのだ。第1部の冒頭で論じた、自分ではコントロールできない自分の作品と向き合っている孤独な作者という議論においても、第2部で紹介した、股旅映画の主人公が素人衆の平穏な生活に距離を置くときに見せる底知れぬ孤独にも、同じパーソナルな身体感覚は存在していたと思う。こうしたヴァナキュラーなモダニズムとしての映像文化が、新しいデジタル文化のパーソナル性とどう関わっているのか。本書では論じ切れなかったこの問題を、私自身の次の課題としたい。

言うまでもなく、以上の要約は本書の読み方に関する筆者なりの一つの提案にすぎないのであって、どのように読むかは読者に任されている。ただ一つ付け加えさせてもらうなら、筆者が本書を編んだ狙いとしては、写真は写真として、映画は映画として、テレビはテレビとして、それぞれの専門家たちが互いに無関係な顔をして議論しているような現在の学問状況を少しでも風通しのよいものにしたいということがあった。「ヴァナキュラー」とか「パーソナル」といった概念は、そうした閉塞的な言説状況を打ち開くために私が提起してみた道具にすぎない。インターネットとデジタル技術が、あらゆる種類の映像を混じり合わせ、統合しようとしている現代の映像環境にあって、専門に閉じこもった映像文化の研究などもはや時代遅れであることは間違いない。筆者としては、本書をきっかけにしてメディアを横断した映像文化の研究が少しでも展開されることを願っている。

注

（1）ヴァルター・ベンヤミン「複製技術時代の芸術作品」浅井健二郎編訳、久保哲司訳『ベンヤミン・コレクションI　都市の意味』ちくま学芸文庫、一九九五年、六一九ページ

（2）長谷正人『映画というテクノロジー経験』青弓社、二〇一〇年の第1部「リュミエール映画の考古学」を参照せよ。

（3）ミリアム・ハンセン「感覚の大量生産――ヴァナキュラー・モダニズムとしての古典的映画」滝浪佑紀訳（『SITE ZERO/ZERO SITE』第三号、二〇一〇年、二〇六―二四五ページ。"The Mass Production of the Senses: Classical and Vernacular Modernism," in Christine Gredhill and Linda Williams, eds., *Reinventing Film Studies*, Arnold, 2000.

（4）ミリアム・ハンセンのモダニティとモダニズムに関わる議論は、クラカウアー、ベンヤミン、アドルノというフランクフルト学派の思想家たちの映画論を徹底的に読み込んだ成果だと思われる。次を参照せよ。Miriam Hansen, *Cinema and Experience: Siegfried Kracauer, Walter Benjamin, and Theodor W. Adorno*, University of California Pess, 2012.（ミリアム・ブラトゥ・ハンセン『映画と経験――クラカウアー、ベンヤミン、アドルノ』竹峰義和／滝浪佑紀訳、法政大学出版局、二〇一七年）

なおヴァナキュラー・モダニズムという概念に関する解釈に関しては、必ずしもハンセンの議論に全面的に従ったものではなく、私独自の解釈を施しているところがある。むしろ私の場合、ジェフリー・バッチェンを中心とした「ヴァナキュラー写真」をめぐる議論、つまり美術館や写真集の写真ではなく、日常生活のなかで普通の人

びとによって撮影され、保管され、見られる写真に関わる議論からの影響を多分に受けている。バッチェンの議論については、次を参照せよ。Geoffrey Batchen, *Forget Me Not: Photography & Remembrance*, Princeton Architectural Press, 2004. Geoffrey Batchen, "Ere the Substance Fade: Photography and Hair Jewelley," in Elizabeth Edwards and Janice Hart, eds., *Photographs Objects Histories: On the Materiality of Images*, Routledge, 2004.

(5) アウラの凋落を主張した「複製技術時代の芸術作品」のなかに、反対にアウラ的経験の可能性を読み取るという挑戦的な主張は、注(4)のハンセンの著作の第4章に基づいている。この論考を下記の初出雑誌で読んだときの衝撃を私は忘れることができない。本書全体が、そのときの驚きから生まれたと言えるかもしれない。Miriam Bratu Hansen, "Benjamin's Aura," *Critical Inquiry*, Vol. 34. No. 2 (Winter 2008), pp. 336-375.

第1部　ジオラマ化する世界

1 創造とは何か？
――フーコー、キアロスタミ、デリダ

1 「創造」は恥ずかしい

「創造」というテーマを聞いてまず思ったことは、「恥ずかしい」ということだ。いまさら芸術作品を「創造」することの素晴らしさについて、ロマン主義的な真面目さで語ることなど誰ができるだろうか。例えばジャック・デリダが『エコノミメーシス』という芸術について論じた本のなかで、カントの『判断力批判』を吟味しながら、「想像力の戯れの自由と純粋な産出性とを、その最高点にもたらすものは天才である」(1)などと論じるのを読むとき、むろんそれがロマン主義的思考を解体するためにこそ使われていることに納得しつつも、やはり「天才」という言葉だけで「恥ずかしい」と思ってしまう。「天才芸術家」について誰も正面切って語ろうとしなくなった凡庸な大衆社会のなかで、できれば「創造」について真面目に語ることはやめておきたい。「創造」という概念には、どこか神秘主義的な怪しい響きさえあるではないか。だからうまくごまかしてしまおう。最初はそう思っていた。

しかし、ふと考え直した。そのように「創造」を恥ずかしいと思うような私たちの心性こそが、現代における創造の貧困を招きよせているのではないか、と。あるいは「創造的才能」への尊敬や嫉妬よりは、互いの「個性」を傷つけないように気遣うことが優先されるような社会の心性こそが（「NO.1 にな

らなくてもいい/もともと特別なOnly one」とSMAPが「世界に一つだけの花」で歌っているように)、私たちの社会の文化的貧困さを形作っているのではないか、と。

逆に言えば、現代にあっても、事実としての「創造」の喜びが存在することは誰も否定できないはずだ。どんな凡庸な人間であっても、日常生活のなかで家事のコツを見出せたときのような、ほんの些細な創造的なひらめきなしに生きていくことなど息苦しくてできないだろう。あるいは他者の「創造」的な芸術作品にまったく触れることなしに生きることは、少しも楽しくないだろう。であればロマン主義的な天才志向はもはや捨てるべきだとしても、なお真面目に「創造」について思考することは、現代的な課題として重要なのではないか。それが現代における「文化の窮状」(2)を覆すきっかけにならないとも限らない。そう考えて私は、恥ずかしさを超えて「創造」について正面から思考することにした。

2　フーコー、あるいは「読者」による「作者」の批判

最初に私に手がかりを与えてくれたのは、ミシェル・フーコーの「作者」論である。彼は、一九六九年の二月、フランス哲学協会において「作者とは何か」と題された講演を行っている。いまさらという感もあるかもしれないが、やはりこれがいま読んでも実に面白いのだ。「創造」というテーマについて(つまり創造する者としての「作者」について)考えるには、やはりこれほどまでに深く見事な思索はあまりないだろう。もっともフーコーは(当たり前だが)、ロマン主義的な「創造」や「作者」という概念に対して徹底的に批判的である。すでに一九六六年に『言葉と物』を出版し、「本とか、作品とか、作者とかの慣習的な単位によって区分されていないさまざまな言葉の塊、いわば水面のようにひろがるさまざまな言説の平面の分析を試み(3)」たと自ら説明するフーコーは、ここでもまた「作者」を、「個人のなか

にある《深い》契機＝力域《アンスタンス》、ある《創造する》力、ある《企て》、文章記述の始原的な場だと規定」してしまうような特権的な「作者」像を、「言葉の塊」＝「言説」という概念によって根幹から揺さぶろうとする。いかなる独創的な「作者」であっても、ある言説空間を支配する認識論的パラダイムのもとで「作品」を書くしかない。つまり、ある「作家」と呼ばれるような主体が始原的にまず存在していて、その後に、その主体の神秘的な「創造する力」によって「作品」が生み出されると考えるべきなのではなく、ある「言説の領域」がまずあって、そこに「何か主体というようなもの」があとからいかに浮かび上がってくるかを分析すべきなのだ。そうフーコーは述べている。

　むろんだからといって、彼は「作者」の存在をまったく否定しているわけではない。「作者」は確かに事実として、言説の流通形態と関わりながらさまざまな機能を果たしている。ロマン主義的な作家像に対してフーコーは否定的だが、そうした「作者」像が流通していること自体は分析すべき事実として認めている。いやそれどころかフーコーもまた、フロイトとマルクスという二人の特権的な「作者」の名前をここで提出し、彼らのテクストがいかに新たな言説の領域を形作り、この社会でいかに機能してきたかを分析しているのだ。フーコーによれば、彼らは、始原的な固有性を持つことが信じられているような（ロマン主義的な）文学者とも、逆に科学的な知の体系に所属して匿名的な役割しか果たさないと考えられているような科学者とも違った、もう一つ別のタイプの、「共通言説性《ディスキュルシヴィテ》の創始者」という独特の機能を言説空間において果たしているという。すなわち、彼らは単に『夢判断』や『資本論』の「作者」であるというだけではなく（そうであれば、フーコーが『言葉と物』でやって見せたように、それらがいかなる言説空間に規制されて書かれているかを示せばよいだけだ）、彼らのテクストは「他のテクスト群の形成可能性および形成規則を産出し[4]」、「自分たちとはちがう何ものか、しかも彼らの創始したものに帰属する何ものかのための空間」[5]、すなわち共通言説性の空間を開くという独特の機能を果たしてきた。この言い方はある種、これらの「作者」たちの始原的な「創造性」を認めているようにも読める。それとはどこが違っているのか。

つまりここで私たちは、フロイトとマルクスのテクストを「解釈」した（精神分析とマルクス主義の）膨大な著作群を思い起こせばよいのだろう。こうした著作群は、フロイトやマルクスという偉大な「作者」に従属してしまうものとして批判的に取り扱われることが多いのだが、逆にフーコーはここで、それらの解釈の言説こそを、「作者」に対して「読者」の権利を行使したものとして肯定的に捉え返している。つまり、彼らのテクストを繰り返し読み、あれこれと解釈し直すという私たちが現に行っている「共通言説性」の作業は、彼らの独創的才能を確認する作業ではなく、そこで「ひとはテクスト自体に、素裸のテクストに立ち戻るのであり、といって同時にまた、テクストのなかに空洞として、不在として、欠落として印されているものへと立ち戻るのです[6]」。つまり、フロイトやマルクスのテクストは、読み手の新たな読み直しと解釈（空洞の発見）によって素裸にされ、その意味自体が根底的に変えられてしまうかもしれないような、読者に向かって開かれたテクストとして意義があるのだ。逆に言えば、そのような新たな「読者」の読みによって形成される言説空間を切り開いたという点においてのみ、この二人の「作者」には特権性が与えられているというわけだ。

いささか乱暴に言えば、フーコーはここで、「作者」という創造性の神話に対抗して、「読者」の側の「創造」的読解の可能性を主張していると言えるだろう。だからフーコーは、二人の特権的な「作者」を問題にしながらも、「作者」よりも前に言説がまずそこにあり、それを「読む」ところからすべてが始まるのだ、という言説分析の姿勢を崩していない。フロイトやマルクスのテクストもまた、彼らがいかに創造的にそれらを書いたのかという視点からではなく、「読者」たちがいかに創造的に解釈してきたか、によってこそ注目されるべきなのである。

こうしてフーコーの主張を要約してみると、（その精緻な分析は別にして）現在から見るとあまりにも常識的なものに思えてしまう。いまや作者によるロマン主義的な「創造」神話など誰も真剣に主張しなくなり（「クリエーター」などといった表現に薄められて残っている）、読者の趣味による自由な解釈の意義を誰もが気楽に主張できるような時代なのだから。だから私はむしろ、この講演後の討論場面でフーコーに対して激しく反論している、ロマン主義的な「作者」信仰にとらわれた人びとのほうに奇妙な懐かしさと親近感を感じてしまった。例えば文学の社会学的研究で知られるリュシアン・ゴールドマンは、フーコーの精緻な議論にうまく反論できない苛立ちをさまざまな揶揄に込めた演説を繰り広げたあと、最後に「つまり、構造が歴史を作りだすのでは断じてない、人間が歴史を作るのです(7)」と断言しているし、J・ユルモという人物はブルバキのような学者集団であっても、彼らが情熱的に幾晩もかけて討論しながら本を書いたという事実を論拠にしながら、「私は、作者というものは内面があるところにしかない、そう思います(8)」とフーコーに強い異議を唱えるのである（集団の情熱的議論が、なぜ個人の内面が存在することの証拠になるかは私には理解できないのだが）。

彼らがフーコーの言説分析の冷徹さに妄想的なまでに脅え、何とか「作者」の創造的な内面性を保持しようとしている姿は、いまから見れば滑稽でさえある。だが滑稽に見えてしまうがゆえにこそ、私はいま自らにあえて問うてみたくなるのだ。本当に私たちは彼らを笑えるほど、「作者」について何かを知っているのだろうか、と。私たちは単に、フーコー、バルト（「作者の死」）、デリダらの言説、あるいはほかの諸々の受容理論などの隆盛に気楽に乗っかって（いわばフーコー自身が創設した共通言説空間のなかで)、何となく「作者」や「創造」という概念を否認し、「テクストの読み」や「言説空間」といった概念を優位にして何かを論じた気になっていただけではないのか。だが実は、私たちの誰も、フーコーほどの真剣さでもって「作者」が現代においてどのように機能しているか分析したわけではないし、あるいはバルトやデリダほどの真剣さをもって「書く」という実践がその書き手に必ずしも帰属しないという不思議な現象について思考したわけではないように思う。むしろ「読者」による「解釈の自由」を「作者の創造」よりも優位に置く考え方は、作者名など気にされないまま商品として流通するポピュラーカルチャー作品が快楽的に受容される消費資本主義社会を追認する機能を果たしてきただけではないのか。

だから私はこのような自堕落な「読者」中心主義的な言説空間のなかにあっては、もはやフーコーのように「作者」を否定するよりは、むしろゴールドマンたちのように「作者」の創造性について改めて考え直すべきではないかと思う。いやフーコーがゴールドマンのような頑迷な「作者」主義者たちがいたからこそ、作者の超越性を強く否定しながらそれを分析するしかなかったとするならば、誰も「作者」の特権を信じない「読者」主義の時代を生きる私たちは、フーコーの分析をさらに推し進めて、「作者」はいかに何を生み出しているかをもう少し粘り強く考えるべきだと思うのだ。

3　キアロスタミ、あるいは無力さに身を曝す作者

作者とは何か。むろんそれは決して簡単な問題ではない。いま私が自分の著作として公表するために書いているこの文章においても、私はフーコーの講演録をたくさん引用しながら、その読者としての解釈をあれこれ書いてきたにすぎないだろう。だからこのテクストのオリジナリティはむしろフーコーに

あるのであって、私にはないのではないか。少なくとも私の内面が、創造的にこのテクストを「始原」的に生み出したのだとは絶対に言えまい。いま書かれつつあるこのテクストを書いたのは私であることは間違いないのだが、しかし私はその言葉が自分に帰属しないで、フーコーが打ち立てた（まさにフーコーが創始した「共通言説性」の）言説空間に所属し、その言説空間に私が書かされているような感覚をどうしても捨て去ることができない。

しかもそれは、私がフーコーからの引用をやめて自分のオリジナルな見解を書き始めたいまにおいてもそうなのだ。むしろそのようなときこそ、私が書いている言葉が、他者によってすでに書かれたものの引用や反復にすぎないかもしれないという不安感がいっそう強固に私の内側から湧きあがってきてしまう。いま私がここに書いていることは、しょせんデリダや諸々の誰かがこれまでに言ってきたことの、無意識的な反復にすぎないのではないか、と。だから私はここで「作者」を擁護したいとはいっても、決してそれがゴールドマンやユルモの言う、「作者の内面」のような神話でないことは自明である。文章を書くときに、「内面」から言葉を生み出しているという感覚が、もちろん私にもないわけではないのだが、しかしその書くという行為自体はどこかで自分の内面に帰属していないのではないかという感覚もまたそこに貼り付いている。だから私にとって、「作者とは何か」とか「創造とは何か」という問いは、社会的機能の問題というよりは、私自身が書くという行為自体につきまとう実存的な問題なのだ。

それでも言葉の場合はまだわかりやすい。このテクストと私とはやはりどこかで物理的にも内面的にもつながっている。その内実について深く考えなければ、このテクストの「作者」が私であることはあまりに明白な事実である。しかし例えば映画となるとどうだろう。「作者とは何か」という問いへの答えは、たちまち自明ではなくなってしまうのではないか。確かに私たちはふつう、映画の「作者」は監督だということにしている。私もまた映画に関してさまざまな文章を書くときに、例えば『ミュンヘン』（二〇〇五年）はスピルバーグ監督の作品であるとか、『めまい』（一九五八年）はヒッチコック監督の作品だとかいった言い方をする。そしてスピルバーグやヒッチコックの「作家」としての才能についてあれこれ論じたりする。

しかしことは本当にそれほど単純だろうか。実はいつも私はそうやって「映画作家」について論じながら、微かな不安を抱いてしまうのだ。実際、『ミュンヘン』の物語や登場人物の台詞はスピルバーグが書いたものではないだろう。トニー・クシュナーとエリック・ロスという二人の脚本家によって書かれたものである。スピルバーグはあらかじめ書かれた脚本に基づいて（指示はしたかもしれないが）、それを演出し映像化する作業に関わったにすぎない。だから文字テクストとしての『ミュンヘン』は、スピルバーグに帰属しているわけではない。さらに、その文字テクストとしての脚本を具体的に映像化したのが（つまり一つひとつの映像を撮ったのが）スピルバーグだというわけでもない。それは実際にはカメラマンのヤヌス・カミンスキーが撮ったものであろう。つまり、製作現場で自分の作品がいま撮影されつつある瞬間、それがどのような映像として生まれつつあるかを直接的に見てコントロールしているのは監督自身ではなく、カメラマンなのだ。監督はその脇に立って傍観しているにすぎない。

つまり映画監督というのは、「作者」と名乗るにはあまりにも無力な存在なのである。むろん彼は、脚本家にもカメラマンにも役者にも、照明や美術のスタッフにも、さまざまな指示をあらかじめ伝えておいて、自分が考えているような作品ができるように努力して撮影現場に臨んでいるのだろう。そしてスタッフたちもまた、監督のイメージしている作品を作り出すためにこそ仕事をしているのだろう。だからその意味では確かに映画製作を統括する中心には「監督」がいることは事実であり、その意味で監

図1　『10話』（アッバス・キアロスタミ，2002年）

督は映画の「作者」であると言うことに間違いはない。しかし彼はそのような「作者」としての指示を出し、「ヨーイ、スタート」と言って撮影本番に入ったとたん、無力な存在に転落してしまうのもまた事実なのだ。作品が生み出されるその瞬間においては、役者が演じ、カメラマンが撮影し、スタッフがそれをサポートしているのだが、監督はただ脇でじっと見ていることしかできない。むろん自分の思いどおりになっていないと判断すれば、あとでNGを出して何度でも撮り直すことは可能だろうが、しかしやり直したとしても、撮影本番において何もできないことには変わりがないだろう（ただし編集や音楽などのポストプロダクションの問題はここでは措いておく）。

　にもかかわらず私は映画の「作者」は、監督だと思う。むしろ直感的には、監督は作品が生成する瞬間に無力で何もできないからこそ、「作者」という地位を獲得するのではないかとさえ思う。私がそういうことを考えたのは、アッバス・キアロスタミ監督の『10話』（二〇〇二年）というとんでもない作品を見てしまったからである。この映画は、一台の自動車のダッシュボードにすえつけられたデジタルビデオカメラが固定的に捉えた、助手席と運転席の二つのアングルの長回しショットだけからほとんど構成されている風変わりな作品だ。運転席にはつねに主人公の美しいイラン人女性が座っており、助手席には、彼女と関係がうまくいっていない一〇歳くらいの息子（離婚した夫と同居している）を中心に、彼女の妹、モスクへの道を送るために乗せてあげた老婆、男性との別れの心痛に苦しんでモスクに通う女性、主人公を男性と間違えた若い娼婦などが次々と乗り込んできては（テヘランでは未知の人を同乗させてあげる習慣があるらしい）、主人公の女性と人生をめぐるさまざまな会話を交わす。その会話を通して彼女の人生のどこか切羽詰まった苦しさが鮮やかに浮かび上がってきて、緩やかにつながる一〇の挿話の内実を豊かに形作っていく。だが、それにしても私はまずこの作品の映像の単純さに驚いてしまった。私たちは上映時間中延々と、何の工夫もない監視カメラ的な映像によって、同じ車内で会話をする人物を見続けているだけなのだ。しかしなぜか驚くべきことに、私たちはそれらが単調だと思う余地さえなく、ただひたすら次の瞬間に何が起こるのかを強い緊張感のなかで待ちつつ、その貧困な画面を凝視し続けるしかない。

だが私がもっと驚いたのは、見終わったあとにパンフレットの解説を読んだときだ。それによると、この映画の撮影現場では、キアロスタミ監督は演技する役者たちと自動車に同乗することはほとんどせず、あらかじめ彼らに対してさまざまな指示を与えると（脚本はなく状況設定のみを説明し）そのまま送り出し、あとはカメラマンさえいない車内で二人の役者がデジタルビデオカメラを前にして演技をしながら自動車を走らせて再び戻ってくるまで、ただ待っていただけだというのだ。この製作方法の説明には仰天した。私はこの映画を最初、ドキュメンタリー映画かと錯覚したくらいに、役者たちの演技がリアルで見事だったからだ。とりわけ冒頭の一五分間、カメラは最後の一瞬を除いて運転席の主人公に切り返すことなく、ひたすら助手席に座っている彼女の息子を捉え続けるのだが、彼の演技が実に素晴らしかった。彼は別居中の母親の自己中心的な生き方にいかにうんざりしているかを、いささか病的なまでに苛立った（甘えの混じったような）身振りや叫び声によって、実に見事に表現する。親の言動や考え方にいらいらしつつも距離を取れなくて息苦しいっていうのはまさにこんな感じだよな、と私は思ったのだった。だから、この長い会話の場面に監督がまったく立ち会っていなかったという事実に私は心底驚愕してしまった。なぜ監督もカメラマンも不在なところで、彼はこれほどの緊迫感を持って見事に演技できたのだろうか、と。

そしてそのような驚きと疑問を抱いた瞬間、私は先の映画監督の無力さという問題に差し戻されていくのだ。実はあらゆる映画監督は、このキアロスタミと同じ無力さを撮影現場で味わっているのではないだろうか。ただ通常の映画監督は、その無力さをディレクターズチェアという小道具や「カット」という掛け声などの演劇的身振りでごまかしているにすぎないのではないか。むしろキアロスタミは、そうした監督の無力さを極端なまでに率直に製作の現場で曝してみせただけなのではないか。そしてそのような監督の無力さが差し出されたときに、役者たちの身体に魔法のように何かが到来し、あのような緊張感を持った見事な演技をすることが可能になったのではないか。そう思わなければあの演技の見事さを私は理解することはできない。

つまり私はこう言いたいのだ。「作者」とは創造の始原において力を発揮しているどころか、実はそこでは無力な存在ではないのか、と。そのような無力な存在として立ち現れる「作者」をこそ、私たちはもう一度創造の現場において凝視してやる必要があるのではないか、と。

4　デリダ、あるいは盲者としての素描家

文章を書くことや映画を作ることの現場で「創造」がいかに生起しているかを考えてきた。最後にもう一つ、デッサンを描くことを例に挙げることにしよう。そこでも作者＝画家は実に奇妙な立場に置かれるのだ。むろん常識的には、画家がデッサンを描くことは、映画監督とは違って自分の手を動かして作品の生成に関わっているのだから、監督ほどの無力感にとらわれる必要はないように思われる。あるいは文章を書くことと比較しても、デッサンの場合はモデルが目の前にいて、それを観察しながら模倣的に描けるのだから（いわば何かを創造するというよりは現実を写せばいいのだから）、そこでの「作者」は、文章を書くときほどの疎外感はないのではないか。そう考えるのがふつうだろう。

しかしジャック・デリダは、『盲者の記憶』という実に面白い本において、それは違うと言っている。彼は兄の真似をしてデッサンを試みたときに上手くいかなかったという自分自身の惨めな経験（「私の素描の経験は、つねに、不具の経験だった」）[9]に基づいて実に説得的にそのことを説明する。「私は本当に感じているのである、あるモデルを知覚しても、自分の手でそれをなぞることはできないと。まるで、描こうとする瞬間には、もはや事物を見てはいないかのように、事物はたちまち逃げ出してしまう。私の目から消えてしまう」[10]、と。そう。せっかくモデルをじっと観察していても、いざそれを絵にしようと思った瞬間、素描家はキャンバスを、あるいはいま自分が描きつつある絵を見るしかないだろう。だから画家の目からモデルは消えてしまうのである。逆に描きながら自信がなくなって再びモデルに目をやっても、今度はデッサンが見えなくなってしまう。自分の絵がどうなっていたかを思い出しながら、モデルを見るしかない。だからデリダは言う。「私のなかの子供は、心のなかで自問する。どうして彼らは、モデルと、自身の手で妬み深く物自体に捧げる描線とを、同時に見ていると主張できるのか？　モデル

と描線のいずれか一方に対しては盲目であるはずではないか？　いずれか一方に対しては、記憶で満足しなくてはならないはずでは？[11]」、と。

つまりデッサンという作業においても、やはり素描家は無力なのだ。やはりここでも、作品が生起されつつある瞬間には、彼はそこで起きていることを明瞭に把握しているわけではない。いわば素描家は描く瞬間には、自分が描く前にあらかじめ想像していたイメージを超えて、「描線は夜闇のなかを進まなくてはならない[12]」のである。そして素描家は、自らが描いた描線を、描かれた事後に「鑑賞者」として見て、それを修正するしかない。そしてその修正作業のなかで、また結局は盲目的に描線を描かなければならないだろう。だから素描家は、映画監督や文筆家とまったく同じようにその作品が生成するときには無力な存在だということになる。素描家は根源的な盲目性のなかで書くしかない。それがデリダの主張だ。

つまりデリダもまたここで、創造の瞬間に無力な作者を見出している。しかし、こうしてある意味で私たちは、無力という消極的な言葉を使いながらも、結局はロマン主義的な「創造の神秘」という恥ずかしい話に戻ってきてしまったのではないか。作品が生成する瞬間には、作者の意図を超えた「暗闇のなかの飛躍」があるなどと言っているようなものなのだから。私はそれを完全に否定することはできない。いや創造には、そのように神秘と言うしかない何かが確かに存在していると思う。ただ私はロマン主義者とは違って、その飛躍が天才だけに起こるような特権的な瞬間の問題だとは考えていないし、またそれが作者の「内面」の問題だとも考えていないというだけのことだ。私はロマン主義的「作者」を復権させたいのではなく、作品が生成する現場をその内側から捉え直したいだけだ。

つまり第一に、私の考えでは、「創造」は誰にでも体験できるということだ。デリダがデッサンを上手く描けないときにこそ、「創造」の盲目性を感じたように、「創造」はキアロスタミのように才気溢れる「作者」が優れた作品を製作するときだけに起きる神秘ではない。むしろ「創造」は、凡庸な人間の日常生活のなかで普遍的に起きる事態であると私は思う。最初にも述べたが、例えば誰もが家事や仕事をするなかで、ふっとあるアイディアが浮かんだりすることがあるだろう。そのように自分のコントロールを超えてアイディアが生成することが「創造」的活動なのであり、それは私たちの人生をいつも当然のように豊かにしてくれているものなのだ。その意味では「創造」は、凡庸な出来事だとさえ言えるかもしれない[13]。

そして第二に、「創造」は「内面」から生産されるものではないということだ。つまり創造の瞬間には、作者の内面の「外」で何かが生起している。そしてその何かが生起した結果を作者の「内面」は事後的に受け止めるしかない。しかし創造することが人間にとって喜びであるのは、まさにそれが内面や主体の外で起きてしまうからだろう。作者は無力な状態で事後的に受け止めるからこそ、それを「創造」と考えるのではないか。もし事前に自分の内面がイメージしていたとおりの作品が生成したとしても、作者は何の喜びも感じないし、それを創造的な活動だと思うことなどないだろう。

最初のフーコーの講演の題名は、「作者とは何か」であった。ここで私はこの問いをフーコーよりもさらに真面目に受け止めて、作者を「読者」の側から批判するのではなく、「作者」自身が創造の瞬間において何をしているかを記述しようとしてきた。作者とは何か。それは創造のためにあらゆる企図を準備しながら、結局はそれが生成する瞬間にはその出来事の外でそれを受け止めるしかない無力な存在であり、そしてその無力さに喜びを感じる存在である、と。それはいわば、フーコーの表現を借りれば、創造の瞬間には作者自身が「素裸のテクスト」を身をもって受け止めている、ということかもしれない。

いま私もまた、この文章の新たな行を書くたびに、そこで何が書かれるかよくわからないまま盲目的に何かが書かれてしまい、ただあとからそれを読むしかないという不思議な体験をしてきたのだった。そうした作者の側の創造的体験を、読者が優位な時代のなかでこそ、私たちはもう一度思い出さなければならない。私はそう思う。

注

(1) ジャック・デリダ『エコノミメーシス』湯浅博雄／小森謙一郎訳、未來社、二〇〇六年、一七ページ

(2)「文化の窮状」は、むろんジェイムズ・クリフォードがポストコロニアル時代の旧植民地社会の文化について論じた書物（『文化の窮状――二十世紀の民族誌、文学、芸術』太田好信ほか訳、人文書院、二〇〇三年）から借りてきた概念だが、ここではこの問題を高度情報化社会の文化の問題として論じ直した拙稿（長谷正人「文化の社会学の窮状／可能性」『年報社会学論集』一八号、二〇〇五年、一六―二七ページ）にも拠っている。

(3) ミシェル・フーコー「作者とは何か」清水徹／根元美作子訳、『ミシェル・フーコー思考集成Ⅲ 1968-1970 歴史学／系譜学／考古学』蓮實重彦／渡辺守章監修、小林康夫／石田英敬／松浦寿輝編、筑摩書房、一九九九年、二二六ページ

(4) 同上、二四二―二四三ページ

(5) 同上、二四三ページ

(6) 同上、二四六ページ

(7) 同上、二五七ページ

(8) 同上、二六一ページ

(9) ジャック・デリダ『盲者の記憶』鵜飼哲訳、みすず書房、一九九八年、四六ページ

(10) 同上、四六ページ

(11) 同上、四六―四七ページ
(12) 同上、五七ページ
(13) かつて私は、「アフォーダンス理論のパフォーマンス」(『季刊 d/sign (デザイン)』七号、二〇〇四年、七六―七八ページ) という論文において、日常生活のなかで環境にうまく適応できないADD (注意欠陥障害) 患者が、むしろ不適応であることそのものにおいて創造性を持つのではないかと論じたことがある。本章はその延長線上に書かれた。

2 『明るい部屋』を読み直す
――写真、バルト、時間

1 「瞬間」という神話

写真をめぐる言説を、「瞬間」という神話から解放してやりたいと思う。なるほど写真は、時間の流れからある「瞬間」を機械的に切り取って、その一瞬の光景を私たちに提示するものであることは間違いない。ミルクに水滴が落ちた「瞬間」にできあがる王冠のような形を捉えたハロルド・エジャートンの写真や疾走する馬の四本足がすべて宙に浮いている「瞬間」を捉えたエドワード・マイブリッジの連続写真といった有名な例を持ち出すまでもなく、カメラがそれまで肉眼では捉えられなかった「一瞬」の光景を私たちに見せてきたのは疑いようもない事実だろう。だからこそヴァルター・ベンヤミンは、そうした写真的な「瞬間」の光景を「無意識が織り込まれた空間」として捉え、そこに人間の意識的な現実知覚のありようを変革して自由な活動空間が開ける可能性を読み込もうとしたのだった(1)。

しかしカメラという機械自体は「瞬間」を捉えるものであったとしても、そうした写真を撮影したり、されたり、あるいはできあがった写真を眺めたりといった人間の身体的経験のレベルにおいては、写真にも一定の持続的時間が必要とされることもまた事実である。例えば極端な話を持ち出せば、一九世紀半ばに肖像写真を撮られた人たちは、(まだ感光板の感度が低かったために)野外で長時間にわたって同じポーズを取り続けなければならなかった（そうやって長時間同じ姿勢を保つために頭支えの用具が考案された）。だからその時代の肖像写真は「瞬間」を捉えたものではなく、被写体がポーズを取っている間の「持続的時間」が写し込まれたものだったと言える。むろんそれは技術革新によって解消されてしまった問題にすぎないとも言えるし、ベンヤミンがそのような初期肖像写真に宿っていた時間的アウラのブルジョワ的な重みを払拭するものとして、「瞬間」的な写真による知覚的ショックに文化的革新性を見ようとしたことも忘れてはなるまい。だがそれを認めたうえでもやはり、私には写真撮影が生み出す「持続的時間」という問題は残るように思われるのだ。

例えば何かの儀式やパーティーのときに正装して集合写真を撮ったり、旅行中に記念写真を撮ったりするとき、被写体となる私たちは「ハイ、チーズ」などという掛け声とともに作り笑顔でポーズを取るだろう。そのときカメラに向けてポーズを取るという私たちの振る舞い自体は、どう考えても決して「瞬間」の出来事ではないはずだ。息を止めてカメラのレンズを見つめながらシャッターが切られるのを待っている一定の時間、それが初期写真に比べてどれほど短い時間であったとしても、私たちは日常的持続とは違うある独特の「時間」を確かに経験しているはずである。だからそうした記念写真には、スナップ写真のように人間の行動の無意識的な断面が「瞬間」として写し取られているというより、記念撮影という行為それ自体のために費やされたある身体的な持続時間（「待つ」という時間）が写し込まれているのではないか。それがあの儀式的な集合写真に漂っている何とも不思議な雰囲気を作り出しているように思う。

同じことは写真を「見る」という行為についても言えるだろう（本章ではこちらを中心に考えることにしたい）。たとえ「瞬間」を切り取ったスナップ写真であっても、私たちがそれを見るためには一定の時間を要するだろう。確かに週刊誌に掲載された写真を、パラパラとページをめくるように（映画のように）「瞬間」的に見ていくという「気散じ」的な経験もあることは間違いない。そのようなベンヤミン的な問題を写真が持っていることを私はむろん否定しない。しかし大抵の場合は、私たちは気に入ったものであればあるほど、一枚の写真をある程度時間をかけてじっくり眺めるはずである。写真のなかのいろいろな細部が気になってあちこちに視線を走らせたり、被写体のことを思い出して内省的な時間を過ごしたりするだろう。それもまた写真を見るという経験の重要な一側面であるはずだ。そのように時間的な厚みを持った実践としての写真鑑賞行為の意味についても私たちは考察する必要があるのではないか。

そのために以下で招来されるのが、これまでの写真論のなかで最も優れたものの一つと思われるロラン・バルトの『明るい部屋』である。むろん同書でバルト自身は、どちらかと言えば写真を一瞥のショック作用として（「瞬間」的に）論じようとしている。にもかかわらず実際には、この本の論述のプロセスはバルト自身の意図的主張を裏切って、彼が写真を見るという行為のなかで無意識的に経験している時間的持続のありようをパフォーマティブに示してしまっているように思う。私は以下で、そうしたバルトの論述に見られる写真経験の身体性を読み取ることによって、写真が決して「瞬間」の経験ではないことを示したい。

2　プンクトゥムという時間

まずバルトは『明るい部屋』の前半部では、「ストゥディウム」と「プンクトゥム」という独特の二項対立概念を使って私たちの一般的な写真受容のありようを論じている。「ストゥディウム」とはニカラグアの反乱の状況を捉えた報道写真をまさにそうした意味を持つものとして理解するような、社会的

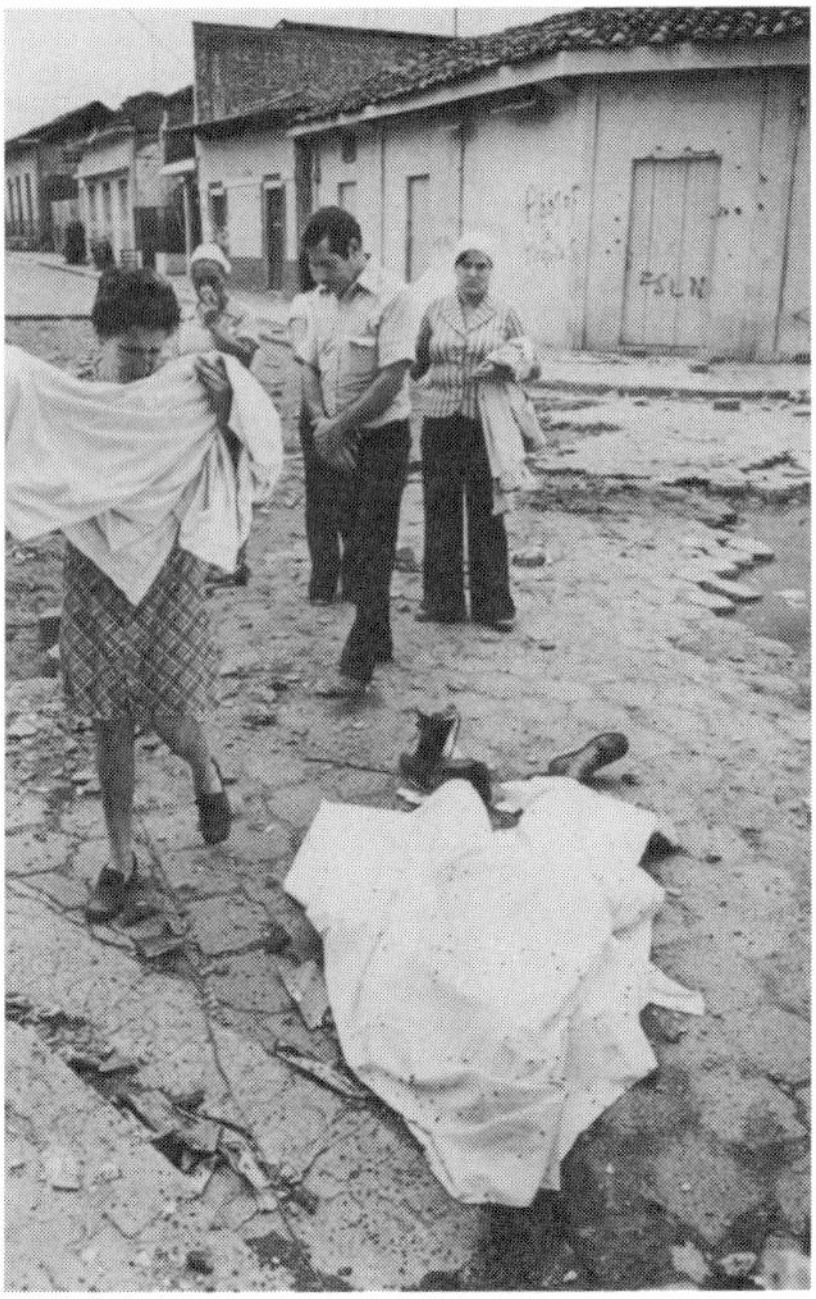

図1　コーン・ウェンシング「ニカラグア，わが子の遺骸を見つめる両親」(1979年)
出典：ロラン・バルト『明るい部屋——写真についての覚書』花輪光訳，みすず書房，1985年，写真4

常識に基づいた「礼儀正しい」写真受容のことである。むろん誰もが日常的には、このような漫然とした姿勢で写真を見ていると言えよう。しかしそれに対してバルトは、そうした平板で退屈な写真受容を破壊し、写真を見ている者自身を個人的に突き刺すかのような奇妙な細部を発見してしまう経験として「プンクトゥム」という概念を対置する。例えばニカラグアの反乱の報道写真のうちの一枚は、白いシーツに覆われた遺体が道に横たわり、その周囲に両親と友人たちが悲嘆に暮れている様子を捉えたものなのだが、バルトはこのような「ストゥディウム」としてこの写真を見るだけでなく、そのような意味作用から逸れたところにある奇妙な細部がどうしても気になってしまうのだという。つまり遺体のブーツが片方だけ脱げてなぜか足下にちょこんと置かれていたり、泣いている母親がなぜか大きなシーツを胸元に抱え込んでいたり（シーツはもう遺体にかけられているのに）といった細部である。こうした奇妙な細部は、報道写真としては無意味なものなのかもしれないが、逆に情報確認作業のように報道写真を眺めるときに私たちが感じる平板な退屈さを超えて、この出来事に特有の悲痛さをダイレクトに感じさせてくれるような重要な契機ともなる。

つまり「プンクトゥム」としての写真は、ベンヤミンの「無意識が織り込まれた空間」としての写真という考え方に通じるものである。写真家が撮影しようと意図した光景ではなく、無意識的にカメラが捉えてしまった細部の出来事を見る者が受容すること。だからそれは「稲妻」のように一瞬の出来事として写真を見る者の意識を貫くのである。バルトの表現を借りるならば、「ある何ものかの標識《しるし》がつけられることによって、写真はもはや任意のものではなくなる。そのある何ものかが一閃して、私の心に小さな震動を、悟りを、無の通過を生ぜしめたのである」[(2)]。写真の細部が一瞬の閃光として見る者を捉えるという経験。だから「プンクトゥム」はとりあえず「瞬間」的な写真受容と言えるだろう。

だが本当にそうだろうか。プンクトゥムは、本当に「持続」的経験とはまったく無縁に唐突に到来するだけの「瞬間」的な経験なのだろうか。『明るい部屋』の論述を丁寧に読んでいくと、どうも違うように思えてくるのだ。例えばバルトは、先の記述の少し前で、プンクトゥムについてもう少し具体的な経験としての説明を与えている。

ごく普通には単一のものである写真の空間のなかで、ときおり（といっても、残念ながら、めったにないが）、ある《細部》が、私を引きつける。その細部が存在するだけで、私の読み取りは一変し、現に眺めている写真が、新しい写真となって、私の目にはより高い価値をおびて見えるような気が

する。そうした《細部》が、プンクトゥム（私を突き刺すもの）なのである。(3)

つまりバルトはここで、写真を見る一定の時間的流れの変化としてプンクトゥムを位置づけているのである。まず漠然とした姿勢としてのストゥディウムによる読み取りの行為があり、そのあとで初めて、ある細部がプンクトゥムとして見る者を突き刺して、その写真をまったく違ったものとして受容させるようになるというのだから。だからプンクトゥムを経験するにはある時間的経過が必要だということになるだろう。一枚の写真をじっと眺めているうちに、ある細部が突然眼に飛び込んできてその写真の意味を一変させてしまうこと。そのような変容の経験としてプンクトゥムはある。事実、私はくだんのニカラグアの写真を最初はしばらく漫然と眺めていたのだが、そのあとでブーツやシーツが奇妙な細部であるというバルトの指摘を読んでから改めて写真を見直して、なるほど確かにバルトが言うように変だと思うようになったのである。だからプンクトゥム自体は「瞬間」的な経験であったとしても、それを経験するためにはある一定の時間的継続を要するのだ。言い換えれば、もし戦乱の報道写真としてこの写真を理解している時間があらかじめなかったならば、シーツを抱えている母親の姿の奇妙さは私たちを鋭く突き刺さなかっただろう。それは本当にただの変な写真にすぎなくなってしまう。つまりプンクトゥムはストゥディウム的な経験を変容させるものとして、事後的にのみ到来する（最初から無意識のなかに潜在しているということはあるだろうが）。両者には時間的継起の順序があるのだ。

だからバルトはその後さらに論述を進めて、写真を見終わったあと（「長いあいだ写真を見ずに過ごしたあと、ふたたび写真のことを考えるとき」）(4)にこそ、本当のプンクトゥムは到来するとまで主張する。バルトが例に挙げているのは、ジェームズ・ヴァン・ダー・ジーが一九二六年に撮影したアメリカの黒人一家の写真を彼が一度見たあと、ずっとあとになってそれを思い直したという経験である。その写真は、写真館と思われる場所で、年配の黒人男女三人が正装して、一人の女性が真ん中の椅子に腰掛け、ほかの男と女はその後ろに立ってカメラのほうをまっすぐに見つめているというものである。この写真を最初に見たときにバルトは、自分を感動させるプンクトゥムは何かを（時間をかけて）あれこれ考えた結果、それは後ろの女性が履いているベルト付きの靴だと突き止めたつもりだった。ところが「この写真は私の心のなかで徐々に変化していって、私はその後、真のプンクトゥムは彼女が首にかけている短い首飾

図2　ジェームズ・ヴァン・ダー・ジー「家族の肖像」（1926年）
出典：前掲『明るい部屋』写真9

りである」[5]という理解にたどり着いたのだという。バルトによれば、その首飾りは彼の私的な思い出と結びついている。つまり、それはバルトの亡くなった叔母の遺品とそっくりの金の鎖の組み紐でできたものであり、しかもその叔母が結婚せずに田舎暮らしをしていることに彼はいつも心を痛めていたので、この写真の黒人女性の首飾りを見たときに、その叔母の悲しい思い出がよみがえってしまった。だから、その首飾りがプンクトゥムとしてバルトを突き刺した。そうバルトは説明する。

ただし、マーガレット・オリンがその優れたバルト論のなかで指摘したように[6]、実際に『明るい部屋』に掲載されたヴァン・ダー・ジーの写真をよく見てみると、首飾りは「真珠」であってバルトが言うような「金の組み紐」でできたものではない。そこでオリンはさらにバルトの著作をよく調べ、『彼自身によるロラン・バルト』（佐藤信夫訳、みすず書房、一九七九年）に掲載されているバルトの私的な写真のなかから、まさに金の組み紐の首飾りをした叔母の写真を見つけ出し、それがヴァン・ダー・ジーの写真とそっくりの構図で撮られた、祖母を真ん中にした年配の男女三人の家族写真であることに着目する。つまりオリンは、バルトは自分の家族写真を無意識的に黒人の家族写真と重ね合わせてしまったために、この勘違いを起こしたのだろうと推測しているのだ。私もこの推測は正しいように思う。いずれにせよここで重要なことは、その推測が正しいかどうかということではなく、『明るい部屋』のバルトは、ある一枚の家族写真のプンクトゥムの受容を、「瞬間」の経験としてではなく、ある一定の時間のなかで持続的に行われた探索のプロセスとして記述しているということである。その時間的な経過のなかで、バルトは徐々に自分の身体のなかに折り畳まれた自分の家族写真の記憶とこの写真の記憶を重ね合わせてしまった。だがこの勘違いのプロセスそれ自体が、時間的な写真経験として興味深いものだと言えるだろう。

つまり私は、プンクトゥムがストゥディウム的な漫然とした写真受容を瞬間的に切断する稲妻のような経験であるというバルトの主張は、この書物でバルトが具体的に実践している写真受容の半分しか説明していないように思える。バルトは実際にはプンクトゥムが一枚の写真のどこにあるかを時間をかけてあれこれ探索したり、写真を見るのをやめたあとで、改めてそれがほかの細部であると頭のなかで考え直したりする。だからプンクトゥムはそのような内省的な時間経験のなかで発見されるものであるはずだ。むろんそうして発見した瞬間には、プンクトゥムは稲妻のように写真を見る者を突き刺すだろう。

図3　「ふたりの祖母」
出典：ロラン・バルト『彼自身によるロラン・バルト』佐藤信夫訳，みすず書房，1979年，17ページ

しかしだからといって、そこからプンクトゥムという写真経験は「瞬間」のものだと結論づけることは行きすぎではないか。それはプンクトゥムと遭遇したあとになって事後的にそう思えるにすぎない。実際にはプンクトゥムは私たちが写真を漫然とストゥディウム的に見ながら、同時にあれこれと内省的な時間を過ごすなかで起きる一つの出来事にすぎない。だから私たちは写真を見る経験とは何かについて考えるためには、ここでバルトが時間をかけて実践してみせた、写真をめぐる内省的活動自体を包括的に分析する必要がある。

3　写真的時間のダイナミクス

だが、以上のような内省的時間経験としてのプンクトゥムという分析は、写真論としては、ある危機を孕んでいると言えるだろう。なぜなら、このような内省的想像は写真でなくても行使できるものだからだ。バルトがヴァン・ダー・ジーの写真を見終わったあとで、自分の想像の世界のなかでそれを別の記憶と入れ違えてしまったように、その内省的実践は写真を出発点にしているとはいえ、限りなく主観的想像の世界のなかに退行していってしまう可能性を持つ(ただしバルトは、ほかの写真の記憶と入れ違えたという意味では、写真受容から完全に逸脱したわけではないのだが)。だからバルトの、「写真をよく見るためには、写真から顔をあげてしまうか、または目を閉じてしまうほうがよいのだ(7)」という断言に関しては、プンクトゥムの「瞬間」性よりも写真受容における「持続」性を強調するという意味では共感するのだが、写真は受容者の主観によってどうにでもその意味は決定されるというニュアンスを強く持っているという意味では言いすぎではないかと思う。そうだとすればプンクトゥムは人間の想像力や想起をめぐる重要な問題ではあっても、写真経験特有の問題ではなくなってしまう。いやおそらくバルト自身も十分にそのことに自覚的だったからこそ、彼はこの断言のすぐあとで、第一部全体の考察を、「前言取り消し」と否定し、ほんの少し論点を修正した第二部の考察へと筆を進めたのだと思う。

つまり私は『明るい部屋』の第二部でバルトは、写真受容でなければ生じえない独特の時間性をめぐって考察をより深化させているように思う。第一部では漫然とストゥディウム的に写真を眺める時間から稲妻のように「一瞬」に到来するプンクトゥムへの変容という、写真を受容する人びとがその鑑賞のプロセスのなかで経験する「時間」が問題とされていたのだが、第二部では「プンクトゥム」という経験それ自体に起きている「時間」が問題とされているからだ。間違わないでほしいが、この「プンクトゥム」の時間は、決して第一部で主張されていたような「瞬間」としての時間ではない。もはやここでの「時間」は、私たちが日常生活のなかで経験しているような過去から未来へと流れていく継起的時間ではなく、私たちが内省的世界のなかでだけ経験できるような過去と未来と現在とが相互に交錯しあっているような奇妙に捩じれた時間であるからだ。写真が私たちに経験させてくれる、この奇妙に捩じれた時間にバルトは何とか接近しようとしているように私には思われる（もっとも、バルトは第二部でも、写真を見ることは「時間の不動化」だなどと言っているので、そのことにどこまで自覚的かは微妙なのだが）。

だが結論を急いではなるまい。まず私たちは、第二部でバルトがどのように写真を分析していたかを確認しておこう。ここでバルトは、自分が最近亡くしたばかりの母親の五歳のときの写真を、読者には提示しないまま、絶対的な明証性を持った「正しい」写真として取り上げたのだった（もっともオリンは先の論文で、その写真は「一族」という題名を与えられて（『明るい部屋』の写真22）、エドガー・アラン・ポーの『盗まれた手紙』のようにこれ見よがしに読者の前に差し出されているのだと推測しているのだが、この興味深い問題についてはここでは触れない）。そしてそこから、写真とは「それは＝かつて＝あった」ということの確実性を、つまり被写体があるときカメラの前に存在したということの明証性を私たちに与えるものだと論じている。むろん、この写真の明証性という議論をあまり単純に考えてはならないだろう。それは時間的には複雑な問題を孕んでいるからだ。つまりここでは、「いまここにある」という明証性ではなく、あくまで「かつてあった」という明証性が問題にされているにすぎないのだから。言い換えれば、写真は過去における被写体の存在を証明するが、現在における存在を示すことはできない。バルトが「消滅してしまった存在の写真は、あたかもある星からやって来る光のように、私に触れにやって来るのだ」(8)と言うように、写真の被写体は現在ではもはや存在しないかもしれない。事実バルトの母親はもう死んでここにいない。しかし母親の写真は、過去に彼女が存在したことを絶対的な明証性において（いまここにおいて）証明している。「いまここ」において存在を証明しているものが、失われた「過去」として現出するということ。こうして写真を見るという私たちの経験には、それが「一瞬」の出来事であったとしても、現在と過去をめぐる捩じれた時間のダイナミクスが孕まれていると言えるだろう。バルトの「それは＝かつて＝あった」という表現は、そのような捩じれを表そうとしたのだと思う。

この時間的ダイナミクスについてバルトが最も見事に論じているのは、一八六五年にアメリカの国務長官の暗殺を企てたルイス・ペインを絞首刑の直前に独房のなかで撮影した写真について考察しているところである。その写真は、手錠をかけた一人の美しい青年が椅子に腰掛け、壁にもたれて、じっとこちらを見つめているものである。バルトはこの写真を見るときに「私の心を突き刺すのは、この過去と未来の等価関係の発見」(9)だという。つまり、こういうことだ。私たちはまず、この写真を「過去」の暗殺未遂事件という出来事を捉えた写真として見る。ルイス・ペインという歴史的人物がそのときカメラの前にいたのだ（「彼は＝かつて＝いた」）、と。ところがよく考えれば、これが撮影されたそのとき、ペインはまさにこれから死のうとしていたのだった。その意味では私たちは、この写真から、近い「未来」に起きようとしている絞首刑という出来事を恐怖とともに読み取ってしまう。しかもさらにもう一度我に返って考えるならば、その「未来」に起きようとしている絞首刑は、すでに「過去」のものとして終わってしまったのだ。つまり私たちは、過去にすでに起きたことを知っているはずの歴史的出来事を、これから未来に起きるかのように恐怖していることになる。まるである種の狂気に陥ってしまったかのように。こうしてこの写真を見ることは、過去と現在と未来とが交錯する捩じれた時間を「瞬間」的に経験することだと言えるだろう。

つまりバルトによれば、写真を見るということは、過去から未来へと継起的に流れていく日常的時間とは異なった、こうした捩じれた時間（内省的時間）を経験することなのだ。言い換えれば、それは現実には起きなかったが、ありえたかもしれない別の歴史的時間をいまここで経験してしまうことだと言えるかもしれない。例えば、いまこれから死のうとしているペインを写真のなかに見るとき、私たちは絞首刑という実際に起きてしまった未来だけでなく、もしかしたら彼が殺されなかったかもしれない別の歴史的可能性をどこかで感じるのではないか[10]。少なくともこの写真が撮影されたときには、まだ何が未来に起きるかわからなかったのだから（彼は逃亡できたかもしれないのだ）。この写真は、そのような複数の未来の潜在的可能性に晒されたまま凍結しているペインの姿をいまここに見せてくれている。そしてそれを見ることによって、私たちは、結果的にはこのようにしかありえなかったいまここにいたる継起的歴史の時間が、別の可能性に向かっていまここに開かれていくのを感じるのではないか。それはいささか倒錯した時間的経験なのかもしれない。だが写真を見るという経験は確実にそうした狂気を孕んでいると言うしかない。

図5　アレクサンダー・ガードナー「ルイス・ペインの肖像」(1865年)
出典：前掲『明るい部屋』写真20

そして改めて確認しておきたいことは、このような時間的プンクトゥムとしての写真経験は、ストゥディウム的に写真を見る漫然とした時間から完全に切り離された時間経験ではないということだ。なぜならペインの写真をそのような捩じれた時間として経験するためには、私たちがそれが一八六五年に撮られたという事実や、彼がこの直後に絞首刑に遭ったという事実を説明文などによって外在的に知っていなければならないからだ。もし私たちがそれらの知識を与えられなければ、この写真は手錠をかけた美しい青年の写真にすぎないだろう。そこには時間的経験の捩じれたダイナミクスなど起きるはずもない。つまり私たちはここでは、決して純粋に写真的映像の力に引き寄せられて狂気の時間を経験したわけではないのだ。そうではなく私たちは、それが過去の歴史的出来事を捉えた写真であるというストゥディウムを常識的に持っているがために、このような写真的時間の捩じれのなかに魔術的に吸い込まれてしまうのである。こうしてやはり、第二部でもストゥディウムとして漫然と写真を眺める日常的時間の経験こそが、プンクトゥムとしての捩じれた時間的経験を支えているという逆説的な事実が再び浮かび上がってくる。どうやら、この逆説こそが、写真的経験の神秘性の核心であるように思われる。

最後に、私たちはなぜバルトが母親の五歳のときの写真を選ばなければならなかったかを考えておこう。それは多くの論者によって、バルトの私的な事情に原因を帰されてきた。彼が母親を溺愛していたこと、彼は同書を母親の死の直後に私的な喪の作業のように書いたこと……。確かにそれらの推測は正しいのだろう。しかし、私はそうした私的な理由を超えて、バルトが母親の五歳の写真を選んだことは同書の論理にとって必然的だったように思う。なぜなら五歳の母親の写真を見ることは、ロラン・バルトという一人の人間がこの世に存在しなかった可能性に向かって「いまここ」の時間を開いてしまうことだからだ。幼児である母親は、その時点ではバルトの父親に出会わないような別の「未来」のさまざまな可能性をくぐりぬけてバルトを産み、バルトはその子どもとして「いまここ」で（もはや死んでしまった）幼い母親の写真を見ている。つまり過去のこの母親の写真が明証的であればあるほど、それを見ているいまここのバルトの存在はなかったかもしれないという偶有的なものへと希薄化していく。バルトはその事実に震撼させられたのだろう。写真における「過去」の明証性が、「現在」の明証性を突き崩すものとして立ち現れてしまうこと。この捩じれた時間の恐ろしさを示すのに、自分の母親の幼いときの写真以上にふさわしいものはないだろう。だからやはり、バルトは直感的にであれ、この写真を選ぶしかなかった。そしてそれこそ、この母親の写真をめぐる考察が、ただの私小説的エッセイにとどまらずに、普遍的な写真論として読者を魅了し続ける理由である。私はそう思う。

注

(1) ヴァルター・ベンヤミン「写真小史」、「複製技術時代の芸術作品」久保哲司訳、浅井健二郎編訳『ベンヤミン・コレクション1　近代の意味』ちくま学芸文庫、一九九五年

(2) ロラン・バルト『明るい部屋――写真についての覚書』花輪光訳、みすず書房、一九八五年、六二―六三ページ

(3) 同上、五六ページ

(4) 同上、六六ページ

(5) 同上、六六ページ

(6) Margaret Olin, *Touching Photographs*, The University of Chicago Press, 2012, pp. 50-69. なお、このオリンの論考については、加藤幹郎『『ブレードランナー』論序説――映画学特別講義』(筑摩書房、二〇〇四年)の注20(同書二一〇―二一六ページ)で詳細な解説を読むことができる。

(7) バルト、前掲『明るい部屋』六七ページ

(8) 同上、一〇〇ページ

(9) 同上、一一九ページ

(10) ベンヤミンも、そうした写真経験の可能性について、「写真小史」のなかでカール・ダウテンダイの写真をめぐって論じている。この点については長谷正人／中村秀之編訳『アンチ・スペクタクル――沸騰する映像文化の考古学』(東京大学出版会、二〇〇三年)の序文として私が書いた文章を参照してほしい。

3　ヴァナキュラー・モダニズムとしての心霊写真

はじめに

「心霊写真」を論じることに、いささかのためらいがあった。正直言って私は、心霊写真や心霊現象のことなどいっさい信じてこなかったからだ。むろんそれは、社会・文化現象としての心霊写真を研究する者としては、正しい姿勢なのかもしれない。もし私が心霊写真を本気で信じていたとするならば、私には「心霊」なり「霊魂」なりの存在意義について論じることはできても、「心霊写真」自体を「文化」として客観的に分析することはできなかっただろう。あるいはせいぜい、どうしたら心霊写真をうまく撮影することができるかとか、心霊写真の真贋の判定方法を提示するとかいったような、心霊の存在の証明手段としての写真技術にしか興味を持てなかっただろう。つまり心霊写真の信奉者が書くだろう論文は、心霊写真をめぐる文化現象の一部ではあっても、決して心霊写真を客観的に分析した論文にならないはずだ。だからむしろ心霊写真の分析者は、心霊写真など信じるべきではないと言いきってしまったほうがいいのかもしれない。

しかし、それでも私にはまだいささかのためらいが残ってしまう。なぜなら心霊写真を信じないという冷静な姿勢もまた、近年のポストモダン的な心霊写真ブーム(1)のただなかにすでに存在していたように思うからだ。さまざまな記念写真の背景に写っている何かのもやもやしたイメージを人間（幽霊）の顔と判読すると、「キャー！　怖い」などと叫んでいる若者たちは、本当に心霊写真を真面目に信じていると言えるのだろうか。むしろ彼らは「心霊」の存在を信じるというよりは、ある写真が何かしら不気味だという気分をみんなで醸成して、心霊写真ゲームを楽しんでいるだけなのではないか。だから心霊写真を信じていないにもかかわらず、文化現象としての心霊写真を分析して楽しもうとする文化研究者の姿勢もまた、そのようなポストモダン的な心霊写真ゲームの一部を構成するにすぎないように私には思えてしまう。つまり、実はこうした文化論的な心霊写真研究も、いささかも客観的な研究とは言えないのではないか。だから私はどうしても逡巡してしまうのだ。

本気で霊魂の存在を信じてもいけない。かといって信じないで馬鹿にして楽しんでもいけない。だからと言ってただ冷徹な態度で心霊写真を科学的に分析するだけでは、人びとを騙すために工夫されたつまらないトリックや詐欺の歴史的堆積が明らかになるだけだろう。だとすれば、私はどうすればよいのか。おそらくまず私は、ポストモダン的な心霊写真ゲームを楽しむ現代人の心のなかにある「不気味さ」の感覚を取り出すことから始めるしかないだろう。心霊写真を楽しんだり馬鹿にしたりする前に、彼らは心のどこかでそれが何かしら「不気味だ」と思ってしまっているのではないか。その「不気味さ」の感覚を、表面的な喚声の向こう側に真摯に聞き取ってみたい。先回りして言ってしまえば、おそらく彼らは心霊を信じていないからこそ、心霊写真を「不気味だ」と感じるのだ。むしろ心霊の存在を真面目に信じていたとしたら、それをただ不気味だといって忌み嫌うのは心霊に対してずいぶんと失礼な話ではないか。実際、小池壮彦は「「心霊写真」の祟りを恐れるという感覚が突出してくるのは、昭和四十年代」[2]以降のポストモダン的な心霊写真においてだと言う。つまり心霊写真への恐怖心を醸成する写真読解ゲームは、彼らが「心霊」を本気で信じない合理主義者であるからこそ可能なのだ。まず私はそれを明らかにしたい。

次にそこから、そうしたポストモダン的な心霊写真ゲームとは正反対に置かれるべき、心霊写真を真面目に信じていた一九世紀後半の人たちの呪術的な感受性のことを想像したいと思う。私の考えでは、彼らは写真のなかの「心霊」たちに親密さを感じ、「心霊」が写真に写ってくれていることを感謝しているように思える。そうでなければ、あのような馬鹿馬鹿しい二重写しの幽霊写真を大事に扱うことなどおかしいだろう。それは、心霊写真を忌まわしいものとしてだけ扱うポストモダン的なゲームとは決定的に違っていた。そのように親密な写真として心霊写真を扱う感受性がかつてあったことを歴史的に明らかにすることによって、私たちは心霊への不信を前提にした、ポストモダン的な心霊写真ゲームやその記号論的分析をどこかで乗り越えることができるのではないか。そして、ふつうの写真に対して私たちが密かに抱いている日常的な神秘の感覚にまでたどりつけるのではないか。つまり私は、「心霊写真」を素直に信じていた者たちの想像力は、私たちが恋人の写真や家族の遺影を親密な感覚で眺めるときの感受性と案外近いように思うのだ。そのように心霊写真を信じる心性の分析を通して、私たちの写真に対するごく当たり前の感受性に隠された神秘性と呪術性に光を当てること。それが本章の目論見である。

1　ポストモダン的心霊写真ゲーム

正直言って、私はこれまで心霊写真にあまり強い関心を持ったことがなかった。それでも心霊写真に人びとが感じていると思われるような恐怖心——つまり被写体の背景に何か人の顔のようなものが写っているというポストモダン的心霊写真の恐怖心——を、ある種の映像に感じることは確かにある。あまりに突飛な話に聞こえてしまうかもしれないが、それは例えば、ジョン・F・ケネディ大統領の暗殺事件の記録映像（有名なザプルーダ・フィルムなど）や目撃者の証言を検証して、リー・オズワルド単独犯行説を否定するようなテレビ番組を見ているときに感じる恐怖心だ（スチル写真ではなくて動く映像の例で申し訳ないのだが）。二〇年ほど昔に私が見た番組では、ザプルーダ・フィルムとは反対側のポジションから撮影された別の記録映像をスローモーションで何度も再生して検証することによって、パレードを見守る人びとの背景にぼんやりと写っている一人の人影が銃を撃った真犯人だと特定していた（むろんそのテレビ番組では、ザプルーダ・フィルムや録音された銃声や目撃証言や周辺情報など、ほかのさまざまな証拠と突き合わせることによってそれを主張していたのだが、詳細は記憶にない）。そのスローで拡大されて再生された、ぼんやりとした人影を見た瞬間、私は幽霊を見てしまったかのような、何とも形容しがたい強い恐怖心を覚えてしまったのだ。

なぜ私は怖かったのだろうか。むろんその人影が恐しい姿をしていたからではないだろう。事件の真犯人（？）やアメリカ社会の暗部を知ってしまったという感覚からでもない。むしろ私は、映像の隅っこに、何が写っているかはよくわからないが確かに人間的な何かがそこに写し出されているというあいまいな事実が怖かったのだと思う。大統領のパレードを記録した日常的映像の背景の片隅に、カメラマンの意図とは無関係に偶然何かが写ってしまっているということ。走行する車上のケネディに注目してその映像を見る限りでは見過ごしてしまうのだが、しかし言われてみれば確かにその背景に何やら怪しげなもの（というより特別な解釈の光を当てない限りふつうの人の姿にすぎないのだが）が写っているらしいと認めざるをえないということ。そのような視覚的経験の裂け目のようなものの存在に気づかされて、私

は何だか怖くなってしまった。(3)

つまり、この大統領暗殺の記録映像の場合だけでなく、私たちが映像を見るときにはいつも、被写体に注意を向けることで背景に何かが写っていることを必ず見落としているのではないのか。そしてその裂け目の向こう側から、実は何か悪意を持った者がこちらを見ているのではないのか。私はただ映像を通して客体としての世界を見ているのではなく、世界のほうが私を客体としてじっくりと見ているのではないか。そのような妄想が湧いてくると何だか確かに怖い。このような映像の視覚的盲点をめぐる恐怖心が、ポストモダン的な心霊写真ゲームを根底で支えているように思えてならない。むしろそこでは人びとは、映像の背景に何かが写っているかもしれないという曖昧な恐怖心をやわらげるために、「幽霊」という明確な意味をとりあえず与えているにすぎないように見えるだろう。

しかしむろん、このような映像の背景の曖昧さの問題は、もっと広い映像文化史の文脈のなかで考える必要があるだろう。例えば、一八九五年から数年間に世界中で初めて映画を見た観客たちは、リュミエール兄弟がカメラによって意図的に画面の中央に捉えた被写体ではなく、カメラが背景に偶然捉えてしまった「風」や「煙」や「水しぶき」などの自然現象に、強い身体的反応を示して熱狂したのだった。『壁の破壊』という映画を見た京都の日本人は、ハンマーを振るって土壁を倒すという労働者のアクションにではなく、土壁が倒れた瞬間にもうもうと画面いっぱいを覆い尽くした「土煙」にいっせいにどよめき、拍手喝采をしたと証言されているし、『赤ん坊の食事』を見たパリの観客たちは、庭先にテーブルを出して食事をする若夫婦と赤ん坊の親密な家族光景よりも、背景の木々を揺らしている「風」に感性を揺さぶられたという。(4)

あるいは小林秀雄は、一九二五年になってもそのような初々しい映画への反応があったことを伝えている。彼が小笠原諸島に滞在したとき、映画をまだ見慣れない観客たちが、役者たちの演技や物語などそっちのけで、煙草の煙に興奮したというのだ。

人々は、何やら合点のいかぬ様子であったが、一人の男が画面に現れ、煙草に火をつけて、煙を吹き出すと、俄に場内が、ざわめき出し、笑声となり、拍手となった。唖然としていたのは、恐らく私一人だったであろう。煙が写し出されたという事に、見物一同驚嘆しているのだ、という事に気が附くのに、私にはしばらくの時間が要ったのである。(5)

要するに、世界最初の映画観客たちは、カメラマンが意図的に捉えた被写体のアクション（食事や労働の光景）に対してはとくに驚かなかった。ある意味で、それは彼らが日常生活で見慣れた光景だったからだ。しかし背景で木々が風に揺れていたり、煙草の煙が複雑な線を描いて空中に舞い上がったりしている光景には、彼らは感覚を強く刺激され、思わず歓声を上げたり、夢中で拍手したりした。なぜか。それが人間の生態学的視覚とは異なった、カメラ独特の視覚的世界だったからだろう。

人間は肉眼で世界を見るとき、自らの文化的な関心によって何かの対象に焦点を当て、背景の事物をノイズとして切り落として自分の都合のいいように世界を見る。そのようなホメオスタティックな生理学的メカニズムを人間は身体のなかに備えている。ところが機械としてのカメラは、眼の前の赤ん坊も背景の木々も平等に捉えてしまう。(6)むろん映画を見慣れた小林秀雄のような観客であれば、役者の演技に焦点を当てて、煙草の煙はただの背景的な光景として視覚的意識から排除して見るだろう。しかし世界最初の観客たちは、そのような映像のリテラシーを身につけていなかったため、「背景」で風に揺れる木々や煙の動きをも、画面の中心にある被写体の光景と同じような真剣さで受容してしまった。ただし、その自然現象に文化的な意味があるわけではない。つまり、風はただ無意味に吹いているだけなので、観客たちとしては、それらを身体感覚的に受け止めるしかなかった。それが、初期の映画観客たちに強い身体的反応（「ざわめき出し、笑声となり、拍手となった」）を喚起させた理由だと思われる。

つまり私はこう言いたいのだ。背景に何かが曖昧に写っていることを恐怖するポストモダン的な心霊写真ゲームは、映像テクノロジーの原初的で考古学的な受容のありように通じているのだと。映像テクノロジーはカメラの眼の前にある諸事物をそのまま画面の隅から隅までびっしりと写し取ってしまう。だから観客はいつの時代でも、中央の被写体を意識的に見ながらも、その背景の無数のノイズ情報を無意識的かつ身体感覚的に受容するしかない。ただ、世界最初の映画観客と現代のポストモダン的心霊写真ゲームとでは決定的にその受容のありようが違っている。世界最初の映画観客たちは、自分がそのような無数のノイズ情報を全身で浴びるように受容することに喜びを感じていた。自分が能動的に何かの対象を見ることよりも、まるで世界から眺められるかのように受動的に世界の光景を受容することに彼らは興奮を感じ、拍手喝采していた。それに対して現代社会では、どうやら私たちは、映像のノイズ的視覚世界に自分たちが無防備に身を晒していることに不安を感じているらしい。私たちは、映像に何か明確な意味を与えて、体系的に映像世界を把握したいらしいのだ。だからこそ私たちは、自分の知らない何かが写っているかもしれないことに恐怖を感じてしまう。いわば私たちは、心霊写真ゲームによって、そのもやもやした映像への不安にとりあえずの形象を与えているのだ。

あるいはもっとうがった見方をとるならば、私たちはそこで、平板な記号としてこの社会を膨大に流通している複製映像文化を、もう一度触覚的に感じ直すために、そのような不気味なゲームを遂行しているのかもしれない。(7)いずれにせよ、現代の心霊写真ゲームで重要なのは、心霊や幽霊の実在というよりも、写真の実在性（ノイズ的リアリティ）のほうなのだ。だがそれでも、そうした映像的不安の解消になぜ「幽霊」（人間）という形象が必要なのか。その問題がある種の神秘として残っている。それを考えるためには、私たちはもっと直接的に「心霊」が表象された、近代社会の心霊写真の分析に向かうべきだろう。

2　追悼としての心霊写真

私は、自分自身のなかにも、ポストモダン的な心霊写真への恐怖心と似たような感覚が存在することを確認してきた。むろん私は、幽霊などにまったく関心を持っていないのだが、それでも写真の被写体の「背景」に広がるノイズ的イメージを不気味なものと感じる感覚なら何とか理解することができる。それは、誰もが映像の物質的リアリティに対して持っているアンビバレントな心性の問題でもあるからだ。しかし、ポストモダン以前の正統的な心霊写真、つまり「幽霊の顔が明らかに「切り貼り」によるものだったり、見るからに「二重露出」である(8)」ような心霊写真のことになると、私はどうしても当惑してしまう。それらがあまりにストレートに心霊の顔を写し出しているからだ。心霊は偶然的にそこに写ってしまったというより、自らの意思で写真館の撮影現場にやってきてカメラのほうを向いているとしか見えない。そういう心霊のあまりに人間的な意思の明快さが、かえって私をとまどわせる。このような写真は、撮影者のあからさまな作為としか思えないし、謎めいた不気味さも感じられない。では、このような平板な記号としての心霊写真は、いったい何のために製作されたり、受容されたりしたのだろうか。

むろんこうしたストレートな心霊写真が、幽霊なり心霊なりが存在する科学的な証拠として製作されたであろうことは私にでも想像できる。心霊写真を社会的に広く普及させたのは、一八五〇年代から二〇世紀前半にいたるまで、欧米で熱狂的に人びとに受容されていた近代スピリチュアリズム運動の結果だろう。ところで近代スピリチュアリズムとは、霊の存在や霊界からの交信を事実として認めたうえで、「いわゆる心霊現象を科学的に解明し、現世と霊界を統括する形而上学的法則を探究する」(9)ための、信仰の運動だった。つまり「近代的」なスピリチュアリストたちは、ただ霊を信じたり、霊界からの通信を聞いたりするだけでなく、そうした霊の存在を何とか科学的に証明しようとしていた。例えばウィリアム・クルックスのような高名な科学者（クルックス管の発明者）やコナン・ドイルのような著名な作家は、スピリチュアリズムを信じて交霊会にしばしば出席するだけでなく、心霊の存在を検証して、社会的に認知させようとしていた。だから彼らが、霊の存在の科学的証拠として「心霊写真」を持ち出したことは当然のことなのかもしれない。

しかし実際に撮影された心霊写真を見ると、やはりそのあまりに子ども騙しのトリックぶりにがっかりせざるをえない。例えば一八八〇年代に撮影されたという一枚の心霊写真を見てみよう（図1）(10)。ここでは、一人の男の頭上に、さまざまな年齢の男女五人の幽霊の顔が整然と並んでいる。おそらくこの男の祖先たちの霊が、写真撮影の現場に自らの存在を示すために大挙してやってきてくれたとでもいうのだろう。しかしそれにしても奇妙な光景ではないか。やってきた大勢の霊たちが、写真のフレームのなかにちょうどよく収まるように、ここしかないという配置でカメラに向かって並んでくれているというのだから。それとも写真家が「はいその女の子の霊さん、もうちょっと下のほうへ動いてね。上の男の霊さんと重なっちゃうんで。……いいですか。はい、撮りますよ」とでもいった具合に、おのおのの霊

図1　「エキストラ」が一緒に写った心霊写真（1880年代）
出典：長谷正人／中村秀之編訳『アンチ・スペクタクル——沸騰する映像文化の考古学』東京大学出版会，2003年，192ページ

たちに指示したとでもいうのだろうか。まったく馬鹿馬鹿しい限りである。

いや、だからもちろん、これが重ね焼きによって製作されたことはあまりに明らかなのだ。そして、そのトリックに人びとがまったく疑いを持たなかったなどということはありえなかったはずだ。事実、初の職業的な心霊写真家ウィリアム・マムラーは、詐欺の容疑で法廷に呼び出されたという[11]し、西欧の多くの交霊会ではペテンが繰り返し暴露されたらしい。あるいは日本の大正時代の心霊写真ブームのもとでも、心霊写真の偽造を批判したり、その偽造の仕方をパロディのように面白おかしく紹介する書物があったという[12]。だから、こうしたストレートな心霊写真は、心霊の科学的な証拠としてはあまりにもお粗末なものとして批判され続けていた。

図2　生前の子どもの写真と対にされた心霊写真
出典：前掲『アンチ・スペクタクル』209 ページ

だが、それでもこうした心霊写真は間違いなく製作され続け、科学者を含めた多くの人びとの間を流通し続けた[13]。それもまた無視できない事実だろう。だから私たちは、人びとにこうした心霊写真を信じ込ませていた、もっと無意識的な欲望や感情の神秘的なありようを彼らの身になって想像するしかないと思う。……いや実はあるときから、もしかしたら私にも、彼らの感情の一端が理解できるかもしれないという気持ちを抱くことができるようになったのだ。それは、ある一枚の心霊写真を見てからのことである。それは、トム・ガニングが彼の卓抜な心霊写真論の最後のほうで紹介している、ある死んだ男の子の心霊写真である（図2）。

その写真は二枚で一組になっていて、左側には、生前の子どもが写真館で撮影したと思われるふつうの顔写真が丸いフレームのなかに掲げられ、右側には、子どもを亡くした夫婦がその子どもの幽霊とともに撮影した心霊写真が並べられている。この二枚組みの写真を見ていると、この心霊写真を作ってもらって自分の家に大切に保管していたであろう（あるいは祭壇などに飾っていたであろう）この夫婦の死んだ子どもに対する「追悼」の強い感情が伝わってくるようではないか。ガニングは、このような「追悼」としての心霊写真が一九世紀後半には数多く作られていたはずだと言う。

心霊写真は一九世紀には哀悼のイメージとしても作られていたのだった。死んだ身内の写真が、残された愛する人の写真の上に、たいてい見守り、保護するような姿勢で、それと分かるように重ね焼きされた。(14)

それは二〇世紀初頭の日本でも同じだった。小池壮彦も大正から昭和初期にかけての日本のさまざまな心霊写真を分析するなかで、それらは大切に「お守りのように保存」(15)される場合が多かったと言い、次のように論じる。

当時の庶民の最大公約数的な態度としては、素朴に「心霊写真」を信じる方向に傾いていたようである。もちろん、見た目にもインチキとわかる代物が多かったゆえに、「心霊写真」を胡散臭いものと見る人も多かったわけだが、死者の思いがこの世に残るという発想を多くの日本人が大切にしていたことから、それが写真に写っても別によかろうというぐらいの気分が一般的だったようである。(16)

もちろん、このような「死者の思いがこの世に残る」という心性が日本人独特のものだったわけではない。先述したように、近代西欧社会の人びとも、「死者の思い」を大切にして、さらに死者の霊と通信したいと切実に願っていたからこそ、近代スピリチュアリズム運動のなかで交霊会を実践し、また数々の心霊写真を製作したのだ。だから心霊写真は、一部の科学者たちによるものを除けば、心霊の存在の証拠というよりも死者の思いを何とかこの世に招来したいという人びとの呪術的欲望の産物だったと言えるだろう。人びとは自分たちの身近に死者の心霊が残っていてほしかった。だから自分たちの写真に重ね焼きされた死者の顔を心霊と信じ込もうとした。つまり近代《モダン》の人びとは、宗教のない世俗化社会において、なおテクノロジーを媒介にして死者と共存し、死者とコミュニケートする方法を（スピリチュアリズム運動において）探求していたのだと思う。

だから先述した、死んだ子どもを夫婦に重ね焼きした心霊写真は、この夫婦にとっては、本物か偽物かという科学的問題など超えたところで、子どもがずっと自分たちのすぐそばにいまもいてくれているという感覚を喚起させてくれるものとして大切だったのだろう。つまり、近代《モダン》におけるストレートな心霊写真は、私たちの死者への呪術的な感覚を喚起する聖像＝イコンとしての意味を持っていたということだ。ポストモダンの心霊写真ゲームは、映像の「背景」のノイズ性において私たちを触覚的に刺激して恐怖させるものだったが、被写体自体は意味の明確なものとして合理的に受容されるものだった。しかしかつてのモダンの心霊写真は、カメラの正面に写っている被写体自体の記号的明快さを掘り崩し、それ自体をある種の呪術的な事物として提示していたのだ。

しかも、このような被写体の呪術性の問題は、特殊なジャンルとしての「心霊写真」を超えて存在しているように思う。例えば『赤ん坊の食事』は、オーギュスト・リュミエールの子ども（赤ん坊）の遺影（動画だが）として見ることはできないだろうか。彼はこの映画を撮られたあともすくすくと成長して大人になり、子どもを作って、年老いて死んだのだろう。だが、そういう彼の人生とはまったく無関係に、この映画は世界最初の映画の一本として世界中で上映され続け、彼の死後も、私たちは彼が赤ん坊としてスープを飲む光景を見続けている。そう考えると私は、映像のなかの見知らぬ赤ん坊に対して、何だか幽霊を見るような不気味な感情を抱いてしまう。それは、背景でノイズのように木々を揺らす風が私を身体感覚的に触発するよりも、はるかに神秘的で不思議な感覚によって私を揺るがすように思う。だから私はいまや心霊写真を信じていないなどとは断言できない。もしかしたら私もまた、その赤ん坊を「心霊」として見ようとする欲望を持っているのではないか。そのほうが、世界を愛情深く受容することになるのではないか。いや、そう考えるしかない。その赤ん坊は、幽霊のように愛しい存在として、いまも私の目の前でスープを飲んでいるのだと。

3　ヴァナキュラー・モダニズムとしての心霊写真

死者への追悼の感情を抱かせるストレートな「心霊写真」から、不気味なものとして楽しまれるノイズとしての「心霊写真」へ。こうした心霊写真をめぐるモダニティからポストモダニティへの歴史的変遷のなかで、私たちの感受性にはどのような変化があったのだろうか（ただし、正確にいつポストモダニティへの変化があったのか私には確定できないし、実際に確定することは不可能なのだろうが）。一九世紀後半の人びとが死者への愛しさの気持ちで見つめていた心霊写真を、ばかげた重ね焼き写真としてしか見れなくなったのは、私たちの感受性が何を失ったからなのだろうか。二〇世紀後半における消費社会化やイメージ社会化の極端な展開は、私たちの日常生活の基本的な身体感覚に劇的な変化をもたらしたに違いない。おそらくその変化のなかで、人びとは一九世紀後半の近代社会には存在していた「ヴァナキュラー（日常生活に根ざした）」な身体感覚を失ったのだと思う。

つまり私は、一九世紀後半における近代都市社会の成立とメディア・テクノロジーの生活世界への導入は、必ずしも、人びとを前近代的な共同体生活から離床させ、いきなり資本主義・国民国家・テクノロジーの混交が作り出す近代社会の抽象性のなかに「大衆」として放り込んだ、というわけではなかったと言いたいのだ。これまでの私たちの常識は、あまりにも単純すぎたように思う。むしろ、世紀転換期の人びとは近代化の変容のなかでも、ある自前の身体感覚と日常生活の論理によって、テクノロジーやメディアと能動的に関わろうとしていたように見える。そしてそこに、前近代社会の生活感覚とは確かに違っているが、近代の抽象的なモダニズムの論理に回収することもできないような、身体感覚的で土着的《ヴァナキュラー》な魅惑を持った独特のメディア文化が作り出されていたのではないか。そのようなメディア文化の突出した現れとして、リュミエール映画に対する世界中の人びとの熱狂、ステレオスコープ、パノラマやジオラマ、ゾーエトロープやフェキスティスコープなどのさまざまな視覚的装置の流行、死体展示場（モルグ）への人びとの殺到、心霊写真のブームなどがあったのだと思う[17]。

ここでは、そのような大衆的な猥雑さに満ちたメディア文化を「ヴァナキュラー・モダニズム」の文化と呼びたいと思う。この概念を提唱したのはミリアム・ハンセンである。彼女は一九二〇年代から五〇年代の古典的ハリウッド様式の映画を、ほかの高級モダニズム文化（ジェイムズ・ジョイスやル・コルビュジエやシェーンベルクなど）とは異なった特徴を持った、よりヴァナキュラーな＝日常生活に根ざした民衆的・民俗的な文化と考えて、そう名づけたのだった[18]。しかし、私はこの概念を映画だけでなく、電信、電話、写真、パノラマなどさまざまな新奇なメディア・テクノロジーに対して、近代の民衆たちが示した身体感覚的な受容方法や使用方法の全体を指す概念として使いたいと思う。それらは、ポストモダン社会のディズニー化されたイメージ文化が喪失してしまった、ある独特な身体感覚の猥雑さを備えていたと思う。

つまり私はストレートな心霊写真も、ただ心霊をめぐる前近代的な心性が生み出した風変わりな写真ではないと思っている。むしろそれは、写真がただ報道や芸術などとの関わりで明快な伝達手段として考えられるときに見逃されてしまうような、人びとが日常生活のなかで写真を保存したり、部屋のなかに飾ったり、儀式的な場面で写真を撮影してもらったりするときの、地域ごとに独特のやり方の一つとして、つまりヴァナキュラーな写真文化の一部として捉えるべきだろう。事実、ジェフリー・バッチェンは、西欧やアメリカを含めた世界中の写真をめぐる民俗文化——よりあわせた髪の毛で美しく飾られた写真、金属製のメダルにエナメルで焼きつけた顔写真、写真が一面にプリントされた枕や布団、教会での結婚式の模様を伝える出席者全員のパノラマ写真、最後の釣り旅行に出かける父親の姿を写し出すランプの傘、ブロンズの靴とセットになった赤ん坊の写真——などを「ヴァナキュラーな写真」と一括して名づけて分析している。[19] 証明写真のような明快な記号としてではなく、写真を呪術的な感覚で扱うこれらの文化作法は、子どもの追悼のために夫婦が作ったと思われる先述の心霊写真と極めて近い生活感覚のなかで営まれていることは明らかだろう。とりわけ、最後の釣りの姿の写真を写し出すランプの傘は、まるで心霊写真の幻灯ショーのように思えるではないか。

こうしたさまざまなヴァナキュラーな写真文化のなかでも、バッチェンが注目して分析するのは、[20] 一九世紀後半にアメリカで製作されていたという、写真つきの装身具（ロケット）である（図3）。バッチェンが自ら手に入れたというある骨董品のロケットは、おそらく懐中時計に取りつけられて使用されていたと思われるものであり、ボタンを押すと九〇度の角度で開いて、一方の側に年長の男のティンタイプ写真が、他方の側にはその男のものと思われる「髪の毛」がそれぞれガラスの下に収められている。このロケットをいつも持ち歩いていた人間がどんな思いでそうしていたのか、私たちにも何となく理解

図3　写真つき装身具
出典：Geoffrey Batchen, *Forget Me Not: Photography & Remembrance*, Princeton Architectural Press, 2004, p. 66.

できるだろう（むろん、ポストモダンのイメージ化社会に生きる私にとっては、それはいくらか不気味な身体感覚でもあるのだが）。つまり、この男に先立たれた妻が、この男への「追悼」の感情からこのロケットを製作してもらって、わが身に着けていたと思われるのだ。亡くしてしまった夫の身体の一部である髪の毛とその写真を、日常生活のなかで繰り返し手で触れることになる懐中時計のロケットのなかに埋め込んでおくこと。それは、死んでしまった夫に、いつまでも触覚的・身体感覚的に触れていたいという所有者の強い思いを私たちに想像させる。

だからおそらくここでは、写真もまた視覚的なイメージとしてよりは、触覚的な意味を持ったものとして感受されていたと思われる。あるときこの男から発した光をそのまま定着し保存したものとしての写真。ロラン・バルトの言葉を借りれば、「それは＝かつて＝あった」[21]という呪術的感覚を私たちに喚起するものとしての写真。それが、ここにはある。それはだから男の髪の毛と同じように、死者をいまここで触覚的に感じることのできる呪物として利用されていたのだと思う。それはもはや、追悼としての心霊写

図4　9.11アメリカ同時多発テロ後にバス停に貼られた「尋ね人」の写真
出典：Margaret Olin, *Touching Photographs*, The University of Chicago Press, 2011, p. 201.

真と似たような意味を持っていることは明白だろう(22)。

……だが現在のポストモダン社会においては、私たちはこうしたヴァナキュラーな身体感覚を喪失して、より抽象的で洗練されたイメージ文化に覆われつつある。私たちの日常生活は、隅から隅までディズニーなどのキャラクター・イメージに覆い尽くされていて、私たちの土俗的な身体感覚などはほとんど窒息させられかかっているかのようだ。しかし、それは決して完全に窒息させられたわけではない。それはときに思わぬ形で息を吹き返して私たちの前に姿を現す（まるで幽霊のように）。

私が最近最も驚きかつ触発されたのは、ワールドトレードセンターに二機のジェット旅客機が突っ込んでビルが崩壊した、あの最悪の九・一一事件の直後にニューヨークの人びとの間で自然発生的に起きた出来事だ。ニューヨークの人びとは、バスの停留所や病院などさまざまな公共的な施設の人目につく壁に、最初は「尋ね人」という形で、親族や知人の行方不明者の写真を簡単な紹介つきで掲げたのだった。言うまでもなく、この「尋ね人」のほとんどはテロによって亡くなってしまった人びとだった。だからその掲げられた写真は、「尋ね人」としての意味をたちまちに失ってしまった。しかし、人びとは無意味になっても、それらの写真を掲げるのをやめなかった。つまり、それらは追悼写真（＝心霊写真）の意味を帯びることになったからだ。これらの写真の上には、他者の手によってテープで花がつけられ、傍らにはハート型の紙でさまざまなメッセージが寄せられ、やがてその足下の周囲には点灯された蠟燭が置かれることになった。そしてニューヨークの人びとは、亡くなった人びとがそこに写真としてまだ生き続けているのだと触覚的に感じようとするかのように、それらの写真を二カ月間も掲げ続けたのである。(23)

私は、この光景を事故の数日後にテレビの報道で見て深く感動した。ここには写真をめぐる人びとのヴァナキュラーな身体感覚が、イメージ化社会のただなかに復活したかのようではないか、と。まるでそれは、あの日テレビを通じて私たちが見てしまった、ワールドトレードセンターの崩壊の中継映像の、ヴァナキュラーな猥雑さをまったく欠いた（CGで作られたかのような）ポストモダン的な平板な映像に対抗して、人びとが新たなヴァナキュラーな写真文化を実践したかのように思えた。当たり前のことだが、私たちは自分や他者が死ぬことを、心の底から合理主義的に割り切って考えられるわけではない。だから自分や他者が光の痕跡として残す写真のことも、ただの証明写真として割り切って考えられるわけでは決してない。肖像写真は、被写体や見る者にとって、つねに過剰な身体感覚（呪術的感覚）を与えるものなのだ。そうである限り、心霊写真のような写真の呪術性も、私たちの身体感覚のなかに生き続けるのだろう。むろん、そうでなければ、私たちはこの退屈で平板な文化のなかで窒息して死んでしまうだろうから。

注

（1）小池壮彦『心霊写真』（宝島社新書、二〇〇〇年）での命名。
（2）同上、一五一ページ
（3）ブライアン・デ・パルマ監督の『ミッドナイト・クロス』（一九八一年）は、まったく同種の想像力によって構想された映画である。映画の音響効果技師であるジョン・トラボルタは、風の音など自然の音を野外で録音収集している最中に、偶然に大統領候補者の自動車が川に転落して死亡するという事故に遭遇してしまう。しかも別の男が偶然に、フィルムで事故の光景を撮影していたため、彼はそのフィルムと自分の録音した音声を同調させて、パンク音より早く鳴り響く銃声の瞬間、記録映像の片隅に銃撃の閃光が写っていることを発見する。ただの事故ではなく故意の殺人だったのだ。音声と同調させることによってフィルムの背景に写っているノイズが意味を帯びてくるという、ここでのアイディアは実にスリリングなものだった。
（4）塚田嘉信『日本映画史の研究——活動写真渡来前後の事情』（現代書館、一九八〇年）、長谷正人『映像という神秘と快楽——〈世界〉と触れ合うためのレッスン』（以文社、二〇〇〇年）などを参照せよ。
（5）小林秀雄『Xへの手紙・私小説論』新潮文庫、一九六二年、二六四ページ
（6）長谷、前掲『映像という神秘と快楽』を参照せよ。
（7）映画『リング』（中田秀夫監督、高橋洋脚本、一九九八年）は、映像の触覚的リアリティによって観客を恐怖させるという意味で秀逸な映画である。人びとがそれを見ると呪いに取り憑かれるというビデオは、何か恐ろしいものが形象として写っているわけではなく、ただざらざらとした触覚性によって観客の感覚を刺激するだけである。この映画は、冒頭の夜の海のシーンやテレビ画像の超クローズアップから始まって、貞子がテレビから飛び出す先の畳のざらざら感など、いちいち観客に触覚的な感受性を取り戻すように促している。

（8）小池、前掲『心霊写真』一五一ページ

（9）一柳廣孝『〈こっくりさん〉と〈千里眼〉——日本近代と心霊学』講談社選書メチエ、一九九四年、三五ページ。スピリチュアリズムがたんなる前近代的な呪術なのではなく、死者個人への追悼の思いという近代的心性に結びついているという考え方に関しては、ジャネット・オッペンハイム『英国心霊主義の抬頭——ヴィクトリア・エドワード朝時代の社会精神史』（和田芳久訳、工作舎、一九九二年）やコナン・ドイル『コナン・ドイルの心霊学』（近藤千雄訳、新潮選書、一九九二年）などを参考にした。

（10）トム・ガニング「幽霊のイメージと近代的顕現現象——心霊写真、マジック劇場、トリック映画、そして写真における不気味なもの」望月由紀訳、長谷正人／中村秀之編訳『アンチ・スペクタクル——沸騰する映像文化の考古学』東京大学出版会、二〇〇三年、一九二ページの写真

（11）同上、一九〇ページ

（12）小池、前掲『心霊写真』八五—八六ページ

（13）心霊写真のなかには、ほかにもさまざまな種類のものがある。ガニングが紹介するものだけでも、全身物象化した霊媒を撮影した写真（ガニング、前掲「幽霊のイメージと近代的顕現現象」一九七ページ）や霊媒が自分の鼻や口から心霊イメージを体液のように出すエクトプラズム現象を撮影した気味の悪い写真（同上、二〇一ページ）などがある。

（14）同上、二〇九ページ

（15）小池、前掲『心霊写真』一六九ページ

（16）同上、一一一ページ

（17）前掲『アンチ・スペクタクル』所収の諸論文を参照せよ。

（18）Miriam Bratu Hansen, "The Mass Production of the Senses:Classical Cinema as Vernacular Modernism," in Christine Gledhill and Linda Williams, eds., *Reinventing Film Studies*, Arnold, 2000. なお、ミリアム・ブラトゥ・

ハンセンは、「『シンドラーのリスト』は『ショアー』ではない――第二戒、ポピュラー・モダニズム、公共の記憶」（畠山宗明訳、長谷正人／中村秀之編『映画の政治学』青弓社、二〇〇三年）でも、高級モダニズム文化とは異なった、ポピュラー・モダニズムの問題を論じている。この「ポピュラー」という概念が与えるかもしれないイデオロギー的ニュアンスを嫌って、ハンセンは「ヴァナキュラー」という概念を使用したのだという。

（19）Geoffrey Batchen, "Vernacular Photographies," in *Each Wild Idea: Writing, Photography, History*, The MIT Press, 2001. なお、ヴァナキュラー写真については、前川修「ヴァナキュラー写真の可能性」『美学芸術学論集』第三号、二〇〇七年、一～一七ページが行き届いた議論の整理をしている。

（20）Geoffrey Batchen, "Ere The Substance Fade: Photography and Hair Jewelley," in Elizabeth Edwards and Janice Hart, eds., *Photographs Objects Histories: On the Materiality of Images*, Routledge, 2004.

（21）ロラン・バルト『明るい部屋――写真についての覚書』花輪光訳、みすず書房、一九八五年

（22）事実バルト自身が、この書物の最も重要なポイントとして、亡くなった母親への追悼の感情を彼に強くもたらしてくれる五歳の母親の写真（「温室の写真」）の絶対的な明証性の神秘性を論じているのだった。この母親の写真もまたある種の心霊写真のようなものとして考えることができるだろう。

（23）マーガレット・オリンも、この事実を、人びとが自発的に作り出したモニュメントとして注目している。このモニュメントが二カ月間続いたという事実については、私は彼女の記述によって初めて知った。Margaret Olin, "Epilogue. The Rhetoric of Monument Making: The World Trade Center," in Robert S. Nelson and Margaret Olin, eds., *Monuments and Memory, Made and Unmade*, University of Chicago Press, 2003.（後に、Margaret Olin, *Touching Photographs*, The University of Chicago Press, 2012 に所収）

4　カール・エイクリー／杉本博司の生態ジオラマ

ジオラマについて何かを書きたいと思った。二〇〇七年、ニューヨークの自然史博物館を訪れたときに、さまざまな動物たちの剝製をその周囲の生態環境ごとウィンドーケースに展示した「生態ジオラマ（habitat diorama）」を見て、強い衝撃を受けたからである。とりわけ一九三六年に作られたという、アフリカの哺乳類を展示しているカール・エイクリー・ホールに私は魅惑された。二階まで吹き抜けになった広い楕円形のホールの入り口からなかをちょっと覗いて見ると、そこは恐竜や宇宙やオセアニア文化をめぐる他の展示室とは趣が異なって、照明が落とされて何やら不気味な雰囲気が漂っている。それで私はおずおずと薄暗がりのなかへと足を踏み入れてみると、ホールの真ん中には巨大な五頭の象の剝製が隊列を組んで聳え立ち、その周囲の壁面には各階一四個ずつのショーウィンドーが埋め込まれていて、そこから発した光がぼんやりとホール全体を暗がりのなかに浮かび上がらせている。おのおののウィンドーに接近してみると、その向こう側の明るみに展示されているのは、剝製になってピクリとも動かない実物大の哺乳類の動物たちだ。私の目の前でこちらをまっすぐに見据えて立っている五頭のゲムズボックなど、なんだか怖いくらいだ。背景にはアフリカの風景がリアリスティックに描かれ、剝製の周囲には草や樹木の模造までが丁寧に置かれていて、動物たちが生きていたときの生態環境を立体的に再現

図1　アメリカ自然史博物館のカール・エイクリー・ホール
出典：Stephan Christopher Quinn, *Windows on Nature: The Great Habitat Dioramas of The American Museum of Natural History*, Harry N. Abrams, 2006, p. 2.

している。

授業で来たと思しき子どもたちが、そのウィンドーの前に座り込んで、ゴリラやオカピやレイヨウの剝製を一生懸命に写生しているのだから、このジオラマが都会人に動物を観察させることを目的として作られたことは間違いないらしい。しかしどう見ても、自然科学という目的に収まらない過剰な何かがここにはあるように思う。もし子どもに動物の動きを正確に観察させるためであれば、こんな死んだ剝製の展示室よりも動物園のほうがよほど適しているはずだろう。むろん、動いている動物は、剝製のように細部の形を観察することは難しいという理由が考えられる。しかしそれならば、剝製だけを展示すればいいのであって、動物たちが生きていた自然環境までをもスーパーリアリズム的に再現した、これらジオ

図2　エイクリー・ホールのゲムズボックのジオラマ
出典：Quinn, op. cit., p. 52.

ラマ製作者たちの芸術的とでも言うべき表現意欲は、やはり過剰である（このホールを作った剥製師カール・エイクリーは、剥製を総合芸術にまで革新的に発展させた人物として知られていることをあとで調べて知った(1)）。実際、これらが作られた七〇年前ならともかく、現在のように動物生態の生き生きとした記録映像など珍しくない時代にあって、この生態ジオラマの自然環境の模造的な再現は、まったく時代遅れの不要物にすぎないのだ。にもかかわらず、いやむしろ、だからこそ、それは科学的な目的を超えた謎めいた不気味な魅力と輝きをよりいっそう際立たせて、私たち訪問者に迫ってくるように思われる。

ではいったい、その不気味な魅力はどこからくるのだろうか。簡単に言えば、ここには「生命性」が欠落しているからだと思われる。これらのジオラマは、動物たちが生きていたときのある一瞬のポーズを、周囲の環境ごと無時間的に凍結させたものだ（まるで写真のように）。だから生きているかのように見える彼らの姿からは、一切の老いや性や死の影が排除されている。自然環境から完全に切り離された都市の動物園の檻のなかであっても、動物たちは、性行為をしたり、脱糞したり、年老いたりすることによって、そのなまなましい自然の姿を私たちに見せつける。だからこそ私たちは彼らに「生命性」を感じる。しかしジオラマの動物たちは、そのような「生命性」をすっかり剝ぎ取られて、ギリシャ彫刻のように超然とした美しさで永遠の時間を生きている。いわばそれは、プラスティック化された生命の「イメージ」にすぎないのだ。人工的な都市文明のなかを生きる人間たちが、自らが失った自然を観察するためにやってきた博物館で、完全に人工化された自然のイメージを見てしまう。いまそれを見ている私たちすべてが死んだあとも、これらジオラマの動物たちは、決して朽ち果てることなく、いまと変わらない若々しい姿を保ち続けるだろう。だからむしろこのホールに立ち尽くしていると、それを見ながら暗がりのなかをうごめいている人間たちのほうこそが、やがて死んでゆくはかない「生命」として愛おしく感じられてくる。おそらく、その倒錯性がこの場所を不気味に感じさせるのだ。

杉本博司が、この「生態ジオラマ」を写真に撮って『ジオラマ』シリーズとして作品化してきたことはよく知られているだろう。これらのジオラマをそのままストレートに撮った彼の写真を見ると、なぜか私たちは一瞬、本物の自然環境のなかの動物たちを写真で見ているかのような奇妙な錯覚に捉われてしまう。３Ｄ映像を特殊メガネで見るときに、そこに映像が浮き出て見えるのは錯覚だと知りつつも、どうしても立体的に見えてしまうのと同じである。例えば、氷上のシロクマが血を流して倒れているアザラシを食べようとして首を傾けた一瞬を、至近距離から捉えた（ジオラマの）写真がある。それを見る私たちは、まるで記録映画の一場面を見ているかのようなリアルな感覚と興奮を覚える。しかしよく考えれば、どんな優秀な自然写真家であっても、見渡す限り氷原が広がるなかで巨大なシロクマが餌を食べる瞬間を、そんな至近距離から捉えることは難しいだろう。実際よく見れば、氷の割れ目も動物たちも、全体がいかにも映画のセットのように作り物めいている。だが、そうやってそれがジオラマの複製写真だとわかったうえで改めて見直しても、やはり私たちはこの光景をリアルに感じてしまう。なんとも不思議な感覚だ。だから逆に、私たちが現実生活のなかでリアルに感じている動物も事物も人間も、実は「虚像」にすぎないのかもしれない。そのように、自分の視覚の頼りなさを私たちに内省させるところが、杉本のジオラマ写真の面白さだろう。杉本は言う。「どんな虚像でも、一度写真に撮ってしまえば、実像になるのだ」と。

私は二〇〇五年に六本木ヒルズの森美術館で開催された「杉本博司——時間の終わり」展に行って、このジオラマ写真を見てとても興味を惹かれた（実は、『劇場』シリーズや『海景』シリーズよりも好きだった）。そして杉本がこの写真を撮ったというニューヨークの自然史博物館にぜひ一度行ってみたいと、そのとき考えた。ところが、実際に〇七年、自然史博物館を訪れてジオラマに出会って感動したとき、私は杉本博司の写真のことをすっかり忘れていた。うっすらと「このイメージはどこかで見たはずだ」というデジャヴュ感覚は身体のなかにあるのだが、それが何なのかどうしても思い出せないでいた（昔読んだ、伊藤俊治の『ジオラマ論』（筑摩書房、一九九六年）の記憶だろうと思っていた）。帰国後しばらくして知人にジオラマの話をしているときに指摘され、初めて杉本の写真のことを思い出した。杉本の写真がきっかけとなって自然史博物館に行ったはずなのだが、それを私は自力では思い出せなかった。なぜだろうか。むろん私の記憶力が悪いせいなのだが、それだけではないと思う。実際にニューヨークで見たジオラマが、杉本の写真から受けた印象とあまりにも違っていたからである。杉本の写真には、あのエイクリー・ホールの暗がりのなかで私が感じた、動物たちの生命の「人工化」という不気味さが決定的に欠けている。むしろ杉本版ジオラマは、明るい平板なイメージ（シミュラークル）として、オリジナルのジオラマが持つ不気味さを徹底的に消去しているかのようだ。(2) だから自然史博物館のジオラマの異様な光景を生で見たときに、私は杉本版の記憶を失ってしまったのだ。

むろん杉本博司が、アーティストとして、起源を持たない平板なイメージを批評的に作り出していることは私にも理解できる。(3) 私たちがいま現実として見ているこの世界が、実はすべてこのジオラマのような模造品として作られてしまっているのではないか。そのような現実世界への疑念を、私も確かに持っている。例えば私は、街中で人間に連れられて歩いている貧相なペット犬のことを連想する。トイ・プードルだの、イタリアン・グレーハウンドだのトイ・マンチェスターだのといった、本来の大型犬が室内愛玩用に小さく品種改良され、野生を完全に喪失してしまったかのような動物たちの姿はどう見てもジオラマにしか思えない。ほかにも私たちは日常生活のなかで、整然と人工的に並べられただけの花壇や神経症的に丁寧に刈り取られた芝生や花見のときの観賞用に植林されただけの桜並木や、あるいはスーパーマーケットの食品売り場の照明の下で見栄えがするように育てられた美しい野菜などにいつも囲まれて暮らしている。つまりジオラマは、いまや自然史博物館のなかではなく、現実世界そのもののなかにあるのだ。私たちの自然環境はジオラマそのものとして構成されている。だからこそ、杉本はジオラマを「模造」化することによって、そうした文明世界の「模造性」を批評した。そうなのだと思う。

しかし自然史博物館の生態ジオラマは、決して起源を持たない平板な「模造」ではないように私は感じる。杉本のジオラマ写真を見たあとでもう一度アメリカへ行き、自然史博物館のジオラマを見たりその歴史を調べたりしたときに、逆に私はジオラマに奇妙ななまなましさを感じるようになった。それらのジオラマは明らかに「起源」（イメージの痕跡性）を持っていることに気づいたからだ。例えばエイク

図3　カール・エイクリー
出典：Quinn, op. cit., p. 18.

リー・ホールのジオラマは、カール・エイクリーという剥製師自身が、アフリカに行って命がけで撃ち殺してきた猛獣たちなのだ（彼は実際に猟の途中で、象に襲われて死にかけている）。つまり、ここに展示されているゴリラも象もオカピもすべて、あるとき人間が銃で殺し、内臓をくりぬき、原住民たちとともに肉を食べ、皮だけを剥ぎ取って塩でなめしてアメリカへ運んできた、という歴史性を持った個体なのである。[4] したがって、このホールの一番手前にある有名なゴリラのジオラマが「カリシンビの孤独なオス」と名づけられているように、これらすべての動物のジオラマ一頭ずつに対して（動物園のように）固有名があってもいいはずなのだ。

つまり、ジオラマが視覚的には複製イメージのように見えたとしても、そこに据えられている剥製本体の「皮」だけは、間違いなくある固有の生命の「痕跡」をとどめている。

私が最初にジオラマに不気味さを感じたのも、それらが単なる理想化された自然の表象というだけでなく、奪われた生命の痕跡でもあることが伝わってきたからだと思う。

私は自然史博物館を再訪して、改めてそのことに気づいた。ここで人工的な永遠の生命を獲得した動物たちは、しかし最初に人間たちによって個体としての生命を奪われたという起源を持っているのだ、と。実際、ダナ・ハラウェイは、カール・エイクリーによるこのジオラマを、性と階級と人種を欠落させた（男性的に）理想化された自然にすぎないと批判し、その背景に二〇世紀初頭のアメリカの優生学、男性中心主義（狩猟ゲーム）、帝国主義などの暴力的思想を読み取っている。(5) 死も病気もない理想化された動物たちが、美しく整然と並べられた、ナチズム的な「清潔な帝国」としてのエイクリー・ホール。まさにその帝国の起源には動物の殺戮があり、大量の血が流されている。つまり、どのようにジオラマ化された人工世界であっても、やはり世界は「生命性」をどこかに痕跡として持つしかないということだ。だから私たちには、杉本博司のようにジオラマ化された世界をシニカルに模造として批判する知性だけでなく、そのジオラマ的世界そのもののなかに生命の痕跡を読み取るような身体感覚的な想像力もまた必要とされているのではないか。

……森美術館で杉本博司展を見終わったあと、同じチケットで一階下（五二階）にある六本木ヒルズの展望台に初めて行った。私の目の前には、いままで見たこともないような東京のジオラマ的光景が広がっていて息を飲んだ。ここから見下ろす東京タワーや大小さまざまのビル群は、まるでミニチュアとしてそこに一つずつ据え付けられた玩具のようにしか見えないのだ（まるで本城直季のミニチュア写真のようだった）。それら無数のビルの一つひとつの部屋では、数え切れないくらい大勢の人間たちが会議をしたりパソコンで表計算をしたり、食事をしたり、掃除や洗濯をしたり、排泄やセックスをしたりして、それぞれの生活を慎ましく営んでいるはずだ。しかしそう考える私がいくら懸命に目をこらし、想像力を高めても、そうした生命体としての人間の暮らしが、このジオラマ的光景からは浮かんでこない。たくさんのビルはただの無機質なビルとして、何の生命の痕跡も示してはくれない。

何という恐ろしい光景だと恐怖さえ感じて、私は三〇分ほどその場に釘づけになってしまった。そして森ビルによる東京の都市開発が、このようなジオラマ的な視線によって行われてきたのだ、という事実に私は気がついた。そうやって鳥瞰図的な視線によって、そこで暮らす人びとの生命を考えずにビルを建てていくことには、麻薬的な快楽があるだろうなと想像した。森ビルの「森」とは、東京を「ビル」という名の木を一本ずつ植林して埋め尽くしていく欲望を表しているかのように私には思えた。このようなジオラマ的な視線に抵抗するためには、ジオラマの内側からそれを超える想像力が必要なのだ。そんなことを考えた。だからそのとき私はすでに、杉本博司の写真のことを半分忘れかけていたのだった。ニューヨークのジオラマに出会ったとき私が想像のなかで重ねていたのは、むしろこの展望台からの光景だった。

注

（1）宮本陽一郎は次のように書く。「エイクリーの剝製術は、プリミティブな世界を表象するための総合芸術と言ってよい域にまで拡張する。（中略）これを総合芸術と呼ぶことは決して誇張ではない。例えば「カリシンビの孤独なオス」のディスプレイを完成させるために、エイクリーはこのゴリラを射殺した場所に画家W・R・リーを派遣し、ミネケ山のパノラマをパノラマで描かせている」（『モダンの黄昏——帝国主義の改体とポストモダニズムの生成』研究社、二〇〇二年、三八ページ）。自然史博物館のジオラマ製作の歴史と技術およびそのなかでカール・エイクリーが果たした役割については、Stephan Christopher Quinn, *Windows on Nature: The Great Habitat*

Dioramas of The American Museum of Natural History, Harry N. Abrams, 2006 を参照せよ。なお映像文化史では、エイクリーは動物観察や軍事などの目的で動く被写体を捉えやすいように、パンやティルトをスムーズにできるように改良した、「エイクリー・カメラ」の開発者として知られている。

（2）森美術館の展覧会のカタログ『HIROSHI SUGIMOTO』（森美術館、二〇〇五年）や彼の著書『苔のむすまで』（新潮社、二〇〇五年）のなかをいくら探しても、剝製師・カール・エイクリーへの言及が一度もないのは、やはり不自然である。アザラシのジオラマの写真を見て、まるで本物みたいだと私たちが感じるのは、エイクリーらジオラマ設計者たちの芸術家的な表現意欲と技術的達成があったからだろう。ところが杉本は、それらのジオラマが匿名的に大衆社会を流通していた複製イメージであるかのように扱っている。しかしそれは嘘である。事実、エイクリーの影響を受けたアメリカの自然史博物館以外では（スウェーデンを例外として）、これほどリアルで精巧な動物の生態ジオラマは存在しないからである。杉本の『ジオラマ』シリーズの面白さは、カール・エイクリーというアーティストに負っていることは間違いない。

（3）浅田彰の教科書的な杉本博司論「写真の終わり――杉本博司「時間の終わり」展の余白に」（『文學界』二〇〇五年一一月号、一七二―一七八ページ）が参考になる。「写真とは、出来事の、つまりは歴史の断層のドキュメントである。（中略）しかるに、出来事が生起するのをやめ、歴史が終わったのだとしたらどうだろう。かつてあったことのすべてが、博物館のジオラマとして、あるいは蠟人形館の人形として、すみずみまで注意を払って（つまりは無意識を排除して）模造され展示されるばかりだとしたら」。

（4）カール・エイクリー「赤道アフリカでの象狩り」（越前敏弥訳、マーク・ジェンキンズ編『大冒険時代――世界が驚異に満ちていたころ 50の傑作探検記』早川書房、二〇〇七年）でその様子を読むことができる。また、エイクリーの旅行に同行したメアリー・ヘイスティングズ・ブラッドリーの旅行記『ジャングルの国のアリス』（宮坂宏美訳、未知谷、二〇〇二年）もある。なおこの旅行記の主人公となっている、ブラッドリーの娘アリスは、後に『たったひとつの冴えたやり方』（朝倉久志訳、ハヤカワ文庫、一九八七年）などで知られるようになるＳＦ作家ジェイムズ・ティプトリー・ジュニアである。

（5）Donna Haraway, *Primate Visions: Gender, Race, and Nature in the World of Modern Science*, Routledge, 1989.

5　ジオラマとしてのクロード・モネの庭園

　数年前、テレビの美術番組をぼんやり眺めていた。印象派の画家クロード・モネが特集され、そのなかで「ジヴェルニーの庭」のことが取り上げられていた。モネが一八八三年、パリから西北七〇キロメートルにあるジヴェルニーの村にリンゴ農園を見つけて移り住み、そこを一九二六年に死去するまでの後半生のすみかとし、その庭をまるで彼の絵画のように色彩豊かな花々で埋め尽くしていたことはよく知られている。あるいは大作『睡蓮』の連作が、そのジヴェルニーの庭の池を描いた作品であることも、美術音痴の私でも知っていた。二〇年ほど前、パリを観光したときにオランジュリー美術館へ『睡蓮』を見に行ったこともある。睡蓮が浮かんでいる池の水面に映っている空や植物などがびっしりと描き込まれた、巨大で横長の八つの絵に四方八方を取り囲まれるのは、なんとも不思議な経験だった。率直に言えば、その展示方法が、モダニズム的な平面性よりも3D映画のような立体的効果を狙っているように思えて、私としてはあまり気分がよくなかった。番組では、その『睡蓮』が描かれたモネの庭がいまも維持・公開され、大勢の観光客がその睡蓮の池や色鮮やかな花々を楽しんでいることを紹介していた。

　ふーん、モネの庭楽しそうだな、行ってみようかな、と最初はただ思った。だが次の瞬間、何か変だぞ、と考え始めた。モネは印象派ではなかったのか。印象派というのは（とくにモネは）外界の視覚的印

図1　モネの「睡蓮」
出典：ウィキペディア「クロード・モネ」（http://ja.wikipedia.org/wiki/ファイル：Claude_Monet_038.jpg）

象を見たままに描くことを特徴としていたのではないか。畑にぽつんと置かれた積み藁にかかる夕暮れの光線が、季節によってちょっとずつ変化していくのを楽しめる『積み藁』の連作が代表的だが、ある理念としての風景や神話の一場面や人物の肖像を描くのではなく、ある季節のある時刻の、その一瞬にしか感じられない自然の光や色彩の印象を、平凡な題材をわざわざ選んで描くのがモネの面白さだろう。つまりモネという画家は自然に対して（カメラのように）徹底的に受動的なのだ、と思っていた。しかし実際にモネが後半生に描いた庭の風景は、自分で庭師に整備させた庭の池や花園らしい。とすると、私がただ自然の光の印象を描いていると見ていたものは、実は映画のセットのように人工的に作られたものだということになる。これは変だぞ、と考えて私はちょっと調べてみようと思い立った。

　すぐに本屋の美術書の棚で、ヴィヴィアン・ラッセル『モネの庭――花々が語るジヴェルニーの四季』（六人部昭典監訳、大久保恭子訳、西村書店、二〇〇五年）という本を見つけた。やはり私がにらんだとおりだった。そこには驚くべき事実がたくさん書かれていた。まず、あの『睡蓮』に描かれた池はもともとあった自然の池ではなく、水生植物を育てることを目的としてモネが人工的に造成した池だったのだ（むろんあの浮世絵風の太鼓橋を自分でかけたという有名な話から誰でもすぐに想像できる常識的な話なのだが、私は恥ずかしいことにそこまで想像が及ばなかった）。モネの言葉が同書に引用されている。

私の地所の境界には、エプト川がジゾールの方から流れていたのです。それで、水路を作って、庭の中に掘った小さな池に水を満たすことができました。私は水が好きでしたが、花も愛していました。だから、池に水が湛えられたとき、草木で飾りたいと思ったのです。私はカタログを手に、運を天にまかせて花や草木を選びました。(1)

つまり、池は川から水を引いてモネが自分の土地にわざわざ作ったものだし、睡蓮にいたってはカタログで選んで通信販売で取り寄せたものだった。何が「自然の詩人」（前掲『モネの庭』第一部題名）だ。ジヴェルニーという村は確かにパリから離れた、自然に囲まれた村だろうが、モネがやっていることは、現代都市の消費生活者が、通販を利用してやっているガーデニングと（規模が大きいだけで）何ら変わらないではないか。むしろ「通販の詩人」とでも名づけるべきだろう。

驚いたのはそれだけではない。あの自然に池に浮かんでいるように見える睡蓮は、モネが気に入るように、庭師によって念入りに手入れされた映画セットのようなものだったというのだ。先のラッセルはこう書いている。

庭師はいつも、葉の房が丸く広がるようにしておく必要がある。そして池を掃除しておかなければいけない。毎朝、モネがイーゼルや日傘を持ってやって来る前に、藻や枯れてしまった花や葉をすべて取り除き、スイレンの葉の汚れをすすぎ落としておかなければならないのだ。(2)

図2　ジヴェルニーの庭
出典：ヴィヴィアン・ラッセル『モネの庭——花々が語るジヴェルニーの四季』六人部昭典監訳，大久保恭子訳，西村書店，2005年，23ページ

モネの生前、水の庭では、庭師たちはスイレンが好き勝手に育つのを抑えることに懸命だった。庭師長のフェリックス・ブルイユは、（中略）この仕事を「手に負えない繁茂と密集との闘い」だったと回想し、「特定の種類だけがはびこるのを防いで、自然な外観になるようにした」と語っている。(3)

これらの記述には笑った。毎朝、庭師たちは、モネ先生のお気に召すように池をきれいに掃除し、繁茂したさまざまな水草を取り払って、特定のスイレンだけに美しい化粧を施してきれいに並べておくという徹底的な下準備をしていたというわけだ。「先生、スイレンさんの準備OKです」。「うむ。では描き始めるとするか」。まるで睡蓮の肖像画を描いている画家のようだ。モネの描き方が、決してその睡蓮を主役として浮き立たせるものではなく、水面に映っている空の光景や植物を丁寧に描き込み、何かゴチャゴチャした雑然とした印象を与えるので、その裏側で庭師がこんな苦労をしているとはいままで気づかなかった。うかつだった。

こうやってジヴェルニーの庭がいかに人工的に作られた美術セットだったかを知ると、最初に私がオランジュリー美術館で『睡蓮』を見たときの居心地の悪さに、思っても見なかった光が当てられたような気がした。そうか、私はあれを見たとき、印象派絵画の代表作だから写真的リアリズム（やモダニズム）と関係しているはずだという固定観念に縛られすぎていたのだ。むしろこの絵画は、外界の印象を受動的にそのまま定着させたいというモネの印象派的な欲望が反転し、外界の参照物なしに生み出される主観的な内的視覚（自律的な視覚）を表現したいという欲望へと移ってしまったために生み出されたものだろう。

むろん私はいま、ジョナサン・クレーリーの『観察者の系譜――視覚空間の変容とモダニティ』（遠藤知巳訳、以文社、二〇〇五年）における、「主観的視覚」の議論を思い浮かべているのだ。クレーリーによれば、一九世紀前半に視覚をめぐる知のパラダイムに変容が起きて、カメラオブスキュラを使って外界を遠近法的に正確に写し取ることを目指す古典主義的なパラダイムから、人間がいかに主観的に世界を見ているかを実験器具によって調べようとする生理学的パラダイムに移っていった。そのとき、従来はただの誤った幻覚とだけ考えられていた網膜残像現象や内的視覚イメージが、人間の自律的な視覚としての分析の中心に置かれるようになった。そうしたパラダイムチェンジの絵画における現れとしてクレーリーは、ジョセフ・ターナーの『太陽の中に立つ天使』などを同書では挙げていた。だが私は、モネの『睡蓮』こそ、まさにクレーリーが言う主観的視覚の例示にふさわしいように思う。池の水面を精細に描き込んだ『睡蓮』の世界は、外界に見える自然の光景のありのままの印象というよりも、麻薬を吸ったときに見えてくるような、画家自身の内面的な幻覚世界の表出のように見えるからだ。

つまりモネは、世界をジオラマ化したいという欲望にとらわれていた。ただし話はそこではまだ終わらない。なぜなら、そのモネの庭が、いま観光地として人気を集めているからだ。むろんモネの死とともに、彼に描かれるために維持されていた庭は存在理由を失い、長期にわたって放置されていた。しかし一九七〇年代にアメリカの財団が費用を出して修復し、八〇年の九月に一般公開されるようになった。「もともとの苗の品種をできる限り手に入れて、モネの植えた花の色を忠実に再現した」[4]というのだ。つまり現在のモネの庭はいささかも自然ではなく、自然を利用した人工的な立体模型（ジオラマ）か、テーマパークのように維持されていると言うべきだろう。だから実際、二〇〇〇年には、高知県の北川村に、元祖ジヴェルニーのお墨つきという「モネの庭」の複製が作られているそうだ。

その自然さを装った人工庭園が不自然で無残な姿を晒すのは、冬の期間である。ジヴェルニーのモネの庭は毎年、四月一日から一〇月三一日という春と夏の間だけ公開され、残りの五カ月は閉園されてしまう。一〇月末日に閉園されると数日のうちにほとんどの花は引っこ抜かれて、美しい花園はあっという間に消えてしまうのだ。その庭師たちの植物伐採の大掛かりな仕事ぶりを写真つきで説明しているところが、先のヴィヴィアン・ラッセルの書物の白眉である。閉園二日後の一一月二日、ルリマツリやエンジェルストランペットなどの鉢植え植物、アガバンス、ルリヒナギク、ソラナム、ハナミズキなどのひ弱な植物が真っ先に掘り起こされて、冬越しのために大きな温室に移される。翌日の三日には、ダリアが掘り起こされ、ガレージで八日から一〇日ほど広げて乾燥させたあと、その地下室で保管される。その翌日の四日には、花壇での作業が始まり、ピンクと青のゼラニウムのほか一年草と二年草はすべて

図3　ジヴェルニーの庭の植物の伐採の様子
出典：前掲『モネの庭』62ページ

掘り出されて捨てられる。捨てられるのだ。たった数日で、華やかな庭がこれほど無残な姿に早変わりするのかと、花をすっかり刈り取られた剝き出しの庭園の写真（図3）を見て、私は衝撃を受けた。そして、植物の抜き取りと保管の作業がひと通り終わると、今度は翌年四月以降のためにチューリップの球根を植えるなどの準備作業に入る、といった手順でここの庭師は一年中働かなければならないらしい。

何とも不思議な世界である。色彩の美しさを見られるためだけに育てられ、見られるのをやめたとたんに捨てられる花たちの庭。だがそれを簡単に、反自然的で空虚なイメージとして批判できるだろうか。むしろ私たちの生活環境を取り囲む植物は、ほとんど同じように空虚なものではないのか。都市や郊外住宅地に整然と並べられた桜（ソメイヨシノ）や欅の並木、公園や校庭を飾る色鮮やかな花壇の花々、植木屋が手入れする人工的な日本庭園や盆栽、お盆や葬式のときに死者に手向けたり、誕生日や母の日にプレゼントしたりする花々など、いま私たちの社会では、花や植物はほとんどイメージ商品として生産されたり消費されたりしているだろう。だからモネの庭が空虚なシミュラークルだとしたら、私たちの生活を彩る植物のほとんどが空虚だと言わなければなるまい。もちろん半分くらい、私はそのような「スペクタクルの社会」（ドゥボール）を批判的に考えている。しかし他方で、こうしたジオラマとしての花が私たちの生活を覆い尽くしてしまったとするなら、人間がチョウチョとは違った意味で、花の美しさに根源的に取り憑かれた生物だと認めるしかないだろう。それを認めたうえでなお、花と自然を人間がより豊かに味わう方法を考えていくしかないだろう。

例えば、今後、ラッセルが撮った、花を引き抜かれた無残な庭園の写真が社会的に普及すれば、もはやジヴェルニーの庭の訪問者たちは、それをただ美しい色彩のイメージとしてだけやりすごすことを許されないだろう。私たちはみな、美しい色彩の氾濫のためだけに準備され、役割を終えればすぐに伐採される一本一本の花々のはかない運命を抜きにして庭園を見ることが不可能になるはずだ。つまり、世界をジオラマ化されたものとして認識することは、その世界をより濃密な感覚で味わい直す契機を人間にもたらしてくれるのだ。

私がそう思ったのは、日本の吉野山の桜の話を、鳥越皓之『花をたずねて吉野山――その歴史とエコロジー』（集英社新書、二〇〇三年）という本で読んだからである。奈良の吉野山は桜の名所として知られ、山には三万本もの桜が植えられている。むろん桜は、自生したものではない。吉野山の気候は桜の生育に必ずしも適しているわけではない。それにもかかわらず、人間たちが五〇〇年以上にもわたって植林をし続けた結果、このような桜の巨大なテーマパークができあがったのである。なぜ人間はこんなことをしたのか。鳥越は、吉野山は水を司る神の住まう山だという信仰があったので、人びとは日照りを願って桜の苗木を植林し続けてきたと推測している。つまり、桜は聖なる神木として、山に手向ける意味で植林され、大切に保存されてきた。だからいま私たちは春になると、三万本もの桜が花開くのを見て楽しむことができるのだ。私たちは、ただなんとなく桜が自然にそこにたくさんあって、ああきれいだなと言ってすませてしまうが、そこには人間たちが信仰を持って積み上げてきた長い営為の歴史がある。

この本は（環境保護問題の本なのだが）、まさにそういう人間の営為の歴史を知ることを通して、吉野の桜をもっと濃密に味わえと読者に向かって訴えているように思う。例えば著者が、中世、近世には現代よりも濃密な花見体験があったことを紹介するときなどがそうだ。その時代の紀行文などを読むと、「花見」は「マア、きれいな景色」などという現代的なイメージの体験ではなく、「たいへん広い意味の信仰色、あるいは自然と人間が一体となる恍惚」(5)の経験だったと鳥越は言う。むろん私たちはもはや、そういう信仰心を持って桜を見ることなどはできないだろう。しかし桜をめぐる信仰の歴史を知ることを通してもう一度桜に向き直り、桜という樹木の色や香りや存在感に向けて自分の感受性を開き直すことならできるだろう（実際に近年、吉野の桜が大量に枯れて危機的状態にあることを最近NHKが放送して訴えていた）。私たちはそのとき、自分自身が自然と人間の長い歴史の果てに生まれた、か細い存在であることに気づくだろう。いやたとえ都会の人工的な桜を見ながらでも、私たちは花見の酒に酔いしれながら、身体のどこかでそうした自然と人間の関係の神秘に気づいているのかもしれない。

むろん私はここで、世界のジオラマ化を暴き出し、批判しようとしている。しかし、それはジオラマの外部の自然を目指すためではなく、ジオラマ化された世界を内部からじっくりと味わい直すためである。実際、ジオラマ化する世界の空虚さはそのような方向によってしか充実させることはできないだろう。だから私たちはモネの庭の空虚さを批判するよりも、モネの庭を徹底的に味わい尽くすしかないと思うのである。

注

（1）ヴィヴィアン・ラッセル『モネの庭──花々が語るジヴェルニーの四季』六人部昭典監訳、大久保恭子訳、西村書店、二〇〇五年、三六ページ
（2）同上、四〇─四一ページ
（3）同上、一三五ページ
（4）同上、六〇ページ
（5）鳥越皓之『花をたずねて吉野山──その歴史とエコロジー』集英社新書、二〇〇三年、一一〇ページ

そのほかの参考文献

シルヴィ・パタン『モネ──印象派の誕生』、高階秀爾監修、渡辺隆司／村上伸子訳、創元社、一九九七年
島田紀夫『西洋絵画の巨匠　第一巻　モネ』小学館、二〇〇六年

6　イーストウッド『父親たちの星条旗』、あるいはジオラマの内と外[1]

クリント・イーストウッド監督が、第二次世界大戦中の硫黄島戦闘下で撮られた一枚の有名な報道写真――六人の兵士が星条旗を擂鉢山の頂上に掲揚する瞬間を捉えて、全米中で大きな反響を巻き起こした写真――を題材にして製作した『父親たちの星条旗』（二〇〇六年）を見始めて、私が真っ先に困ってしまったのは、ストーリーが追いかけにくいという単純なことだった。恥ずかしいことだが、そもそも主人公が誰なのか、しばらく顔の判別がつかなかったのだ（まるで、幼少期に外国映画を見たときのようだった）。例えば、冒頭からしばらく経った場面で、戦地に向かう戦艦のなかでトランプをしたり、新兵をからかったり、仲間の散髪をしたりしている一〇人ほどの青年のなかに、やがて星条旗の掲揚に関わってアメリカ本土に呼び戻されて英雄化され、写真のイメージを再現して競技場に作られたハリボテの山に星条旗を立てるアトラクションまで演じさせられる（この場面は冒頭すぐに短く提示されていた）ことになる、この映画の三人の主人公たちが含まれているらしいということは、さすがに前後の場面の推移からすぐにわかる。しかしその三人がその青年たちのうちの誰で、どのような人物なのかというと、これがさっぱり特定できないのだ。もし、いつものイーストウッド作品のように彼自身が主役を演じているか、あるいは『ミスティック・リバー』（二〇〇三年）のように、ショーン・ペンやティム・ロビンスといった有名な俳優が出演して独特の個性的な演技をしてくれたとすれば、私にも主人公がどの人物か、すぐに特定できたはずだ。ところが、この映画の三人の主人公たちときたら、国債キャンペーン・ツアーのために呼び戻されて英雄として扱われる場面以外（とくに戦場の場面）では、多くの戦友たちのなかに埋没してしまって、とくに強い存在感を発揮してはくれないのである。だから、私は最初、このイーストウッドの新作を（傑作だとは直感していたのだが）どのように見たらいいのか戸惑ってしまった。

戸惑った理由はそれだけではない。主人公がわかりにくいだけでなく、この映画の話法と時間的構成もまた複雑でわかりにくいのだ。映画の冒頭で、硫黄島の黒っぽい砂の上を「衛生兵！」という助けを求める声の主を探してあたりを見回しながら走る主人公ドクの姿が、（その周囲を旋回するカメラによって印象的に）提示される。続くショットでは、ベッドのなかでうなされて隣の妻に慰められる年老いた男の姿が示されるのだから、この冒頭の映像は戦後ずっと生き延びて戦争神経症を病んでいる主人公ドクの悪夢だったということなのだろう。ここまではわかりやすい。ところが、ではこの映画は二一世紀の現代を基点として、主人公ドクが第二次世界大戦中の出来事を悪夢のように回顧する構成になっているかというと、それがどうも違うのだ。確かに次の場面では、年老いた別の退役軍人が、この映画の原作者と思われる若い男性のインタビューに答えて、戦場の出来事の悲惨さや報道写真が果たす大きな役割について語る場面があり、それから彼の解説ナレーションを背景に、例の星条旗掲揚の写真が現像されて暗闇のなかから浮かび上がって通信社の人間に注目され、新聞の一面に掲載され、駅のスタンドや新聞配達の少年を経て人びとの手に渡っていくというメディア・コミュニケーションの過程が示される。この一連の場面までは、先の退役軍人による回想として見ることができるのだが、この同じ流れの次の場面で、同じナレーションに乗って、主人公たち三人がハリボテの山に星条旗を立てるアトラクションを行うところで（この場面自体が、最初に戦場であるかのように観客に錯覚させるように編集されていて奇妙な浮遊感を感じさせる）、観客が戸惑うようなことが起きる。すなわち、主人公の衛生兵ドクはこのイベントを祝う花火の爆音を聞いたことを契機にして、硫黄島の戦場での記憶——ほかの兵士を助けようとしてイギーという戦友を見失った苦い記憶——を戦争神経症的に想起することになるからだ。これはまるで、別の兵士の想起のなかで主人公が想起しているようではないか。だから私たち観客は、これら一連の出来事を想起する主体と時点がどこにあるのか、ここではっきりしなくなってしまう。実際、この映画では三つの時間——星条旗の掲揚を含んだ硫黄島での戦闘場面（一九四五年二—三月）、国債キャンペーン・ツアーのために三人の兵士が英雄として本土へと呼び戻されて戦場の現実との違いに苦しむ一連の場面（同年四月以降）、そしてドクの臨終場面を含む、年老いた軍人たちが過去を回想する現代の場面——が、さまざまな主体の想起を介して互いに入れ子構造になっているかのように行きつ戻りつしながら進行していくのである。それが、どうにもわかりにくいのだ。

ではなぜ、そのようにわかりにくく作られているのだろうか。少なくともこれまでのイーストウッドは、前衛的な難解さを気取るような作家からは最も遠い位置にいる作家だったはずだ。主人公はそのとき旬のハリウッドスターであることが多かったし、時制がこのように複雑なこともなかった。ところが本作『父親たちの星条旗』では、主人公が無名の俳優で特定できないし、時間構造が複雑で観客が物語を理解するのに困難を感じてしまう。いったいなぜそのような、反＝古典的とでも呼ぶべき細工をわざわざする必要があったのだろうか。私はそこに、「ジオラマ」の問題が関わっていると考える。この映画は、一枚の報道写真がジオラマ化していく——つまり、イメージの中身がイメージの世界を飛び出して立体模型化し、まるで現実であるかのように扱われてその虚構性が消失してしまう——過程を批判的

図１　ジョー・ローゼンタールによる「硫黄島の星条旗掲揚」
出典：アメリカ国立公文書館，80-G-413988

に描いた作品である。しかし、あえて映画というメディア作品を通して、メディア自身によるジオラマ化を批判するためには、どうしても本作を古典的な映画に仕立てるわけにはいかなかった。いわば、この映画の構造的な捩じれは、クリント・イーストウッド監督の、この映画の主題に対する誠実な対応だと思われる。それがどういうことか、いささか迂回することになるが、少し詳しく説明していくことにしよう。

この映画が教えてくれるように、硫黄島の星条旗掲揚の瞬間を捉えたジョー・ローゼンタールの報道写真は、一枚の聖像（イコン）のように第二次世界大戦中のアメリカ人の心を深く捉えた。なぜか。逆説的なことだが、その写真が完全に反＝聖像的なイメージだったからだと思われる。伝統的な聖像というのは、「聖者」や「神話的英雄」が神聖な表情やポーズを見る者に向かって見せるものだった。ところがこの写真はと言えば、星条旗を立てている全員がこちらに尻を向けていて顔が見えないし、そのアクションのポーズもまた、何かを象徴的に表現しているというよりも、カメラという機械だからこそ捉ええた途中経過の（肉眼では見えない）一瞬にすぎないのだ。そのような人称性のないモダニズム的な記録写真（ヴァルター・ベンヤミンが言う「無意識が織り込まれた空間」）だったからこそ、この写真は単なる勝利の象徴というのとは決定的に違った、あるドラマチックな意味を帯びたのだ。つまり、匿名の兵士たちが協力してアメリカ国家のためにひたむきに戦争を遂行している、というナショナリスティックな意味である。しかも肉眼では捉えられないアクションの一瞬の光景は、この国旗掲揚が激しい銃弾が飛び交う緊迫感のなかで行われているかのようなドラマチックな想像を見る者に引き起こす（後述するように、実際には旗を交換するという退屈な業務の遂行にすぎなかったのだが）。もしもこれが、すでに立て終えた星条旗を取り囲んで、兵士たちが勝利者として顔をこちらに見せてポーズをとっているような写真だったとしたら、誰もそれに感動したり、それを聖像化したりはしなかっただろう（事実、「ガン・ホウ写真」と呼ばれる、カメラに向けてポーズをとった記念写真もこのとき撮影されたのだが、その写真は社会的には無視された）。その意味では、この写真は、単なる古典的なイコンや星条旗の象徴性とは違った、近代社会に独特の象徴的な意味（匿名性の美学）を担っている。

だが本当に興味深いのは、そこからだ。そのモダンで匿名的なイメージを見て深く心を奪われた人びとは、そのもやもやした感動を具体的な形にして再現（表象化）しようとした。それがこの映画のなかで詳しく描写されている、写真のジオラマ化の過程である。例えば、画家がモノクロの写真に絵の具で色彩をつけて、まるで聖像のようなイメージに変換して、国債ツアーのポスターにしたり、切手にしたりした（私はこの映画の最初のほうの場面で、政府高官が三人の兵士たちに向かって「君たちは写真《ピクチャー》のどこに写っているのかね」と尋ねる場面で、その長官の指の先にある「写真」がどう見ても「色彩絵画」にしか見えないので何かの間違いかと思って驚いたのだった）。あるいは、政府が、タイムズスクエアに五階建ての高さの彫像を作って兵士たちを囲むイベントを開催したり、（先述したが）シカゴの競技場にハリボテの山を作って彼らに星条旗掲揚の場面を再現させたりした。さらには戦後になって、一人の彫刻家（フェリックス・デ・ウェルドン）によってアクションの一瞬は巨大なブロンズ像として立体化され、見えなかった顔の部分までが表されて海兵隊記念碑としてアーリントン墓地の脇に置かれた。その除幕式には、三人の兵士たちが招待されたことが本作の一場面でも紹介されている。こうして旗を立てるという日常的なアクションの一瞬を捉えただけの記録写真は、ただの記録写真としてではなく、それ自体が一つの神聖なイメージ

図2　第二次世界大戦の戦費調達ポスター
出典：アメリカ国立公文書館，515086LocalID: 44-PA1422

であるかのように、社会的な生命を与えられていったのだ。

むろん、このジオラマ化の過程はある種の虚構を孕んでいる。この映画の主題になっているのは、その虚構の作成に加担させられることに三人の兵士たちが苦しんだという事実である。一枚の記録写真をただ見ただけではわからない、さまざまな歴史的事実がその写真の現場には存在していたからだ。彼らの写真は、一度掲揚した星条旗を（上官が記念にほしがったというつまらない理由で）交換したときに撮影されたものにすぎなかった。一度目の掲揚は硫黄島にいる数千人の兵士たちに注目されて大きな歓声を浴び、勝利への前進を象徴する出来事として迎えられたが、彼ら自身が関与した二度目の掲揚は誰も気

図3　アメリカ海兵隊戦争記念碑
出典：ウィキペディア「硫黄島の戦い」（http://ja.wikipedia.org/wiki/硫黄島の戦）

づかないままに遂行された平凡な出来事にすぎなかった。だから写真に写っているとおりに自分たちが旗を掲揚したことは事実だが、それは本土の人びとがこのイメージから想像しているようなドラマチックな出来事ではなかった。何よりも自分たち三人が生き残っているのは、過酷な戦場のなかでも伝令や衛生兵といった比較的マイナーな役目をこなしていたからであって、硫黄島の激しい戦闘を象徴する英雄として祭り上げられるのは、事実に反している。

以上のように考えた兵士たちは、「戦争の本当の英雄は私たちではなく、ほかにいる」と繰り返し精いっぱい訴えたのだが、どうしてもその言葉の意味を人びとはわかってくれない。一枚の写真を見る側が想像する戦場の現実と、その写真の向こう側で起きていた実際の戦場での出来事との決定的な落差は、どうやら決して埋めることができないものらしい。三人は、そのようなメディア論的な深い認識を得ることによって、人びとに戦場での出来事について説明することを諦めていく。メディア化されたことによって生成する現実とメディア化される対象となったオリジナルの現実とにはどうしても差異が存在する。その二つの現実の落差を通して、この映画はある種のメロドラマ的な感動を私たちに与えてくれる。

ようやく最初の問題──なぜイーストウッドが地味な俳優を主人公として使ったり、時間的構造を複雑なものにしたか──に戻ることができるようだ。それは、いま述べてきたような、この映画が訴える反メディア的なメッセージに応じるためのイーストウッドなりの表現方法だと思われる。もともと『父親たちの星条旗』は、スティーブン・スピルバーグとクリント・イーストウッドというハリウッドの有名な二大監督が共同製作して世界中に配給された、大規模な「メディア」展開によって成立する映画である。したがってこの作品もまた、ローゼンタールの報道写真（匿名兵士による国旗掲揚のイメージ）をイコン化しジオラマ化していく過程を増幅させる役割を果たしている。例えば、いま私の手元にあるDV

Dのパッケージは、青色を強調した独特の色彩を与えられた、星条旗掲揚の複製写真である。だからそれは、戦時中にポスターにしたりブロンズ像にしたりといった形で行われたイコン化とジオラマ化を二一世紀に再び遂行していると言われてもしかたあるまい。ところがこの映画が描いている内容自体は、（先述したように）こうしたジオラマ化自体を批判するものだった。だから、イーストウッドは、そのメディア批判的な内容をそのままストレートに映画化するわけにはいかなかったのだ。

そこでイーストウッドは、先述した二つの戦略を考えた。第一の戦略は、地味な無名俳優を主役の三人に配役することによって、役者の象徴的なイメージによる再英雄化を回避することだ。主人公ドクの息子によって書かれた原作は、長い間忘れられていた戦時中の英雄たちの人生を詳細な調査によって再び浮かび上がらせて、彼らの人生を戦前から戦後までのアメリカの歴史と重ねて描いている。だから、もしこの原作をそのまま有名な役者によって映画化していたら、この三人は確実に再びナショナリスティックに英雄化されていただろう。しかしイーストウッドは、あえてこの三人をほかの兵士たちのなかに埋没させて描写し、できるだけ主役として特権化しないように演出した。そのことによって、この映画は、一枚の写真をめぐる社会的な出来事自体に焦点を当てた、特異なハリウッド作品になったと言える。

そして、第二の戦略が、時間的構成の複雑さである。この映画は、老いたドクによって戦時中が回想されるとか、あるいはドクの息子が生き残りの兵士たちにインタビューすることによって進行するという構成だったとすれば、わかりやすい映画になったはずだ。しかしイーストウッドは、私たち映画観客をそのように出来事の全体を眺めやすい位置に立たせることを回避したと思われる。誰の回想かはわからないまま、現在と過去を行きつ戻りつさせられることによって、私たち観客はまるで冒頭の悪夢のなかのドクが、どこから聞こえてくるかわからない助けを求める声を探して不安げに周囲を見回しながら走るのと同じように、この一連の出来事をどこかからどこへと向かうのかわからないまま断片的に経験することになるだろう。つまり私たち観客は、モザイク状に断片化された映画を見ることを通して、ドラマチックにイメージ化されたわかりやすい戦争メロドラマ――それこそ当時のアメリカ人たちがこの写真を通して想像していた戦場のイメージだ――とは違う、当事者である兵士たちの視点――どこに敵がいて、いつどこから弾が飛んでくるかわからないという偶有的な視点――から戦争という出来事について想像することが要求されるのである。それはある意味では、星条旗掲揚写真というジオラマ化されたイメージに抵抗し、そうしたイメージの外にある現実の視点に私たちを立たせようとすること、と言ってもいいかもしれない。

だが話は、ここで終わりではない。ここまで私は戦場での兵士たちの経験が事実（ジオラマの外）であるのに対して、写真や映画による現実は嘘を含んでいる（ジオラマの内）という視点からこの映画を論じてきた。しかし、そうだとすればクリント・イーストウッドが、戦争と写真をめぐるこの映画作品をフィクションとして作ったことは、消極的な意味しか持たないことになってしまう。しかし、メディアによるフィクショナルな現実構築が、実際の出来事とは違って二次的な意味しか持たないというのは、この映画のなかの主人公たちが主観的に感じていたことにすぎないのではないか。むしろイーストウッドは、写真や映画というメディア作品を、決してただの二次元的な現実として捉えてはいないはずだ。なぜならイーストウッドはこの映画作品で、虚構としての記録写真を批判するだけでなく、戦争という現実自体がそもそもジオラマ的とも言えるような虚構性を孕んでいることを、フィクションでなければできない形で積極的に表現しているからである。

最も重要な点だけ指摘しておこう。この映画のなかには、CGで制作された、硫黄島の周囲を覆い尽くす一〇〇隻にも及ぶ膨大な数の戦艦を俯瞰ショットで捉えた映像がたびたび現れる。それは戦争のイコン化＝ジオラマ化を批判して、無名兵士たちの偶有的な経験によって戦争を描写しようとしている本作にそぐわない、イコン的な（というよりマンガ的な）映像であるように見える。しかし、このCG場面は、実はこの作品にとってどうしても必要な映像だったと私は考える。なぜなら、この映画に描写されている硫黄島の兵士たちの悲惨な経験は、このような俯瞰的な視線に立てば、不条理でマンガ的な戦争状況によってこそ生み出されたものだったからだ。南北四キロメートル、東西九キロメートルというごく小さな島（硫黄に覆われた不毛の地）を取り合って、日本兵、アメリカ兵ともに二万人以上の兵士たちが投入されて、彼らはそこで何カ月にもわたって殺戮のゲームを続けたのである（日本軍の死者二万一〇〇〇人、アメリカ軍の死者六八〇〇人）。その対戦型ゲームのような状況は、この島を戦略上の拠点として考える、いかなる合理的な説明をも超えてしまう理不尽さを持っていたと言うしかない。だから戦艦の群れを描いたCG映像は、まさにこの戦いそのものがミニチュア模型（＝ジオラマ）による戦争のような安っぽい現実として遂行されたという事実を暴露していると考えるべきだろう。つまり、戦争や英雄といった現実それ自体が、そもそもジオラマのような立体的なフィクションとして構築されていることを、この映画はフィクションという形でなければ表現できない方法で教えてくれているのである。

映画の後半で、ネイティブアメリカン居留地で生活していた主人公の一人アイラが、通りがかりの典型的なアメリカ人一家にせがまれて、農作業の手を休めて一緒に記念写真を撮るのに付き合ってやる喜劇的な場面がある。ここでアイラは、困惑しながらも、ポケットからくしゃくしゃの小さな星条旗を手元でひらひらさせながら記念写真に納まるのである。切ないが、美しい場面だと思う。むろんこの場面を覆っているのは、世界がジオラマとして構築されていることを知ってしまった人間が、もはやジオラマに抵抗することをやめてしまったという諦念のような気分にすぎない。だが、そのような安っぽい現実を人間が生きているのだという認識は、単なる諦念を超えて、ある種の希望を指し示していると私は思う。

少なくともイーストウッドは、単なる諦念としてではなく、より積極的に、星条旗掲揚の写真に巻き込まれた人びとの人生を、ここに美しいフィクションとして提示したはずだ。だから、それが私たちを感動させたのだ。人間は馬鹿げたイメージ＝ジオラマに取り付かれて殺し合いまでしてしまうほど安っぽい。だがその安っぽさを真摯に生きることのなかからしか、人間という存在の愛おしさは生まれてこない。だからジオラマ的な現実の外側を生きることを夢見るのではなく、ジオラマの内側にあえて立ち、そこから想像力を働かす術を学ばなければならない。映画作家イーストウッドは、自らがジオラマ化の過程に巻き込まれることを覚悟して本作を作ったという事実を通して、そう考えるように私たちを促しているように見える。(2)

注

（1）星条旗写真をめぐる歴史的事実に関してはすべて、この映画の原作である、ジェイムズ・ブラッドリー／ロン・パワーズ『硫黄島の星条旗』（島田三蔵訳、文藝春秋、二〇〇二年）に負っている。また本章は、蓮實重彦の『父親たちの星条旗』論における「「有名性」と「無名性」との関係をめぐるまったく新たな形式のフィクション」という評言をヒントにして書かれている（蓮實重彦「戦場の暗闇に消えていく声――クリント・イーストウッド監督『父親たちの星条旗』」劇場用パンフレット、二〇〇六年、蓮實重彦『映画崩壊前夜』青土社、二〇〇八年所収）。

（2）なお、ブラッドリーの話には続きがある。二〇一六年六月二三日、アメリカ海兵隊は、写真に写っているのはジョン・ブラッドリーではなく、他の兵士だと公式に発表したからだ。だからこの映画全体はますますジオラマ的な意味を帯びたことになる。

7 ヴァナキュラー・イメージとメディア文化
——シミュラークルとしての「ルー大柴」

1 ヴァナキュラー・イメージとモダニズム芸術論

モダニズム芸術論の閉塞を抜け出すために、ヴァナキュラー・イメージについて人類学的に考察してみること。今回与えられたこの課題に、同時代を生きる人間としての私は決して共鳴しなかったわけではないのだが、しかし考えようとするなり躓いてしまった。考えれば考えるほど、これはずいぶんと捩じれた問いになっているからだ。モダニズム芸術論者たちが、デュシャン以降の芸術運動の趨勢を念頭に置きつつ、芸術が芸術として成立している社会的機制を自己反省的に問うていくうちに、とうとう芸術であることを制作者自身は意識していないような、芸術以前の土着的なイメージに、それが前衛的なものであるかのように出会ってしまうということ。それはいかにも近代西欧美術史に通底するような、倒錯的な事態ではなかったのか。

むろん私自身も、例えばジェフリー・バッチェンが著作(1)のなかで「ヴァナキュラー写真」として紹介している写真——死んだ配偶者の髪の毛とともにロケットに収められた肖像写真など——を見たときには、美術館に展示されたアートとしての写真を見るときとはまったく違った、土着的とでも呼ぶべき触覚的な感覚を呼び起こされて、感動を覚えた。そのとき私は、写真というテクノロジーのイメージとは何なのかという問いに応じようとするときに無意識的にとってしまうモダニズム芸術論的な問いの構えを脱臼させられ、むしろ仏壇に飾られた父親の遺影を拝むときに心の奥底で感じているような、曰く言い難い感覚を換起させられてしまったのだ。そのことで、ベンヤミンやバルトの写真論が、そのアウラ性や呪術性をも含み込んだ、ずっと奥行きの深い思考に見えてきた(2)。

確かに私はそうやってヴァナキュラーなイメージについて肯定的に考えてきた。実際に、「心霊写真」というテーマを与えられたときには、ミリアム・ハンセンの概念を使って「ヴァナキュラー・モダニズムとしての心霊写真」という題名の論文を書いたこともある(3)。

だが、いざ「ヴァナキュラー・イメージの人類学」というテーマを与えられて、居住まいを正して考え直してみると、まずもってこの「ヴァナキュラー」という言葉が担っている、反近代主義的なニュアンスがひっかかる（ついでに土着という意味なのに外来語のまま呼んでいるという日本語としての矛盾も気になる）。この概念をかつてアカデミズムの世界に導入したイヴァン・イリイチは『シャドウ・ワーク』という著作のなかで、「ヴァナキュラーというのは、「根づいていること」と「居住」を意味するインド－ゲルマン語系のことばに由来(4)」し、「人々が日常の必要を満足させるような自立的で非市場的な行為を意味する(5)」と述べている。つまり彼は公的な官僚制度のサービスや市場経済などに依存しなくても、人びとが自前で子どもを産み、食物を育て、娯楽を楽しむような閉じた共同体の自律的な暮らしの営みを、反近代主義・反資本主義的な意味を込めて「ヴァナキュラー」と呼んでいたのだ。

なるほどヴァナキュラー写真を論じる場合でも私たちは、美術市場で取引され、写真集や美術館で見られるような芸術家たちの写真ではなく、人びとが暮らしのなかで撮影したり、友人に贈ったり、デスク上に飾ったりするような、私的な家族写真や遺影やスナップ写真を想定しているだろう。だからそれは、モダニズム芸術（論）が伝統的・宗教的な美術品のアウラを、平面的なイメージによって解体させることを課題にしていたのとは正反対に、宗教的な感覚や家族共同体の紐帯といった社会的なアウラを強化するイメージだとも言える。そのような自律的な暮らしのなかで扱われる土着的な写真に積極的な意味を与えることは、テクノロジーとしての写真イメージが持っていた近代の民主主義的な意味（アウラの凋落）を断ち切ってしまう危険性を帯びていることを否定できない。

ここで写真の民主主義的意味と呼んでいるものは、では何か。例えば一九世紀に自分の肖像写真を初めて撮ってもらった人間（いまの思春期の人間でも同じだが）は、自分がそれまで鏡を見ながら形作ってきたナルシスティックな自己イメージと自分の肖像写真の印象（鏡とは左右が反転している）の違いにとまどった。パリで写真館を経営していたナダールは、ブルジョワジーたちは自分が想定していたような威厳の感じられない自分の肖像写真を見て、それを決して自分の写真とは認めなかったという挿話を残している（他人の威厳のある肖像写真を渡すとそれが自分だと信じて喜んで持って帰ったそうだ）[6]。

つまりそこには、人間が伝統的に持ってきた自己充足的な（共同体に守られた）自己イメージを無効にしてしまうような、新しい自己の「生」の可能性が開けていた。写真家はそれを鋭く察知し、そうした民主化するテクノロジーとしての写真が、個人や社会が持つ自己充足的なイメージを壊して、それを開放的なものへと変えてしまう可能性（例えば社会の貧困状態を公的に晒してしまう社会派ドキュメンタリー写真、君主やスターのアウラを破壊してしまう報道スナップ写真）に賭けてきた。だから私たちがいま、暮らしのなかのヴァナキュラーな写真を肯定的に扱おうとすることは、モダニズム的な社会の変革運動が停滞した挙句にとうとう反対側に折り返されて、むしろ自己充足的な共同体のイメージのなかへと回帰したいという退行的欲望（反グローバル化）に寄り添っているようにさえ見えるのだ。

しかしそのような危険性を念頭に置きつつも、私は以下で「ヴァナキュラーなイメージ」を論じることの積極的な可能性に正面から取り組んでみたい。そのために私は、私たちが日常生活のなかで伝統的に育んできた「ヴァナキュラー」な文化が、決して自閉的・自己充足的な意味を帯びているだけではないことを示したいと思う。むしろ「ヴァナキュラー」なイメージは、私たちが自己充足的なイメージから自らを解き放とうとする潜在的欲望を秘めているのだ。

2　ヴァナキュラーな文化と離脱の欲望

しかしヴァナキュラーな「イメージ」について考える前に、もう少し「ヴァナキュラー」という概念それ自体にこだわっておきたい。先述のイリイチは、この概念を説明するのに、「言語」を例に出していた。国民国家の公教育によって、標準化された公式言語（国語）の読み書きを教えられるようになる以前には、人びとは「規則なき、自由な話しことば、すなわち人々が実際に生きていくうえで、またその生活を営むうえで、拘束されることのないことば」(7)を話したり、書いたりしていたという。つまり彼は、各地の民衆たちが土着的な生活のなかで生き生きと話してきたヴァナキュラーな方言と、国民国家が人工的に作り出して強制的に普及させた標準語＝国語を対比させて考えている。

このようなイリイチのヴァナキュラーな言語をめぐる議論は、ベネディクト・アンダーソンの『想像の共同体』などとも重なり合って、一見したところ極めて説得的に思える。しかし私は、ある一冊の本を読んで以来、この議論に疑いを持つようになった。少なくとも、民衆たちが地域生活のなかで自律的に育んできたヴァナキュラーな方言を、国民国家が外部から強制した標準語が抑圧するという図式はあまりに単純すぎるのではないか。もう少し言えば、民衆は標準語を強制される以前のヴァナキュラーな生活のなかでも、中央の都市から到来する新しい流行語を使うことで自分たちの生活を潤いのあるものに仕立て上げていたらしいのだ。それを教えてくれたのは、松本修『全国アホ・バカ分布考――はるかなる言葉の旅路』[8]という書物である。

本書は、『探偵！ナイトスクープ』（朝日放送、一九八八年―）というテレビ番組のプロデューサーである著者が、この番組を通して日本全国の「アホ」や「バカ」に類する方言がどのように分布しているかを丹念に調査していった過程とその結果を一般読者向けにわかりやすく記した本である。結論的に言えば、その調査結果は、柳田國男の「方言周圏論」を立証するものになっている。（実際に、松本はそれを日本方言研究会で報告している）。方言周圏論とは、日本各地の方言がその土地に自生したものではなく、京都で流行した言葉がそのたびに周囲の地域へとゆっくりと伝わっていったために、さまざまな方言が幾重にも重なった同心円状に分布しているという学説である。一番古くに京都で流行った言葉は同心円の一番外側の円（九州や東北）にいまでも方言として残り、一番最近に流行った言葉が内側の園内（関西圏）で話されていることになる。

柳田國男が例に取り上げたのは「カタツムリ」の呼び名である。カタツムリは、近畿地方を中心に「デデムシ（デンデンムシ）」と呼ばれ、その東西の地域である東海地方や福岡県では「マイマイ」と呼ばれ、さらにその東西では「カタツムリ」や「ツブリ」と呼ばれ、最後に一番都から遠い東北と九州の一部では「ナメクジ」と呼ばれる。だから柳田説に従えば、これらのうち「ナメクジ」が一番古い京都の流行語で、「デンデンムシ」が最新の流行語ということになるのだ[9]。松本らが全国の教育委員会にアンケートを依頼して行った「アホ・バカ表現」の分布調査でも、近畿圏の「アホ」を最も小さな円にしてその周囲に、アヤカリ、アンゴウ、トロイ、タワケ、コケ、ダボ、ホウケ、ホンジナシなど一八もの方言圏が同心円状に分布していることが確認された（もっとも「バカ」についてはかなりひろい分布である）。

この主張は、私たちのヴァナキュラーな文化に関する常識（例えば東と西では文化圏が違うといったような）を覆す、かなり驚くべきものだと言えるだろう。方言が決して「土地に根づいた」ものではなく、中央から到来した流行語にすぎないというのだから。しかも、「アホ」や「バカ」に類する言葉は、日常的なコミュニケーションのなかでも、かなり親密な感情を表現したものだろう。子どもがいたずらしたのを親が「バカモン」と諫める場面や、仕事仲間が酔っ払って悪ふざけしているのを「アホやなあ」とみんなで笑う場面や、誰かが自分の悪口を言っているのを聞きつけて「バカッ」と怒鳴りつける場面などを思い浮かべればわかるように、「アホ・バカ」表現は決して非日常的なよそいきの場面や儀式ばった制度的場面ではなく、反対に民衆たちが最も生き生きと互いの心を通わせる親密な（ヴァナキュラーな）場面で使われるものである。

その最も親密な人間関係のなかで交わされる感情豊かな表現が、その地方の内側で土着的に生まれた言葉ではなく、京都から次々と入ってきた言葉によって、何百年にもわたって入れ代わり立ち代わり語られ続けてきたという事実に私たちは驚かずにいられるだろうか。

つまり、ヴァナキュラーに（土地に根ざして）暮らしていた人間たちといえども、生活の実利的な目的とはあまり関係しない遊戯的な会話を楽しむ場面においては、あえてその土地に根ざした言葉ではない流行語を使って、自分たちがその土地から離脱できる可能性を楽しんでいたのではないかと思われるのだ。いわばヴァナキュラーな文化は、最初からヴァナキュラー性を超えようとする欲望をその内側に畳み込んでいた。おそらく人間は、いまここに生きる人間であると同時に、いまここから離脱できる潜在的な可能性を感じることによってこそ、逆にその土地に根ざした暮らしが可能になるのだろう。

そしてそれは、私たちの生きる現代社会でメディアを通して子どもたちの間を中心に席巻する、さまざまな流行語のことを思い出せば不思議なことでも何でもないことなのかもしれない。近年でも「残念!」とか「グー!」とか「そんなの関係ねえ」といった、自分が「バカ」になって人を笑わせたり、他人の「アホ」な失敗を笑ったりするための言語表現が次から次へと隆盛しては消えていっただろう。そうした流行語を子どもたちがいつも求めるのは、彼らが大人たちとは違って、家族や学校や地域に根づいてヴァナキュラーに暮らすしかない不自由な存在だからではないのか。だからこそ彼らは、電波によって到来してきた呪文のような流行語を使って、互いに互いをバカにするような遊戯的コミュニケーションを楽しみながら、自分がいまここから離脱できる自由の可能性を秘かに感じ取っているのではないか(10)。その意味で現代のメディア文化は、遠い昔に各地で最新流行の「アホ・バカ」表現を楽しんでいた人びとの暮らしとどこかで響き合っている。つまりメディア文化とヴァナキュラーな文化は決して対立するものではないのだ。

3　メディア文化の呪術性

ようやく「ヴァナキュラーなイメージ」について考える準備が整った。常識的には、ヴァナキュラーなイメージは、テレビや雑誌やネットを通して流通する、アイドルや有名人や観光地やグルメなどのメディア・イメージ（＝シミュラークル）とは対立させて考えられるべきものだろう。だから私も本章の冒頭で、私たちが自分たちで撮って自分たちで見るような（地産地消?）、家族写真やスナップ写真や遺影などを「ヴァナキュラー写真」の例として挙げたのだった。しかしいま見てきたように、ヴァナキュラーな文化はそもそもヴァナキュラーであることを超えようとする欲望を孕んでいるし、逆にメディア文化が作り出すイメージも私たちのヴァナキュラーな文化や感覚と深く結びついて流通しているはずだ。だから「ヴァナキュラー・イメージ」について考える意味があるとすれば、メディア文化と土着的な文化を対立させて考えるような従来の思考様式から私たちが解放され、メディア・イメージとヴァナキュラー・イメージが交錯するような場面でイメージが人間にとってどのような意味を帯びているかを、より深く考え直すためでなければなるまい。

ここで召喚されるのは、再び松本修の制作したテレビ番組『探偵！ナイトスクープ』の「おじいちゃんはルー大柴!?」（二〇〇三年一一月二一日放送）という回である。この番組は視聴者からの依頼に従って、探偵としてのタレント・芸人たちが依頼人と一緒に人探しをしたり、悩みごとを解決したりするという構成になっているのだが、この回の依頼は、ある女性依頼人の中学二年生の娘が九年前に亡くなった祖父（依頼人の父親）のことが忘れられないでめそめそと泣き暮らしているので、その祖父にそっくりなルー大柴をわが家に呼んできて娘を慰めてやってほしいという荒唐無稽なものだった。依頼に応えてやってきたルー大柴は、最初はいつもの調子で、「ジャパニーズは、めそめそなんかするから駄目なんだよ」と勢い込んで説教してしまったりするのだが、だんだんとその場の空気に馴染んでいって、その娘さんの願いどおりに、彼女が昔おじいちゃんにやってもらったという馬乗りをしてやったり、もしいまおじいちゃんが生きていたら一緒にしたかったという夕飯作りをしたり、トランプをして遊んだりと穏やかに二人で数時間を過ごして、最後に娘さんは探偵・桂小枝の問いかけに「もう絶対に泣いたりしない」と明るく答えてメデタシメデタシで終わるという一〇分ほどのVTRである。

ここで起きていることは何とも不可思議な事態だというしかない。もしこの娘さんが死んだ祖父のことを忘れられないで、仏壇の遺影に話しかけているというのなら、それはヴァナキュラー写真の問題になるだろう。ところがここでは、せっかく祖父の写真があるにもかかわらず、それは彼女の心を慰める呪物としての役割を果たしていないらしいのだ。その意味では、これは単純にヴァナキュラーな文化だとは言えない。ではそれはルー大柴というテレビタレントに媒介してもらったという意味で、メディア文化の領域の出来事と言えるかというと、そうでもない。なぜなら彼女はルー大柴のファンとして彼に会って喜んでいるわけでは決してないからだ。そうではなく彼女は、あくまでルー大柴に向かって「おじいちゃん」と語りかけ、「おじいちゃんごっこ」をするための道具として利用しているにすぎないのである。その意味では、これはメディア文化というよりも、やはりどこかでヴァナキュラーな（呪術的とも言うべき）意味を帯びた行為なのだ。

だがもしこれがヴァナキュラーな文化だとしても、彼女は本物のおじいちゃんの幽霊をここに呼んでもらって一緒に遊んだほうがもっとうれしかっただろうか。おそらく、うれしくなかっただろう。もし、ここに現れたのが幽霊だったとすれば、それはあまりにもなまなましすぎて彼女は心ゆくまでおじいちゃんとの再会を楽しめなかったに違いない（例えば、高度な技術によって生み出されたおじいちゃんの複製ロボットだったとしても、やはり不気味すぎて駄目だったのではないか）。それがルー大柴というテレビメディア上のスターであり（単にそっくりなのであり、あくまでも別人なのだ）、それがテレビ番組上のフィクションであるという前提があるからこそ、彼女は安心して祖父との再会を楽しみ、心から慰められたのだと思う。(11)

その意味では、やはりこれはメディア文化を通してこそ実践される、新たなヴァナキュラー文化だと言うべきだろう。その地域の伝統に根ざした文化ではなく、電波によって外部から到来する空虚な信号（シミュラークル）を利用することによって、人びとは日常的な実践では感じられないようなリアルさでもって、自分たちのいまここで生きている世界と交流し直すのである。そう私が確信したのは、この番組のなかでさらに、娘とルー大柴の様子をテレビ・モニターで見ていた依頼人自身（お母さん）が心慰められるという不思議な光景を見てしまったからである。お母さん自身は死んだ父親と仲が悪く、早く家を出たいという一心で早婚し、死ぬまで良好な関係が作れなかった。ところが彼女は、娘とルー大柴の交流する様子を隣室でテレビ・モニターを通して見ているうちに、父親へのわだかまりをだんだんと捨てていくような表情を見せ、最後には父親としてのルー大柴と抱き合って泣きながら和解を果たすのである。

むろんこの和解は、あくまでスターとの「親子ごっこ」というフィクションの上に成り立ったものであり、現実の和解とは違っている。だが私たち人間にとっては、フィクションを通してだからこそ形作られるような現実もあるのではないか。メディア・イメージとは、そのようなリアルな現実と出会うために人間が普及させてきた呪術的な装置なのではないか。土地に根ざした自律的な暮らしが、メディア上の幻想や資本主義に抑圧されてしまうと考えるイリイチのほうが、むしろよほど幻想的な思想家なのではないか。つまりヴァナキュラー・イメージの探求とは、生活に密着した私的イメージを見出すことではなく、私たちが生活の真ん中でメディア文化を通して欲望している超越的なイメージの経験を探求することでなくてはなるまい。メディア・イメージが私たちの生活や欲望を抑圧するイメージなのではなく、それらがまさに私たちのいまここから離脱したいという呪術的な欲望を実現していることを認めたところから、その探求の旅は始まるのだ。

注

（1）Geoffrey Batchen, *Forget Me Not: Photography and Remembrance*, Princeton Architectural Press, 2004. Geoffrey Batchen, "Ere The Substance Fade: Photography and Hair Jewelley," in Elizabeth Edwards and Janice Hart, eds., *Photographs Objects Histories: On the Materiality of Images*, Routledge, 2004.

（2）本章はもともとミリアム・ハンセンの新しいベンヤミン論に触発されて、アウラ概念を「教会や君主を権威化するアウラ」と「呪術としてのアウラ」に分け、後者のアウラの可能性をベンヤミンの議論のなかに読み取ることが企図されていた。しかし結果的にはヴァナキュラーという概念が「土着性」を意味しながら最新流行の外来語として使われている矛盾に躓いてこうなってしまった。しかし本章の結論は最初の企図とそれほど変わったというわけではない。Miriam Bratu Hansen, "Benjamin's Aura," *Critical Inquiry*, Vol. 34. No. 2（Winter 2008）, pp. 336-375.（→後に彼女の *Cinema and Experience: Siegfried Kracauer, Walter Benjamin, and Theodor W. Adorno*, University of Carifornia Press, 2012. に加筆して収録された）

（3）本書第3章「ヴァナキュラー・モダニズムとしての心霊写真」

（4）イヴァン・イリイチ『シャドウ・ワーク――生活のあり方を問う』玉野井芳郎／栗原彬訳、岩波現代選書、一九八二年、二八ページ

（5）同上、二八四ページ

（6）フェリックス・ナダール『ナダール――私は写真家である』大野多加志／橋本克己訳、筑摩書房、一九九〇年

（7）イリイチ、前掲『シャドウ・ワーク』九二ページ

（8）松本修『全国アホ・バカ分布考――はるかなる言葉の旅路』新潮文庫、一九九六年

（9）柳田國男『蝸牛考』岩波文庫、一九八〇年（原著一九三〇年）

（10）長谷正人「メディアというコミュニケーション」、長谷正人／奥村隆編『コミュニケーションの社会学』有斐

閣、二〇〇九年

(11) この少女とルー大柴の事例は、ヴィクトル・I・ストイキツァの言う「ピュグマリオン効果」と関係していると考えられる。ヴィクトル・I・ストイキツァ『ピュグマリオン効果――シミュラークルの歴史人類学』松原和生訳、ありな書房、二〇〇六年

第2部　戦後日本映画とポストモダン

8　小津安二郎と戦後日本社会の変容
――反＝接吻映画としての『晩春』

1　封建的作家としての小津

「小津なんか知らないよ」と、毒づきたくなる瞬間がある。二〇〇三年の生誕一〇〇周年の前後から、日本映画史を代表する巨匠としての地位があまりに自明のものとして確立されてしまったからである。田中眞澄らによる種々の労作によって、日記や書簡や手記が手軽に読めるようになったこともあって、まるで小津が映画作家というよりは偉大な文芸作家の一人のように扱われ始め、食や衣服や小物類などに関する多彩で粋な趣味を持っていた彼の生活がクローズアップされることが多くなった。あるいは評伝的事実から、兵士としての小津の戦争経験やそれが映画作品に与えた影響に焦点が当てられることも多い。いまや小津は、二〇世紀の日本を代表する芸術家の一人として、その人生や趣味自体が芸術作品であったかのように社会的に遇されるようになっている。

いや私は、そうした評価の内実に対して大きな反論があるわけではない。ここで、もう一度映画作品に帰れという原理主義的な主張を唱えようとしているわけでもない。むしろ小津の豊かなグルメぶりや毒ガス戦への関与という話を、私は大変面白く読むことができた。だが、どうしても違和感が拭えないのである。私としては、人びとが彼にそのような高い地位を与えていなかった時代があったことが忘れられないからである。誰も小津に振り向こうともしなかった日本社会のことをいまでも覚えているからである。

むろん私は、小津が作品を実際に作っていた同時代のことを言っているわけではない。一九五九年生まれの私がさまざまな映画を浴びるように見始めたのは大学生となった一九八〇年前後のことだ。そのとき日本社会は小津のことを、しょせん時代遅れで、娘を嫁にやるという作品ばかり撮った保守的な作家で、厳格な演出で役者たちを自分の鋳型にはめ込んでしまう頑固な美意識を持ち、禅や能を愛好する西欧人がジャポニスム的な興味を持つらしいといった程度にしか認識していなかったはずだ（映画好きの友人を小津を見ようと引っ張り出すのに、世間の評価なんか嘘だからと言って、どれほどの熱弁を私が振るわなければならなかったか忘れられない！）。

いやそうした低い評価は、小津の生きていた時代からすでにあったこともよく知られている。佐藤忠男は、原節子が母親役になって娘の司葉子を嫁にやるという映画『秋日和』（一九六〇年）を公開当時に見て力作だとは思ったが、それは同じ年に作られた今村昌平のバイタリティ溢れる『豚と軍艦』（一九六一年）や、大島渚の全学連ディスカッション映画『日本の夜と霧』（一九六〇年）に新しい息吹を感じたのに比べたときに、どうしても魅力を感じることはできなかったと率直に記している。「小津はもう古い。小津の映画は形式美だ。小津作品はブルジョワ趣味である。若い世代の批評家、ジャーナリストたちのあいだに、そういう小津観が定評のように出来上がり、小津作品を賞めるのは旧世代の人々だ、と言われていた(1)」。

そうだったろうと思う。松竹ヌーヴェルヴァーグや日活アクション映画のような、戦後的な若々しさを持った映画が盛んに作り始められた時代に、小津は娘の縁談の話を料亭で中年男たちが相談するような封建的な映画を作り続けていたのだ。それはあまりに戦後の時代的潮流とかけ離れていただろう。そしてこの時代に生まれた低評価は、私の若いころまでずっと続いていた。黒澤明や溝口健二に比べても、ずっと評価は低かったと思う（いや黒澤明さえ「天皇」のように威張っているとか作品が家父長制的だという批判が多く、一九七〇年代後半にルーカスやコッポラが高く評価したことから風向きが変わったと記憶する）。

むしろ、一九六三年一二月に小津の訃報をパリの公園のベンチで読んでショックを受けて以来、小津安二郎論をものしようと思い続けてきたと書く蓮實重彦（『監督　小津安二郎』筑摩書房、一九八三年）や、「一九六六年に『麦秋』をはじめて見て以来、小津映画への関心を持続させていた」と書く田中眞澄（『小津安二郎周游』文藝春秋、二〇〇四年）のような知識人は極めて例外的であったのであり、小津安二郎は、基本的には戦後民主主義的な思想のパラダイムでは語りえないような封建的な監督として、知的言説の枠外に追いやられ続けていたと言えよう（観客動員数は圧倒的に多かったが）。

そうした低評価の潮流が変化し始めたのが、まさに私が小津を見始めた一九八〇年前後のことだったのだ。フィルムセンターや文芸坐や並木座は、それまで古臭いとしか思われていなかった小津安二郎が、実はとんでもない独創性を持った面白い作家だということを知った若者たちの驚きと興奮で包まれていた。それは決してカノン化された古典的作家の追認というのではなく、自分たちが新たに「発見」した作家として、映画好きの若者のシンボルとして扱われていたように思う。そのことは左翼的か保守的かによって議論が対立する戦後的なパラダイムが終焉し、私的な趣味（サブカルチャー）を中心にしたプライベート生活に高い価値を与えるポストモダン社会への転換を意味していたと思うのだが、その意味について考えを進める余裕はいまはない。代わってここでは、もう少しそのときの若者たちの小津受容のありようにこだわっておこうと思う。

2　モダニズム作家としての小津

そのとき私たちが発見した作家・小津安二郎の面白さは、いささか乱暴に整理すれば、だいたい三つの特徴に分類できると思う。第一に、「戦前のモダンな小津」の発見である。笠智衆が娘を嫁にやるという保守的な作品は戦後のことであって、戦前の小津は当時ハリウッド映画の影響を最も先鋭的に受けたモダンな作家だったという事実に私たちはまず驚いた。学生たちがナンセンスコメディを繰り広げる『学生ロマンス 若き日』（一九二九年）や『青春の夢いまいづこ』（一九三二年）、田中絹代がイブニングドレスを着て情婦の役を演じるハリウッド風ギャング映画『非常線の女』（一九三三年）といったサイレント作品を小津は撮っていたのだ。もちろん『出来ごころ』（一九三三年）のような下町人情もの（いわゆる「喜八もの」）も作っていたのだから、単純に戦前の小津はアメリカ風作家だったとは言い切れないのだが、しかし少なくとも小津が日本的で保守的な作家だという世評は嘘じゃないか、こんなに見事に生き生きとしたハリウッド流活劇が撮れる作家じゃないかと私たちは大いに認識を改めて興奮した。

そして第二に、蓮實重彥がしばしば指摘した、「交わらない視線（イマジナリーラインの侵犯）」という問題である。小津作品にあっては、向かい合った人物が会話する場面で、二人の顔のクローズアップが交互に切り替えされるのだが、その視線が相似的に同じ方向を向いているために、観客にはその視線の先に相手がいないような不自然な感じがするという問題である。つまり小津映画は、表面的には極めて滑らかな画面の連鎖によって物語が透明に語られているにもかかわらず、無意識的レベルではその連続性に絶えず断絶が刻まれていて、古典的な映画のモンタージュの自然性を徹底的に脱構築してしまっている。その意味では小津は、「映画とは何か」を作品を通して原理的に問うた、メタ映画的な作家である。蓮實自身はそんな言い方はしなかったと思うが、しかし当時の若者たちは、そういう前衛芸術的作家として小津を発見したのだと思う。

　そして第三に、「反復」の問題である。『父ありき』（一九四二年）の川釣りの場面で、川に並んだ親子が釣糸を川の流れに沿って流しては半円を描くように上流に戻すという動作を機械的に反復する場面のように、小津映画ではしばしば動作の単純な反復が見られる。それが見ていて実に心地よい。

　それどころか、小津は映画を超えて同じような物語（娘を嫁にやる）、同じような俳優（笠智衆や原節子や杉村春子や三宅邦子）、同じような場面（料亭での男たちの遊戯的会話）を反復する（とくに戦後の小津）。同じ俳優が出てきても少しずつ役柄が違うし、少しずつ状況なども違うのだが（例えば原節子は、『晩春』（一九四九年）にそっくりの『秋日和』で、わずか一〇年前には娘役をやっていたのに、同じ話を今度は娘を嫁にやる母親役になって演じる）、少しずつ違いを持ちながら相互に類似した映画を見続けることは、観客に麻薬的な快楽の効果をもたらす。とりわけ後期の小津作品をオールナイトで続けて見たときに、料亭での男たちの似たような会話の場面に繰り返し遭遇するときのあの快楽は忘れ難いものがある。だから私たちは、保守的作品というよりはミニマルミュージックのような現代アート作品として小津を受け止めたのだと思う。

　つまり、私たち八〇年代の小津の観客は（蓮實重彦の批評に先導されつつ）、彼の作品を保守的な内容においてではなく、その内容をいかに描いているかという形式的美学の側面において楽しんだ。するとそれまでは保守的で頑迷としてしか見られていなかった作家が、映画という制度と自己言及的に戯れるモダニズム的な芸術作家として見られるようになった。それが私たちの「発見」だった。それはいまでも正しかったと思う。少なくとも現在のように文芸作家や趣味人としての小津を賞玩するよりは、はるかに正面から小津作品に対峙しようとしていただろう。

しかし、にもかかわらず私は同時に、そこには何かが欠けていたと思う。簡単に言えば、娘を嫁にやるという保守的な物語を撮り続けた、古臭い作家・小津安二郎の「物語」内容の側面が、今度は完全に無視されてしまったということである。同じ物語が反復されるという美学的「形式」が小津の魅力であって、その物語がいかなる「内容」を持っているかはさして重要な問題ではない。蓮實重彦の勢いのある言に倣って皆がそう思い込んでしまった。しかし私はやはり、その「内容」もまた小津の魅力と分かち難く結びついていたと思うのだ。そして戦後の知識人たちがその内容を見て怒ったのも、ある意味では正しかったとしか思えないのだ。

例えば、見合い結婚という主題。なぜ小津はあれほど見合い結婚にこだわって繰り返し描いたのだろう（むろん恋愛や不倫も描いているのだが、やはりそれは例外的事態にしか思えない）。それは少なくとも大衆娯楽映画の常識にとっては極めて不自然なことではないのか。世界中で人気のあるハリウッド映画の多くが、主人公の男女がさまざまな誤解や試練を乗り越えて最後に結ばれるというロマンチックなハッピーエンドの様式を取っているとするならば、「見合い結婚」を主題に選ぶことは、そういう映画観客のロマンチックな恋愛嗜好に決定的に逆らうことになる。だからそれは監督自身の強い意志によって選ばれたと考えるべきではないだろうか。

つまり私は、小津は「形式」においてだけでなく、「内容」においても映画の自然を脱構築したのだと考えたいのだ。そして、そのことを通して、私たちの戦後的社会常識をも覆していたのではないか。私たちは、恋愛結婚は正しいとするような理念を持った民主主義的な社会を生きてきた。そこでは当然、当事者たちが自分の意志を通すことができずに親の都合で振り回される見合い結婚は封建的で時代遅れなものだと批判の対象となってきた。

しかし他方で、私たちの多くは、結婚など誰としても大して変わらないであろうことを「生活の知恵」として感じ取っている。結婚生活がロマンチックなものだということなど、アメリカ映画や民主主義思想が作り出した虚構のイメージにすぎないだろう。だとしたら戦後の小津が、保守的に見合い結婚を描き続けたのは、そうした戦後民主主義社会の常識を脱構築するためではなかったのか。私は以下で、小津安二郎の映画作品を、そうした戦後思想のパラダイムのなかに置き直して考えてみたいと思う。

3　反＝占領政策としての小津

一九八〇年ごろに始まった新たな小津受容についてもう一度まとめておこう。そこではアメリカ風のギャング映画や学園喜劇を作った「戦前のモダンな小津」と、娘を見合い結婚させる話で盛り上がる古風な話を「反復」し続けた「ポストモダン小津」の両方が、一気に発見された。両者は作風として明らかに違っていたのだが、私たちはそこから「交わらない視線」というような形式的美学の一貫性を抽出することで、映画と自己言及的に戯れたモダニズム作家・小津安二郎という統一的イメージを形作ることになった。

その点において、蓮實重彥の著作『監督　小津安二郎』が、絶大な効果を発揮したのはいまさら言うまでもない。「交わらない視線」の問題を指摘するだけでなく（これは『映画の神話学』ですでに指摘されていた）、戦前のモダンな映画であろうが戦後の見合い結婚映画であろうが、屋外から室内に「食べ物」が持ち込まれる場面があったり、中年男が自宅に帰ってきて洋服から和服に「着替える」場面が現れると、必ず物語が結末に向けて大きく転回するといった緻密な主題論的分析を行うことで、戦前と戦後の見かけ上の違いなど重要でないことを説得力を持って蓮實は主張したからだ。

しかしそのように、美学的な視点から映画作家・小津を統一的に理解してしまったとき、私はやはり何かが抜け落ちてしまったように思うのだ。簡単に言えば、小津が戦後になって作風を変化させたのはなぜかという問題である。戦前にあれほどアメリカ風のギャング映画や喜劇を模倣していた作家が、なぜ戦後になって日本風の意匠（能、歌舞伎、石庭、壺、襖、和服）を過剰なまでに纏おうとしたのか私には当時から不思議でならなかった。少なくとも戦前には見合い結婚のような保守的な物語を撮っていなかったはずの小津が、戦後になって、見合い結婚は封建的で、恋愛結婚こそが民主的なのだという時代風潮のなかで、わざわざそれに抗うかのように、当事者たる娘が主体的な結婚の意志を示そうとしない反＝民主主義的な見合い結婚を繰り返し描いたというのは、逆にそこに小津の強い意志が働いていたからとしか思えないのである。

実は私は、そこに小津によるアメリカ占領政策への強い反発と抵抗があったのではないかと考えている。よく知られているように、占領下の日本映画は、連合国軍最高司令官総司令部（GHQ）による検閲下に置かれた。GHQは、それまでの日本映画は「国家主義的、軍国主義的及び封建的思想の宣伝に利用されて来た」として、既存の二二五本の映画に対して「反民主主義的」のレッテルを貼って上映を禁止し、アメリカ軍によって没収したり、日本政府によって焼却させたりした。そしてそれらの封建的映画に代わる、反軍国主義的で民主主義的な映画を作るように各映画会社に指示した。具体的に、平和国家を作る日本人の姿、軍人の市民生活への復帰、労働組合の奨励、脱官僚的な政治意識の育成、政治問題の自由討議の振興、個人の権利尊重の念の醸成、歴史上で自由と代議政治のために努力した人物を劇化したものなどを描くように指示したのだ(2)。

GHQは、いわば映画を通して民主主義の啓蒙を積極的に推し進めようとしたのである。このGHQ

の指示内容に従って（検閲もあった）、多くの「テーマ映画」、「アイディアピクチャー」が作られた。反財閥をテーマとする『民衆の敵』（今井正、一九四六年）、反軍閥がテーマの『大曾根家の朝』（木下恵介、一九四六年）、反封建主義と女性の自立を描いた『女性の勝利』（溝口健二、一九四六年）、戦前の自由主義者の苦難を劇化した『わが青春に悔なし』（黒澤明、一九四六年）など、名監督たちもこぞってアイディアピクチャーを作っている。小津安二郎が終戦直後に作った『長屋紳士録』（一九四七年）と『風の中の牝雞』（一九四八年）の二本が、彼の作品系列のなかではいささか異色のテーマを扱っているのも、同じようにGHQの影響があったからだと思われる。前者の「戦争孤児問題の解決」、後者の「復員兵の市民生活への復帰」という作品テーマは、新生日本の建設を描くというGHQの指示に沿ったものだったからだ。

しかし、このようなタテマエ的なテーマを持った映画作りを強いられる不自由な状況を、小津が良しとしていたはずがない。傍証にしかならないが、のちに佐田啓二夫人となった杉戸益子は、四七年ごろ手伝っていた松竹大船撮影所前のレストランで、『長屋紳士録』の試写の夜に小津監督が、「何でも、アメリカの検閲官と言い合いをなさったとかで、お隣の「三笠」さんから会食の席を蹴って、一人で入ってらっしゃ」り、そこで人を寄せつけないような怒りに満ちた「凄い」顔をしていたと証言している。(3)

何をめぐって検閲官と言い争いになったか、私の想像の域を出るものではないが、『長屋紳士録』は、九段からついて来てしまった浮浪児を長屋のみんなが嘘をついてまで互いに押し付けあったり、仕方なく預かった飯田蝶子が浮浪児を突き放そうとすればするほどなつかれてしまったりという逆説的な描き方が何とも可笑しい喜劇に仕上がっているから、確かにそこには封建主義を批判して新しい民主社会を作ろうとするような前向きで主体的な人間が一人も出てこない、後ろ向きの映画と言えないことはない。

だから、そのアメリカ流喜劇から学んだはずの逆説的な作劇方法を反民主的だと検閲官に批判されたとき、小津があきれ返り激昂したりするという姿が容易に目に浮かぶだろう。小津にとってGHQのタテマエ的な検閲政策は、民主的な社会建設や人助けなどは面倒くさいと感じるような、ふつうの人間たちの暮らしのなかのホンネを描いたヒューマニズム的作品を作ることを困難にしてしまうと感じさせたはずだ。

私がそんな想像をしてしまう理由は、『秋刀魚の味』（一九六二年）にそう思わせるような場面が出てくるからである。笠智衆が戦争中海軍の部下だった加東大介に連れられて、軍艦マーチが鳴り響く、岸田今日子のトリス・バーに行く有名な場面である。そこで加東は酔っぱらって笠にこう絡む。「勝ってたら、艦長、今頃はあなたもわたしもニューヨークだよ。ニューヨーク。（中略）敗けたからこそね、今の若い奴等、向こうの真似しやがって、レコードかけてケツ振って踊ってますけどね、これが勝っててごらんなさい、勝ってて。目玉の青い奴が丸髷か何か結っちゃって三味線ひいてますよ。ザマァ見ろってンだ(4)」。

つまりここで小津は、加東の口を借りて、暴力の勝敗によって文化の勝敗が決定されてしまった、戦後日本社会の残酷な現実を批判的に対象化しているように思う。ゴーゴーダンスが三味線より文化的に優れているという根拠はどこにもないにもかかわらず、戦争に勝ったアメリカ人は自らの文化を民主的な正しいものとして押し付け、日本人も負けた負い目から自分たちの文化を捨て去るべき封建的なものと信じ込んでしまう。

むろん二人の会話は、笠の「けど敗けてよかったじゃないか」という台詞で転調し、加東の同意で終わるのだから、小津が戦後民主主義体制それ自体に疑いを差し挟もうとしているわけでないのは明白である。しかしにもかかわらず、民主主義が正しいとしても、なぜ日本文化のありようまでもが封建的だと批判されなければならないのか。当時の人びとが、心の底で感じていた、そうした不条理な暴力性への不信がここにはさり気なく描かれていると思う。

4　反＝接吻映画としての『晩春』

このような占領期という歴史的・政治的文脈のなかにその作品を置いたときに、なぜ小津安二郎が戦後になって見合い結婚映画を作り続けたのかを、これまでの常識とは違った視点から考えることができると思う。とりわけここでは、小津的アイディアピクチャー二本（『長屋紳士録』と『風の中の牝雞』）の直後に作られて、その後の見合い結婚映画群の原型ともなった『晩春』を中心に考えることにしよう。

周知のように、この作品は、妻をすでに亡くした大学教授の笠智衆が、同居する娘・原節子が自分を気遣って嫁に行きそびれているらしいと考え、彼女を何とか嫁に行かせてやろうと、自分自身がほかの女性と再婚するという嘘をついて娘に見合いの話を承諾させるという物語からできている。原節子が結婚式当日の朝、花嫁衣装を着て三つ指をついて笠に挨拶する場面があるにもかかわらず、肝心の結婚相手の男性は一度も画面に登場することなく、むしろ原節子が「このままずっとお父さんと一緒にいたい」という切ない思いを訴え、父親の再婚話に激しい嫉妬の表情を見せるくらいなのだから、これは結婚をテーマにしているというよりは、親子の愛情に焦点が当てられた作品と言えるかもしれない(5)。

さてでは、小津はなぜこのような奇妙な見合い結婚映画を作ったのだろうか。単純化の恐れを充分に承知したうえで言うのだが、私はそこにGHQの映画民主化政策への抵抗という意味があったと考える。これもよく知られていることだが、GHQは先述したような占領政策のなかで、民主主義の基礎として

「自由恋愛」を映画で描くように奨励していたからだ。民間情報教育局（CIE）演劇課映画班班長を一九四五年から四六年半ばまで務めたデヴィッド・コンデは、それまでの日本映画に性的な描写がなかったのは、日本人が軍国主義や封建主義によって個人の感情を表現することが抑圧されていたからだと考え、だから今後は恋愛感情を表現することの素晴らしさを日本人に啓蒙しようという熱意を抱いていた。そしてそれが「接吻映画」という奇妙なジャンルの映画の製作に結実して、当時大きな話題となったのである。(6)

その「接吻映画」の第一号が『はたちの青春』（佐々木康、一九四六年）である。この作品は、交際している若い二人が結婚しようとするのに対して、わからず屋の父親が自分の出世のために娘を上司の家に嫁がせようと二人の結婚を妨害するのだが、娘はそれを拒否して自分の決めた相手と結婚するという話になっている。映画内の台詞では、それが「自由結婚」という正しい結婚であることが何度も強調され、またGHQの指示に従って取り入れた接吻場面が二度挿入されていた。したがって、いかにも不自然にしか描けなかった接吻場面に対して当時の観客たちは、野次を飛ばしたり嘆声をもらしたりといった反応を示し（見ていて恥ずかしかったのではないか）、また批評家たちからは不自然だという強い批判がいくつも出た。(7)

おそらく小津もまた、この映画を苦々しい思いで見たに違いない。というのも『晩春』は、こうした接吻映画に盛り込まれた自由恋愛や恋愛結婚という民主主義的な思想を、ほとんど正反対にした反＝接吻映画として構成されているように見えるからだ。接吻映画においては、旧世代たる親を若者の自由恋愛を妨害する封建主義の象徴として描いているのに対して、『晩春』においては反対に、父親は娘にとっていつまでも一緒にいたいという思慕の対象となっている。そして娘は、父親の弟子に対して淡い恋愛感情を持っているにもかかわらず、それを積極的に表そうとはせず、代わりに親の薦める見合い相手と素直に結婚する。以上のように、この映画はまったく反＝「自由結婚」的である。

いいや、本作はそのように恋愛を消極的にしか描いていないというだけではない。それどころか、この映画では恋愛を基礎づけている性愛（セックス）を「汚らしい」とか「不潔」と形容する原節子の台詞が繰り返し出てきてとても印象に残るのだ。原がそう言う相手は、最近後妻をもらったという叔父・三島雅夫である。京都から出てきた三島と偶然会って馴染みの料亭に連れていってもらった席で原が冗談のように、再婚するなんて「汚らしいわ」と言い、それに対し三島がお絞りで顔を拭いて「どうだい？（＝きれいになったかい）」などとユーモラスに返しているのだから、性愛忌避が重大な問題となっているわけではないのだが、それでも女優のプロマイドを集めていたという話から、上司に変態扱いされるくらい性愛潔癖症的な原節子がそう言うと、そこに映画表現としては珍しいセックスへの嫌悪感のようなものが浮かび上がっているように思われる。

そしてやはりこの台詞には、小津の占領政策（あるいはその政策に同調する人びとによる恋愛至上主義の風潮）への批判が込められていたと思う。GHQによる自由恋愛や接吻映画の奨励は、男女の性欲やセックスが人間の素直な感情の発露であるかのような性善説めいた単純な価値観に拠っているからだ。それに対して小津は、人間にとって性愛は不潔と感じる側面もあること（だから性愛表現はエロチックなものとして喜ばれる）を描くことを通して、GHQの人間観の底の浅さに怒り、反論しているように思える。いいか、性行為っていうのは、必ずしも異性に対するきれいな愛情と結びついて現れるものではなく、むしろ自分でもコントロールできない「不潔なもの」として現れることさえあるだろうと。だからGHQが、そういう性的な描写を恥ずかしいと感じる日本人の感受性を封建的だと決めつけ、性をあからさまに表現するように強制することは、かえって日本人にとっては人間の感情をヒューマニスティックに描き出すことに対する妨害になる。小津はここでそう言っているように思える。

5　小津と日本社会のすれ違い

むろん『晩春』の反＝民主主義的な特徴は、決して性愛の問題にだけ見られるわけではない。原節子が、父親に向かって結婚相手に関する自分の意思をはっきり示さないままで結婚してしまったり、「いまのままお父さんと一緒にいたいの」と父娘密着的な後ろ向きのことを言ったりするとき（パラサイトシングルなどという最近の流行語を思い出す）、小津はＧＨＱ的民主主義が前提としている、主体的で前向きな人間像それ自体への違和感を表現しているように思われる。

実はそもそも原節子は、この映画の三年前に、黒澤明のアイディアピクチャー『わが青春に悔なし』で、戦時中にスパイの汚名を着せられて獄死した夫の実家に押しかけて、周囲の村人たちに石を投げつけられても農作業を手伝うといった、自分の意志を貫いて強く生き抜く女性の姿を演じていた。黒澤監督自身、「僕はあの時、日本が立ち直るのに大切なのは自我を尊重することだと信じてた。今でも信じてる。そういう自我を貫いた女を僕は描いたんだ」と説明している。(8) 同様に原節子は、『晩春』と同じ一九四九年には、国民的ベストセラーで映画も大ヒットした『青い山脈』（今井正）でも、自由恋愛の美しさを説くＧＨＱ的女教師を演じていた。だから小津は逆に、そうやって戦後民主主義的な日本の象徴として輝いていた女優・原節子にあえてモジモジした女性を演じさせることで、映画の戦後的な潮流それ自体に反旗を翻そうとしたのだと思う。

しかし中学三年生のときに『わが青春に悔なし』を見たという大島渚は、その冒頭の場面で吉田山の木々の緑とそこから漏れる陽光のなかを原節子ら若い男女が駆け抜けて行く場面に、「輝かしい青春」を強く感じたと書いている。自分自身はそのとき下駄か地下足袋かはだしの貧しい生活を強いられていたのだが、だからこそ、このような美しい青春を憧れのまなざしで見たのだと。そしてこうした戦後的な民主主義映画の影響を強く受けた大島は、やがて青春や性愛の新たな表現を追求する（本番、同性愛、動物婚など）戦後を代表する前衛的監督へと成長していく。

つまり当然だが、ＧＨＱのもたらした民主主義思想は単に強制だったと片づけられるような問題ではない。当時の日本の若い人びとは、アメリカ的な恋愛結婚や民主主義の思想に「青春」の輝きと憧れを感じて、喜んでそれを受け入れた。そして自発的にアメリカ文化を模倣することを通して、封建的日本社会を新しい社会へと変えていくことを自分たちの使命として考えた。間違いなく、そこに現在にまで通じる、自由や平和を重んじる戦後日本社会が築き上げられていった。そのような新しい社会のなかでは、小津は戦前的な価値観を持った保守的な監督としか見られなくなった。それが一九八〇年にまでいたる、小津に対する長期間の低評価を生んだのだ。

だが、だとしたら小津が描こうとした反＝民主主義的でモジモジした人間の姿とはいったい何だったのだろうか。それは現在の私たちにとって何かの意味があるのだろうか。もちろん私はあると思っている。比喩的に言えば、小津映画は、人間が鏡を通して美化して認識するようなナルシスティックな自己像ではなく、写真やテープレコーダーを通したときにしか認識できないような、客観的な自分自身の姿を教えてくれるのだと思う。人間の暮らしには、正しい理念によって変えようとしても変えられない何かが存在する。その何かを小津映画は見せてくれるのではないか。

実際、ＧＨＱによる戦後民主主義的な啓蒙は、結果的に見れば、日本社会のなかに完全には根づかなかったと言える。もちろん私たちの社会は、議会やジャーナリズムを通して人びとが自分の意見を自由に述べて討議することによって、正しい政策に到達できるという民主主義的な理念によって形作られてはいる。しかし実際には私たちは、自分の意見を公の場で主張して社会の仕組みを変えることをどこか生活からは遊離した面倒臭いことと感じたり、他人の前で自分の意見を述べて目立つのが恥ずかしいという感覚を捨て切れないでいるだろう。私がいまの大学の教室で学生たちに感じるのは、アメリカ的民主主義の文化とは正反対の、できるだけ目立ちたくない、目立ったら大変だというような（小学校から学級空間のなかで培われてきた）日本的な事勿れ主義である。

しかしでは、彼らに向かって私は、GHQと同様に主体的になれと理念的に啓蒙すればよいのだろうか（彼らの後ろ向き気分に共鳴してしまう私自身も自己批判すべきだろうか）。私にはどうもそうは思えない。そうではなく私たちはいい加減にタテマエの理念ばかりを追いかけるのではなく、私たちがそうした理念に完全には乗り切れない人間であることをリアルに認識することから出発するべきではないのか。

そのように考えたとき、少しも前向きでない人間たちの姿が描かれている小津映画は、私たちの心に響く何かを持っているように思うのだ。そこでは日本人が自分たちの暮らしをどのように形作っているのか、それが理念的な価値判断を抜きにして、ある種の人類学的まなざしによって捉えられている。そしてその結果、ほかの恋愛映画やアクション映画では描かれてこなかったような、私たちの社会のなかに眠っている、豊かなコミュニケーションの可能性が見られるように思われる。

それを詳細に検討していく余裕はなくなってしまったが、いくつかの例を挙げておくことにしよう。例えば『秋刀魚の味』で、中学の同級生の男たちが集まって、旧師・東野英治郎を囲んで、ライオンはどうしましたとか、ゴダイゴテンノーはどうしていますかと、昔の先生たちの「綽名」を使っては消息を聞き出す会話の、あの閉じた社交空間だからこそ生まれる濃密な親密さはどうだろう。あるいは『麦秋』（一九五一年）で、女性の同級生四人が集まっては既婚者二人と未婚者二人が二組に分かれて、結婚しないと人間の幸福はわからないかどうかをめぐって言い争い、「未婚者には権利なあし」などと戯れる場面（「権利なあし」は、ホームルーム民主主義の戯画化だと思う）のあの愉快な可笑しさは何なのだろう。

これらには、人間の生活に「変化」や「葛藤」をもたらすような恋愛や結婚といった出来事とは対比させられるような、学校を卒業してもいつまでも変わらないままに戯れていたいと考える人間たちの欲望と、そうしたコミュニケーションの楽しさが描かれていると言えるだろう（『晩春』の原節子も、ずっと子どものままでいたいと言っているようにも取れる）。

実はそうやって人間関係を変えようとしないという小津映画の内容的特徴は、「交わらない視線」と「反復」という美学的形式の特徴とぴったりと重なっている。ふつうの映画では、男女の視線がカットバックで交差したときに情動の高まりが虚構として表現されるとしたら、小津映画の場合、男たちは男たち同士の、女たちは女たち同士の同質的なホモソーシャルな文化（若者宿や娘宿を思い起こさせる）のなかで戯れていて、決して異なったジェンダーの人間の視線が混じりあって成長していくようなプロセスを描こうとしないのである（むろん例外はあるが）。少なくとも、登場人物たちが、まるで子ども同士のように、自分たちの合言葉を交わして会話を楽しむことが「反復」され、自分たちが成長することを拒否していることに小津映画の特徴はあるだろう。

つまり「交わらない視線」と「反復」という小津の形式的特徴は、民主主義的に自分の意志を示したり、人間関係のあり方を変化させたりすることに抵抗しようとする内容的特徴と密接に関係しているのである。とするならば私たちがもし小津作品にいま惹かれるのであれば、小津映画の台詞のなかに出てくる「いつまでもこのままでいたいの」とか「いまがいちばんいいときだよ」といった現状を変えまいとする保守的な性格について、正面から考えるべきなのだと思う。[9] そのような考察を通して初めて、日本社会はなぜ小津安二郎の映画を長い間拒否し続けてきたのかが、あるいは八〇年代にそれが逆転して肯定し始めたのかがわかってくるだろう。

小津映画は、私たちがタテマエ的な理念とは無関係に、いかに暮らしを送っているかというそのホンネの姿をどこかユーモラスにゲーム化して描き続けた。にもかかわらず私たちは、小津を通して自分たちのそうした姿を見ることを拒否して、それが保守的だと批判してみたり、その形式的特徴だけに注目して虚構として楽しもうとしたりしてきた。だがいい加減に私たちは、この小津と日本社会のすれ違いから抜け出したほうがいいように思う。それこそが、小津を巨匠として賞賛するばかりで誰も保守的な作品だと批判しなくなった時代にあって、なお小津の映画作品群を現代社会にとって刺激的な作品に変貌させるための唯一の方法ではないか。私はそう思う。

注

（1）佐藤忠男『完本　小津安二郎の芸術』朝日文庫、二〇〇〇年、二三―二四ページ

（2）この問題に関しては、平野共余子『天皇と接吻――アメリカ占領下の日本映画検閲』（草思社、一九九八年）や岩本憲児編『占領下の映画――解放と検閲』（森話社、二〇〇九年）が詳しい。

（3）「天国の先生」『小津安二郎・人と仕事』蛮友社、一九七二年

（4）井上和男編『小津安二郎全集』下、新書館、二〇〇三年

（5）最後の壺の場面をめぐって父子相姦的だと分析されることがあるが、私はそれは、親子の情に戦後的恋愛主

義を持ち込んでいるという意味で、間違っていると思う。

（6）碓井みちこ「接吻映画の勧め」（岩本憲児編、前掲書）に詳しい。

（7）この映画の内容や反応に関しては、すべて碓井の前掲論文に拠る。

（8）大島渚『体験的戦後映像論』朝日新聞社、一九七五年

（9）むろん小津には「何かが過ぎ去ってしまった」という変化の感覚もあることは忘れてならないだろう。これについては長谷正人『映画というテクノロジー経験』（青弓社、二〇一〇年）参照のこと。

9 長谷川伸と股旅映画
——暮らしの倫理と映画

1 モダニズム芸術と暮らしの文化

長谷川伸と映画の関係について考えること。それは映画研究をモダニズム美学の枠組みから解放してやることだと思う。では、そもそもモダニズム美学の枠組みとは何か。第一に、映画を日本文化やフランス文化などといった「文化」の違いによって論じるのではなく、普遍的な記号やイメージの問題として論じるということであり、第二に、映画を社会や文化の単なる反映としてではなく、むしろ社会や文化に抗おうとする個人の芸術作品として論じるということである。

例えば、蓮實重彥の『監督　小津安二郎』がやってみせたことは、それまで日本文化を反映する日本的な映画作品として捉えられていた小津安二郎の作品を、日本文化とは切り離された、モダニズム芸術作品として見直すことだったと言えるだろう。「後期の小津を千篇一律のホーム・ドラマから救っているものは、表層に露呈したものの輪郭や影の濃淡の戯れが、物語を支える心理的陰影を超えた無媒介的な運動をあたりに波及させるという、フィルム体験の生なましさにほかならない(1)」。つまり蓮實は、従来の小津論のようにその作品のなかに「娘を嫁にやる父親の悲哀」といった物語的な意味や「心理的陰影」(情緒)を読み取るのではなく、むしろ小津作品をそうした文化的な意味の世界から解放してやって、

「着替えること」や「食べること」といった具体的なイメージの運動として形式的に捉え直そうとしたのだ。それは小津安二郎という作家から、日本文化のイメージを剝ぎ取って、映画表現の限界自体を追求した世界的なモダニズム芸術家として論じ直すことだったと言えるだろう。

率直に言って、私もまたそのようなモダニズム美学的で反＝文化的な蓮實の映画論に強く触発されつつ映画を見てきたし、またトム・ガニング、ミリアム・ハンセン、メアリー・アン・ドーン、リンダ・ウィリアムズといった一九八〇年代以降に台頭してきたアメリカの映画研究者たちが、（フランス現代思想やベンヤミンの議論の影響を受けつつ）映画を文化的な意味や心理的情緒に還元されない視覚的なモダニズム芸術として論じたことに刺激されて映画を研究してきた。映画を見るという経験は、一秒間二四コマという機械的な速度で映写される写真映像の陰影を、スクリーン上に見ることだ。だから、そこに描写された虚構世界がいかなる文化的な意味や心理的情緒に覆われていたとしても、その根っこには、必ず原初的なテクノロジー体験が普遍的に存在しているはずだ。私はそのような人間の映画経験における原理的なテクノロジー性を徹底的に考え抜こうとしてきた。[2]

それが間違いだったとはいまでも考えていない。しかし私は近年、そうしたモダニズム的で原理的な映画研究が、何かを取り逃がしてしまったのではないかと考えつつある。誤解を恐れずに端的に言えば、それは「暮らし」の問題である。カメラというテクノロジーを通して人間の「暮らし」を客観的に眺めることは、それ以前の人間の「暮らし」にはなかった奇妙な経験だったはずだ（例えば、テープレコーダーに録音された自分の声を初めて聞くとき、それが自分の声とは認識できないで「おぞましさ」を感じてしまうように）。そうしたテクノロジー的イメージの経験によって、人間はそれまで自明視してきた自分の生まれ育った土着の「暮らし」とは違う、別の「暮らし」の可能性を夢見ることが可能になった。例えばハリウッド映画の華やかでロマンチックな暮らしを見てしまった人間たちは、自分たちの慎ましい暮らしとは違う夢のような暮らしがあると感じてしまっただろうし、ベンヤミンのように、既存の社会秩序の権威を剝ぎ取ってすべての人間や事物を平等に扱ってしまうカメラ的視覚世界に、社会変革（暮らしの変革）の可能性を感じ取る者もいた。つまり映画は、人間の土着の「暮らし」を否定し、人間の潜在的な自由の感覚を身体から引きずり出す役割を果たした。だから私もまた、映画を論じることで、そういう人間の自由な存在様態の可能性を探求してきたわけだ。

しかし問題は、それでも人間には「暮らし」があるという極めて単純な事実だ。映画という夢と自由の世界を見たあとにも、人間は現実にはそのまま不自由な「暮らし」を続けなければならない。暮らしは映画と違って想像力によって簡単に変えられないのだから。だから映画と「暮らし」とは、互いに拮抗し合うような緊張関係を持つ。とするならば映画研究者は、その「暮らし」と映画との緊張関係をまるごと捉えなければ、「映画とは何か」という問いに、少なくとも「映画を見るという経験は人間社会にとって何なのか」という根源的な問いに答えたことにならないのではないか。映画をモダニズム芸術のようにイメージの運動として抽象的に捉えることは、「暮らし」のなかの楽しみとして映画を見てしまった人間たちが、なおいかに「暮らし」と向き合っているのかという問題を無視してしまうことになりはしないか。私にはそう思えてならない。

再び先の蓮實重彥の小津安二郎論に戻ろう。その本では、例えば「着替えること」というアクション（主題）が、さまざまな作品のなかで物語（説話）的な転回点の機能を果たしていることが注目されている。『小早川家の秋』（一九六一年）の中村鴈治郎が、家族に隠れて妾宅に出かけるために、孫とかくれんぼをしながら少しずつ外出着に着替えていくユーモラスな場面は、次の場面で妾宅での急死という劇的な転回をもたらすし、会社から帰宅した男たちが背広姿から下着姿になり和服へと着替えていく場面は、娘の結婚話を大きく動かしてしまう。だから小津にあっては、娘の結婚に対する父親の悲哀といった心理的情緒よりは、「着替えること」というアクションがさまざまな作品の間で果たしている機能に着目するほうがはるかに豊かな映画経験を可能にするはずだと蓮實は言う。

そうした彼の卓抜な着眼点にこれを初めて読んだ当時の私は驚くしかなかったのだが、しかしその指摘には、小津を見る観客自身の「暮らし」のなかにも「着替える」というアクションが存在するという問題意識がどこかで抜け落ちていたように思う。小津が着替える場面を物語的な転回点に置くことができたのは、それを見る観客たちが、着替えることを通して暮らしに「律動」を与えるような経験を実際に持っていたからだろう。外出着から室内着へ、普段着から礼服へと服を着替えることで、現実世界の私たちは、「暮らし」のリズムを生きている。だからこそ蓮實による着替えの場面の指摘も、決して純粋な視覚的な面白さにはとどまらない、身体感覚的な訴求力を持つものとなりえていた。だが蓮實は、そのことだけは決して認めようとしなかった。彼はあくまで、小津が表現した世界は、私たちの暮らしの文化的意味づけに汚染された不自由さとは無関係に、複数の主題が自由に混じり合わされて織り上げられる想像的なイメージ世界（作家の作る芸術世界）だからこそ素晴らしいというのだ。

だがそうした自由な表現としての芸術作品論（モダニズム美学）は、映画作品をそれ自体で自律した世界として捉え、私たちの暮らしとは無関係な別の世界に閉じ込めてしまう危険性はないか。そして映画を研究したり論じたりすることもまた、現代芸術を論じることと同じくらい権威を持つことになりはしないか。マキノ雅弘やヒッチコックを、何の照れもなく優れた芸術作家として講義ができる現在の大学の教育環境に私は強い違和感を覚える。少なくとも私が七〇年代末に映画に興味を持ち始めたのは、それが商業主義的な大衆娯楽であって、美術館で展示される芸術家たちの作品のような高い価値を持っていなかったからである。映画を論じることに知的な恥ずかしさを感じなくなっていく現代の状況を見ることが私には忍びない。

上野昂志は一九七〇年の封切時にマキノ雅弘監督の、仁侠映画の最高傑作といわれる『昭和残侠伝　死んで貰います』を見たときの状況をこう回想している。「わたしは深夜、学生ややくざや水商売のおねえさんやお兄さんやセールスマンや、その他どんな稼業をしているのかはわからぬ人たちを含めて満員の新宿東映でこれを見たが、映画が終わって明るくなった場内で誰も彼もが泣きぬれた顔を紅潮させていた光景を忘れない(3)」、と。

それは、映画が人びとの暮らしのなかで見られていた幸福な時代の光景だろう。いまや「稼業」という言葉自体が死語になってしまった現代社会にあっては、このように映画と暮らしとの幸福な関係はほとんど不可能になってしまったのかもしれない。私たちはいまや『死んで貰います』も、ミニシアターやDVDで名作として見るような状況にある。つまり、私たちにとって暮らしも映画もともに身体性を失い、イメージ化（情報化）された空虚なものになってしまった。

だが、だからこそ私は、あえて映画と「暮らし」の関係について問い直してみたいのだ。ふつうの人びとが暮らしのなかで仁侠映画を見て泣いて顔を紅潮させていたとき、映画とはどんな文化だったのだろうか。間違わないでほしいが、私は日本独特の文化としてそれを考えたいのではない。どんな社会でも、自らの土着の文化との関わりのなかで映画が作られ、そのうちのあるものが「面白い」と人びとに受け入れられる。そうした身近な文化としての映画を、文化を相対化するような外側の視点からではなく、その暮らしの内側の視点から捉えたいのだ。そのことによって、映画を近代的な芸術家の作品とは違う何かとして（いわば、美術館に抗って）捉えたい。そもそも封切当時の観客にとって、『死んで貰います』はマキノの作品であるよりも健さん（高倉健）の作品であり、さらには任俠映画という膨大な類似的作品群の一本にすぎなかっただろう。このように土着文化としての映画は、監督の作家的表現などではなく、役者やジャンルの問題抜きには語れないものだったはずだ（アメリカならジョン・ウェインと西部劇、フレッド・アステアとミュージカルなどがそうだろう）。そうした視点を持ったとき、日本の暮らしにとって重要な文化として浮かび上がってくるのが、長谷川伸を原作者とする股旅ものの映画である。

2　長谷川伸の「股旅もの」の情緒性

私がここで「股旅もの」と呼んでいるジャンルの作品とは、長谷川伸が昭和初期に戯曲として書いて以来、大衆演劇や映画などを通して広く日本人に親しまれてきた、旅から旅へと暮らす博徒たちの世界を情緒豊かに描いた作品群――『沓掛時次郎』（一九二八年）、『関の弥太っぺ』（一九二九年）、『瞼の母』（一九三〇年）、『一本刀土俵入り』（一九三一年）、『雪の渡り鳥』（一九三一年）など――のことである。例えば、博徒・時次郎が一宿一飯の義理からやむなく斬った六ツ田の三蔵に頼まれて、彼の身重の女房と子どもを、堅気になってまで世話しようとする『沓掛時次郎』や、五歳のときに生き別れた母親を捜す博徒・忠太郎が、長年の旅の果てに実母に出会えたものの思いがすれ違ってしまう『瞼の母』、関取になる夢を抱いて旅する途上で、遊女に施しを受けた恩を忘れずに、その一〇年後に夢破れた博徒として恩返しをする『一本刀土俵入り』などが有名である。これらの作品は芝居の世界でも繰り返し上演されてきたが、同時に一九三〇年前後から数多く映画化もされてきた、日本人にとって最もポピュラーな作品群だと言えるだろう(4)。

図1　『沓掛時次郎 遊侠一匹』（加藤泰，1966年）

しかし私が本章で取り上げたいのは、そのなかでも六〇年代の東映で中村錦之助を主演にして撮られた『瞼の母』（加藤泰、一九六二年）、『関の弥太ッぺ』（山下耕作、一九六三年）、『沓掛時次郎 遊侠一匹』（加藤泰、一九六六年）という三本の映画作品である。なぜ、この三本か。まずこれらが中村錦之助の役者としての魅力や木下忠司の叙情的な音楽の美しさにも助けられて、いまの私たちの「股旅もの」のイメージの古典的な核となっていると思われるからであり、また六〇年代後半から『日本侠客伝』シリーズや『昭和残侠伝』シリーズなど膨大に量産された仁侠映画群のルーツとなった作品だと思われるからである（仁侠映画のルーツとしてはこの三本のほかにマキノ雅弘の『次郎長三国志』シリーズ（一九五二―五四年）を加えてもいいかもしれない）。こうした義理と人情の狭間で苦悩しつつ美しく生きようとするやくざの姿が描かれた、高倉健や鶴田浩二らを主演とするやくざ映画群は、長谷川伸原作、中村錦之助主演のこの三本が原典になってこそ生まれたと私は思う。

だが映画作品をあくまで「監督」の個人的表現として捉えようとするこれまでの批評家たちは、（私の言う「モダニズム美学」の視点から）決してこれらの長谷川伸原作の股旅ものをひとまとまりの作品群として、あるいは芝居における上演作品まで含めた任侠ものという日本文化の問題としては捉えようとしてこなかった。(5)代わりに、『遊侠一匹』や

『瞼の母』は加藤泰の作品として、『関の弥太ッぺ』は山下耕作の作品として別々に評価されてきた。(6)例えば山根貞男は、加藤泰監督の『瞼の母』の主人公・忠太郎が五歳のときに生き別れた母親を捜し求めるという物語を、長谷川伸の戯曲のモチーフとしてではなく、同監督の『緋牡丹博徒 花札勝負』(一九六九年)の高倉健が女やくざの手のぬくもりを通して故郷の母親の三回忌を想起する場面や、『沓掛時次郎 遊侠一匹』の中村錦之助が、舟のなかで池内淳子にやさしく手渡された柿の実から故郷のことを思い出す場面と結びつけて、それらを一連の加藤泰作品に見られる「母恋譚の系譜」と呼んで分析している。その結果、加藤泰によって作品化された『瞼の母』は、「長谷川伸が戯曲に書こうとしたのと同じもの」を「より以上の深さ」で表現したということになってしまうのだ。(7)

だが、山根がそのように加藤泰監督のモチーフとして論じた「人間にとって故郷／母とは何か」という問題は、むしろ長谷川伸のモチーフと考えたほうがずっと自然ではないのか。『緋牡丹博徒 花札勝負』で高倉健が母親を思い出すのは、むしろ加藤泰が長谷川伸の戯曲における母親や故郷の描き方に影響を受けたために思いついた場面だと考えるのがふつうだろう。しかし山根は、長谷川伸の原作の問題をどうしても論旨から排除せざるを得なかった。なぜなら彼は、ここで「映画を見ること」とはどういうことかを原理的に問おうとしているからである。

たとえ戯曲の原作があったとしても、それを映画化した瞬間には、機械としての映画の作品構築の原理に従って、まったく別の作品になっているはずだ。だから原作者・長谷川伸が戯曲を通して何を描こうとしたかを問題にするのではなく、映画監督・加藤泰が、役者たちをいかに演出し、どのようにセットを組み立て、どのようなリズムで画面をモンタージュしたか、ということを論じなければならない。とりわけ文学のほうが映画より高級な芸術と考えられ、邦画より洋画のほうが優れていると信じられていた七〇年代初頭に加藤泰論を書かねばならなかった山根貞男にとっては、映画それ自体の価値を掬い取るためにも、いっそうそうしなければならなかった。

それは私としてもよくわかるし、共鳴もするところだ。だが、そのとき股旅ものから任俠映画にかけての一連の博徒の世界を描いた映画作品にとって、その原型とも言うべき長谷川伸の原作戯曲はどういう意味を持ったのかという問題が、いささか盲点になったことも間違いないだろう。あるいは、長谷川伸の弟子・村上元三の『次郎長三国志』を映画化したマキノ雅弘の九部作や広沢虎造の浪曲や大衆演劇の世界などをも含めて、広く日本の庶民たちに愛されたひとまとまりのジャンルとして、任俠ものや股旅ものには独特の雰囲気が存在したこともまた無視されてしまった。(8)

私がここで問題にしたいのはその点だ。小津安二郎や黒澤明のように、たとえ原作があったとしても脚本作りの段階から深く関わってそれをオリジナル作品に仕上げてしまう監督たちの場合、それらを監督個人の表現として考えることは自然である。しかし『瞼の母』や『沓掛時次郎』のように、観客たちがあらかじめ原作の物語や台詞を知っている場合は、彼らはそうした原作の筋書きや台詞に関する知識を重ねて見ないわけにはいかないだろう。彼らはそこでは、監督の映画的表現というより、あくまで長谷川伸の作品を錦之助の主演で（舞台のように）見ているつもりなのだと思う。だからここでは、映画の視覚的表現を文学（戯曲）とまったく切り離して考えることはできないはずだ。実際これら三本の作品ではいずれも、長谷川伸の戯曲特有のリズムを持った、芝居がかった台詞回しがそのまま生かされて使われている。だからここには、映画監督の個人的表現には収まらない股旅ものや任俠ものの独自の魅力があるはずである。その映画研究の盲点となっている何かをここでは救い出したいのだ。

再び蓮實重彥に登場してもらおう。彼は最近書いた『瞼の母』論において、この作品を加藤泰監督の

「転調」という表現が見事に達成された作品として論じている。[9] 忠太郎（中村錦之助）が弟分（松方弘樹）を付け狙うやくざたちを叩き斬ったあとで、その母親（夏川静江）に手を添えてもらって「この人間ども、叩き斬ったる者は……」と書きながら、自分自身の母親のことを想って涙する情緒的な場面は、次の江戸地図と字幕による説明画面をはさんだあとに、打って変わって雪がうっすらと積もった江戸の橋の袂の賑わいが、すっかりと眺望が開けたショットとして提示される場面に変わる。それは、路上で三味線を弾く老婆（浪速千栄子）がだまされそうになるのを中村錦之助が助けてやるという長い場面なのだが、蓮實はそうした場面の「内容」ではなく、叙情的な場面から乾いた場面へと「転調」するその「形式」性の鮮やかさに注目するのだ。[10]

しかし「転調」という形式を取り上げることは、その転調の前後がどのような「調子」で描かれていたかという「内容」の問題を軽視することになりはしないか。むろん蓮實は見事な筆使いで、この「転調」の前後で、二人の老婆への忠太郎の想いがどのように描き分けられているかを記述しているのだから、その内容＝「調子」の問題がまったく無視されているわけではない。だがどうしても場面の切断としての「転調」を強調する蓮實の美学的姿勢は、その内容や台詞を軽視しているかのような印象を読者に残してしまう。実際、蓮實は老婆への愛情の「描写」がいかに見事であるかを論じても、その愛情自体の内実については論じようとはしない。おそらくそうすると、恥ずかしいくらい当たり前の日本的な人情論になってしまうと恐れたからだろう。そのモダニズム美学的な（やせ我慢の）姿勢に私は共感しないではないのだが、しかしそうした人情の世界がすっかり蒸発してしまった現代社会のなかでは、逆にそれをこそ問題にすべきだと思う。いま『瞼の母』を見る人間にとって大事なのは、その場面を覆っている日本的な人情の世界や芝居がかった台詞の名調子ぶりなのではないか。

お袋さん笑ってやっておくなさんせ。五つのときに母親と生き別れをした忠太郎は、こうしていると母親に甘えてでもいる気がするのでござんす。(11)

こうした芝居がかった名「調子」は、長谷川伸の作り上げた股旅ものというジャンルそのものと切り離して考えることはできないだろう。そうした情緒の世界の魅力とは何かを私はここであえて考えてみたい。

3　股旅ものの倫理性

では長谷川伸原作の「股旅もの」の持つ魅力とは何なのだろうか。やはりそれは、「暮らし」という問題と関わっているように思う。股旅ものの主人公は、やくざでありながら、ふつうの「暮らし」に憧れているからだ。彼自身は、地道な暮らし（稼業と故郷）を捨て、旅から旅へと賭けごと（遊び）をしながら生計を立てているが、実は孤独で寂しい。だからできれば、ふつうの暮らしに戻りたいとも思っている。しかし、一度故郷の暮らしからはみ出してしまった人間は、そこへ戻ることはできない。彼にとっては、決して到達しえない憧れとしてふつうの「暮らし」がある。だからその気持ちは、主人公のふつうの人びとへの限りない優しさとして表される。例えば『瞼の母』の忠太郎は、見知らぬ三味線弾きや夜鷹のような零落した老婆たちに対してまで、それが自分の母親であるかのように優しく接し、施しを与える。『沓掛時次郎 遊侠一匹』の時次郎は、やくざ渡世の義理で斬り殺した三蔵の妻と子を、まるで自分の家族であるかのように大事に世話する。『関の弥太ッぺ』の弥太郎は、自分の財布を盗んだスりが連れていた一〇歳ほどの娘に親切にし、彼女の母親の実家（旅籠屋）まで、養育費五〇両をつけて送り届ける。つまり彼らは、ふつうの暮らしをしている人びと以上に、他者に優しく人情に厚いのだ。

しかし例えば『遊侠一匹』の時次郎は、自分自身が父親を殺してこの家族のふつうの暮らしを壊した張本人なのだから、いくらやくざ稼業を捨てて彼らに身内のように優しく接したとしても、自分がやってしまったことの疚しさを消すことはできないだろう。だから彼は結局、二人とふつうの家族のような暮らしを続けることができない。あるいは『瞼の母』の忠太郎は、長年かけてやっと実母を捜し出すが、やくざ姿の彼自身は成功者である母親にとっては平穏な「暮らし」を乱す厄介者なので、冷たく追い払われてしまう。また『関の弥太ッペ』の弥太郎も、彼自身が娘のために取り戻してやった幸福な暮らしに加わるように娘に誘われるのだが、人を大勢斬って荒んだ暮らしをしている彼がいまさらその暮らしに入っていくことはできない。こうしてこの三作の主人公たちは、どんなに自己犠牲的に素人に優しく接しても、結局はその素人の「暮らし」のなかに入ることを断念して、やくざとして孤独に生きる道を選ぶ。その断念の切ない気分が、映画全体を通して私たちの胸に迫ってくる。つまり、やくざという立場だからこそ生まれる「暮らし」への憧れとその断念が、「股旅もの」を覆っている情緒（調子）だと言えるだろう。

しかもこのうちの二作においては、脚本家の手によって、主人公のふつうの「暮らし」の断念という切ない思いが原作よりもいっそう強調されるような工夫が施されている。『沓掛時次郎 遊侠一匹』（鈴木尚之／掛札昌裕脚本）では、原作にはない、朝吉（渥美清）という時次郎に憧れる若い博徒が出てくる場面がある（『瞼の母』に出てくる、やくざから足を洗おうとする弟分・半次郎を膨らませたキャラクターだと思う）。時次郎は朝吉に対して、やくざの世界のなかではお前のような真正直な人間はだまされてしまうから百姓に戻れ、と強い剣幕で説教する。その台詞から私たちは、彼自身がいかに土地に根ざしたふつうの暮らしに憧れているかを強く感じ、よりいっそう共鳴することができる。また『関の弥太ッペ』（成澤昌茂脚本）では、映画の中盤で、弥太郎が捜し求めていた妹の居場所が見つかったにもかかわらず、すでに遊女として死んでいたという悲しい挿話の場面がある。原作にはないこの場面で私たちは、弥太郎がスリの娘に親切にする気持ちのなかに、死んだ妹への思いを重ねていっそう感情移入する。つまりこの映画版『関の弥太ッペ』では、一種の『瞼の妹』として、原作以上に、主人公の自分の家族への切ない思いが強調されているのだ。

だがしかし、なぜ「股旅もの」の主人公たちは、土地に根ざしたふつうの「暮らし」にそんなにまで憧憬を感じなければならないのだろうか。ふつうの観客が、自分たちの地道な「暮らし」を肯定することができるように、そういう設定になっているのだろうか。確かに主人公の強さと優しさには憧れるが、しかしやくざのようにではなく、ただ慎ましく生きるしかない無力な観客にとって、憧れのヒーローに自分たちのふつうの「暮らし」に憧れてもらえるのは慰めになるかもしれない。しかし、それだけの理由ではないだろう。むしろ反対に股旅ものは、私たち観客自身の「暮らし」に忍び込んでいる「やくざ」性を私たち自身に対象化させ、それに批判的な視線を向けるように促す作品群だと私は思う。

それはどういうことか。私たちの暮らしのなかにある「やくざ」性とはいったい何なのか。例えば、『瞼の母』の半次郎の母親おむらが、息子の半次郎に対してやくざから足を洗うように説得する台詞のなかにその一つの答えを見出すことができる。

> 惣兵衛兄さんをご覧、親にも妹にも優しいよ。人様にだって親切だ。それでこそ男といえるのだ。

お前のはただ強がって、面白ずくと無鉄砲で、斬るの突くのと喧嘩をしたり、仕事といえば遊びくらし、ばくちを打つばかりじゃないか。そんな奴が何で、男だなんていえるのだい。(12)

つまりおむらにとって、やくざとは、「ただ強がって」喧嘩や博打で他人より目立ちたいだけの、見栄っ張りで男らしくない人間たちのことだ（実際、この場面のすぐあとで、半次郎を狙うやくざの、できれば名を上げてどこかの親分に自分を売り込みたいという台詞が出てくる）。逆に言えばふつうの「暮らし」（＝「親にも妹にも優しい」こと）とは、誰にも褒めても認めてももらえないような地道な生き方のことだろう。社会のなかで評価されたり出世したりすることとは一切無縁に、自分たちの暮らしをただそれ自体において肯定し、大事にすることが「男」としてふつうに暮らすということなのだ。

とするならば、股旅ものの観客たちは、やくざでないからといって、地道な暮らしを生きている人間だと簡単に言えるだろうか。実は観客たちもまた、子どもを偏差値の高い学校に入れたいとか、いい仕事をして上司に褒められたいとか、他人に対して体裁のいい立派な外見の家に住みたいと考えるとき、ふつうの「暮らし」を大事にするだけでなく、世間に対して見栄を張っているのではないか。それはおむらの言葉を借りれば、少しだけやくざになることに違いないだろう。やくざたちは、いつも喧嘩や博打の勝負に勝って自分の名を上げたいと意地や見栄を張りあっているから、ほんの些細な揉めごとが命をかけた大きな喧嘩に発展してしまう。だからいつの間にか、ふつうに暮らしている人間たちとは無関係な暴力的な集団になってしまう。しかしふつうに暮らす人間たちもまた、他人への体裁のために無意味な電気製品を買い込んだり、出世に眼がくらんで互いに憎み合ったり傷つけ合ったりするという意味では、やくざ性を帯びて生きているのではないか。股旅ものとは、そうした私たち自身の暮らしのなかにある「やくざ」性を批判するる倫理性を帯びているのではないか。

その意味で『瞼の母』は、とりわけ興味深い作品である。ほかの股旅映画や仁俠映画とは違って、ここではふつうに暮らす忠太郎の実母おはまのほうが、やくざ性を帯びた商売の成功者として登場しているからである。彼女は、料理屋の女将として成功し娘を一人作って豊かに暮らし、跡取りの婿も決まって幸せいっぱいである（映画ではその豊かさを、豪華な雛人形や結納の品などを繰り返し映して強調している）。だから彼女のところに昔苦労していたころの仲間が訪ねてきてお金を無心しても、自分の暮らしを守るために追い返してしまうような冷たい人間になってしまっている。つまり彼女は、商売をするという「賭け」に勝って体裁をつくろうような、人情味のないやくざ性を帯びているのだ。だから自分が捨てた息子が訪ねてきたというのに、「始めの内は騙りだと思って用心し、中頃は家の身代に眼をつけて来たと疑いが起こり、終いには―終いにはお前の行く末の邪魔になると思い込んで突っぱねて帰して(13)」しまう。

しかしそれは、私たち生活者が自分の生活を守ろうとするときに自然に持ってしまうごくふつうの不人情ではないか。私たちもまた不意に昔の友人がやくざや娼婦となって訪ねてきたとき、彼らにお金を施すことができるだろうか。むしろおはまのように、困って突っぱねてしまうのではないか。だからこの場面が私たち観客の感情に訴えかけてくるのは、自分のなかにある不人情さを思い出させ、それを超える倫理性を獲得する可能性を想像させてくれるからだと私は思うのだ。

つまり、股旅ものが、ただやくざの義理と掟の閉じた世界を美しく描いた映画に終わらないとすれば、それはやくざのように見栄を張ったり意地を張ったりする不人情な生き方が、ふつうの暮らしのなかにもあるからだろう。そう観客が感じたとき、時次郎のように意地の張り合いをやめて人情味を持った生き方を実践することが、倫理的な美しさを帯びて見えてくる。とりわけ資本主義経済の拡大のなかで、消費財を買って他人よりも豊かな暮らしをすることが指針となるようなプチブル的生活が蔓延しつつあった六〇年代にあって、それはほんの少し前まで商品経済とは無縁に地道に暮らしていたはずの人びとの心の奥底に何かを訴えたに違いない。

4　戯曲という不自然と暮らしの倫理

しかしこうした「暮らし」をめぐる私の議論は、股旅もの映画が長谷川伸を原作者とするということの意味をいささか軽視してしまったかもしれない。加藤泰や山下耕作による映画作品のなかに、ふつうの暮らしに関する美しい倫理性を読み取るときに、それが長谷川伸の原作だということがとくに強い意味を持つようには見えなかったかもしれない。しかし私は、これら三本の映画の倫理的な美しさにとって、長谷川伸の戯曲を原作としているということが決定的に重要な意味を持っていると考えている。簡単に言ってしまえば、それらの映画は、芝居がかった台詞が必要だったということである。これら三作品は原作に対して挿話を加えて話を膨らますことはあっても、大事な場面で主人公が語る、独特の台詞回しは決して変えることなく原作のまま生かしている。それらはふつうの映画のリアリズム性からすれば、極めて不自然なものである。『瞼の母』のクライマックスの忠太郎の台詞を見てみよう。

違う違う違います。銭金づくで名乗ってきたんじゃござんせん。シガねえ姿はしていても、忠太郎は不自由はしてねえのでござんす。顔も知らねえ母親に、縁があって邂逅あって、ゆたかに暮らしていればいいが、もしひょッと貧乏に苦しんででも居るのだったら、手土産代りと心がけて、何があっても手を付けず、この百両は永えこと、抱いてぬくめて来たのでござんす。[14]

違う違う違います、という畳み掛ける素晴らしいリズムで始まるこの台詞は、ただ忠太郎が実母に語りかけるというより、むしろ観客席に向かって自分の考えを演説しているような演劇性を帯びているだろう。いわば忠太郎はここで芝居のような見栄を切っているのだ。しかしそのような不自然な演劇性があるからこそ、この忠太郎の倫理的な台詞を私たちは受け入れることができるのではないか。日常的なリアルな会話から少しだけ離脱した言い方をすることによって、ふつうの暮らしでは恥ずかしくて言えないような人情と倫理を理想的に表現すること。それが戯曲としての股旅ものが、映画というリアルな表現に対して可能にしてくれたことなのだと思う。

実際、鈴木則文の証言によれば、『関の弥太っぺ』を映画化するにあたって「成澤昌茂さんの脚本の台詞が演劇的だから、もっと映画的に嚙み砕いて短くすべき」ではないかという声がスタッフのなかから上がって議論になったが、山下耕作監督は加藤泰のアドバイスを聞いて台詞を日常語に変えるのをやめて、脚本どおり芝居じみたものにしたのだそうだ。[15] その結果、長谷川伸の原作にはない、しかしより長谷川伸的な名台詞をこの映画では聞くことができる。錦之助が、孤児となった少女を励ますために、一〇年のときをはさんで二度繰り返して言う有名な台詞である。

娘さん、この娑婆には悲しいことや辛えことがたくさんある。だが、忘れることだ。忘れて日が暮れりゃあ、明日になる。ああ、明日も天気だ。

観客の心に響くような美しい台詞だろう。ふつうに暮らすことのなかで、私たちは悔しいと思ったり、理不尽だと感じたりするようなことが必ず起きる。そう感じたとき、私たちは少しだけやくざになって意地を張ったり憎しみに心を乱しそうになったりしてしまう。この台詞は、そうやって私たちが暮らしのなかでやくざな人間へと足を踏み外そうとする瞬間に、それを思いとどまらせるような効果を持っているだろう。どんなに嫌なことがあったとしても、その日は暮れて終わってしまって、また新しい明日が始まるのだ。そのように考えれば、私たちは見栄を張らず、日常の暮らしをたんたんと生きることが可能になるのではないか。その意味でこの台詞は、長谷川伸の戯曲世界から二次的に創作された、しかし長谷川伸の股旅ものの倫理性の核心部を表すような名台詞と言ってよいと思う。しかもそれを中村錦之助という、きれいごとが似合う役者が言うとこの上なく美しく響く。

要するに私はこう言いたいのだ。六〇年代の股旅もの映画は、芝居がかった台詞という形式を通して、人間が倫理的に暮らすとはどういうことかを、西欧的な言葉と思想の力を借りずに、ふつうに暮らす人びとの感覚に届くように表現しようとした稀有の試みだったのではないかと。そのような暮らしに届く倫理性を帯びていたからこそ、例えば六〇年代末の大学闘争の学生たちは、股旅ものをよりいっそう美しく様式化した仁侠映画を好んで見て、「異議なーし」などと映画館で声を上げたりしたのだし、橋本治は任侠映画的な台詞回しを利用して東大駒場祭の看板に「とめてくれるなおっかさん　背中の銀杏が泣いている　男東大どこへ行く」と書いたのだと思う(16)。そのとき彼らは、アメリカの民主主義的な演説がどこかでミュージカル的な演劇性を文化的な地盤にし、イギリスの国会（鬘を被った論戦とユーモア）がどこかでシェイクスピア以来のイギリス演劇の伝統に根ざしたものであるのと同様に、日本社会にも政治的な理想を訴えることを可能にするような自前の文化的基盤が必要だと気づいていたのだと思う。

しかし結局は彼らは、自分たちの革命運動の掟の世界に閉じこもって、ふつうの暮らしをする人びとに届くことを断念したかのような、棒読み調の演説文化しか生み出せなかった。つまり、自分たちと同じ社会の人びとに理念を訴える文化的作法を作り出すことができなかった。本当はそのとき、彼らが股旅ものの世界に本気で向き合っていれば、日本の政治文化は少しは変わったのではないか。

いや映画の世界に関しても同じだ。七〇年代になると、観客たちはもはや股旅ものや任侠映画のように、タテマエとしての倫理性を美しく描こうとするような作品に関心を抱かなくなった。高倉健や鶴田浩二が、敵役のやくざたちの不人情な振る舞いにこらえきれずに殴り込みに出かけるような倫理性を帯びた仁侠映画は、『緋牡丹博徒』シリーズ（一九六八―七二年）を最後に作られなくなり、代わってやくざはそもそも自分の利益を追求するためなら何でもする汚い存在なのだというホンネの姿を描いた、『仁義なき戦い』シリーズ（一九七三―七四年）などの「実録もの」が人気を呼ぶようになる。それらの作品では、もはや仁義を切ったり素人に迷惑をかけないように倫理的に振る舞ったりすること自体が、芝居じみて滑稽なこととして笑われるようになってしまった。

だが芝居じみたかっこよさなくして、人間は倫理的たり得るのだろうか。あるいはそのような倫理性なくして、私たちはふつうに暮らすことを肯定できるのだろうか。倫理性を帯びた映画を作れないということは、私たちの暮らしそのものから倫理性が失われたということではないのか。実際それから三〇年たって、私たちはいまあらゆる理想主義や倫理性を笑おうとする（ツッコミを入れようとする）この社会に窒息しかかっているということはないか。

山根貞男は、任俠映画が消えかかっていた七〇年代初頭に書いた卓抜な加藤泰論において、彼の作品のなかに見られる「故郷への旅」という主題を、映画観客が映画を見るという体験と重ねて論じようとしている。(17)『沓掛時次郎』の時次郎が、やくざ世界の掟に従って三蔵を殺した瞬間から、その犯罪性から逃れるように自分の故郷に向かっておきぬとその子を連れて旅するとき、私たち観客もまた「故郷」に向かって旅するのだと山根は言う。このとき故郷とは、まさに人間が倫理的に暮らすことが可能になるような想像的なユートピアのことだろう。戦後日本社会の高度経済成長は、人びとの暮らしを、さまざまな電気製品を家のなかに買い込むという見栄の張り合いに巻き込み、非倫理的なものに変えてしまった。だからそこでは、股旅映画を見ることが、人間の暮らしに倫理性を取り戻そうとする試みのような意味を持ったのだ。

しかしいまの私たちは、映画を見ることの作法を、まるでやくざの仁義作法のように洗練することに熱中して、いつの間にか故郷（倫理）に向かって旅しようとする昔の初心を忘れてしまったのではないか。つまり私たちは、映画を見ることの形式性は明らかにしたが、それが私たちの暮らしの倫理性といかに関わっているかという内容を考えることを忘れてしまった。そもそも映画を見ることは、暮らしを忘れて遊びの世界に浸るという意味で最初からやくざ性を帯びた疚しい行為だったはずだ。その疚しさを感じたとき、私たちは時次郎のように倫理性へ向かおうとする想念を抱くことができた。しかしいまや映画研究者や批評家たちは、まるで映画が立派な芸術であるかのように、何の疚しさもなく、映画がいいとか悪いとかを細かく分析している。それはやくざが、賽の目や切った張ったにこだわることといったいどこが違うというのだろう。だから、私たちは忠太郎のように、両目をしっかり瞑ってでも思い出さなければならない。かつて映画が暮らしに倫理性を取り戻す力を持とうとしていたことを。そしてその力が、長谷川伸の股旅ものの倫理的な台詞回しによってもたらされていたことを。(18)

注

（1）蓮實重彦『監督　小津安二郎（増補決定版）』筑摩書房、二〇〇三年（初版一九八三年）、七七ページ

（2）長谷正人『映画というテクノロジー経験』（青弓社、二〇一〇年）、長谷正人『映像という神秘と快楽――〈世界〉と触れ合うためのレッスン』（以文社、二〇〇〇年）、長谷正人／中村秀之編訳『アンチ・スペクタクル――沸騰する映像文化の考古学』（東京大学出版、二〇〇三年）などを参照してほしい。

（3）上野昂志『戦後60年』作品社、二〇〇五年、一七四ページ

（4）長谷川伸の作品については、いまは「長谷川伸傑作選」として代表的戯曲を集めた『瞼の母』、股旅小説集の『股旅新八景』、そして『日本敵討ち異相』（いずれも国書刊行会、二〇〇八年）の三冊で読むことができる。なお絶版だが、『長谷川伸全集』全一六巻が朝日新聞社（一九七一―七二年）から刊行されている。

（5）ただし、言うまでもなく佐藤忠男の名著として名高い『長谷川伸論』（一九七八年、中公文庫）は、長谷川伸の股旅ものを戯曲、芝居、映画という広がりのなかで文化的に探求している。ただ同書は、股旅ものの倫理性が、いかに私たちの世界から失われつつあるかという切迫感がないという意味で、私はあまり共鳴することができない。また佐藤が長谷川伸の世界の源をアメリカの西部劇に求めることにも違和感を持つ。それは普遍的というだけのことではないのか。なお長谷川伸の世界の日本的な情緒については、戸井田道三／藤田省三（司会佐藤忠男）「不覚の涙と自覚の涙――長谷川伸の世界を中心に」（『思想の科学』一九六〇年三月号、四八―六〇ページ）が参考になる。

（6）加藤泰論として、山根貞男編『遊侠一匹　加藤泰の世界』（幻燈社、一九七〇年）、上野昂志「〈生〉への痛恨の思い――加藤泰論」、「一生活者の不断の格闘――『遊侠一匹』にふれて」（ともに『沈黙の弾機』青林堂、一九七一年）、『世界の映画作家14　加藤泰　山田洋次』（キネマ旬報社、一九七二年）、鈴村たけし編『日本カルト映画全集5　沓掛時次郎　遊侠一匹』（ワイズ出版、一九九五年）、鈴村たけし『冬のつらさを――加藤泰の世界』（ワイズ出版、二〇〇八年）などがあり、山下耕作論として石井深「声の罠――『関の弥太ッぺ』論」（『イメージ

フォーラム』一九八三年五月号）が、山下へのインタビュー本として『将軍と呼ばれた男　映画監督山下耕作』（ワイズ出版、一九九九年）がある。
(7) 山根貞男『映画狩り』現代企画室、一九八〇年
(8) 東映任侠映画のプロデューサーとして著名な俊藤浩滋は、あるインタビューに答えて、「僕の撮っているもんは、全体を通じて、長谷川伸さんの世界なんだよな」と答えている。「東映職人列伝第1回俊藤浩滋プロデューサーに聞く　僕の撮ってるもんは長谷川伸の世界なんだ」『映画論叢』七号、二〇〇三年、七六―一〇三ページ
(9) 蓮實重彦「「転調」の映画作家　加藤泰『瞼の母』を中心に」（『東映監督シリーズDVD－BOX　加藤泰』解説書、二〇〇六年）
(10) 蓮實はここでは触れていないが、こうした転調のモンタージュとして私たちは、『沓掛時次郎 遊侠一匹』で、おきぬ（池内淳子）がいなくなった空っぽの部屋を呆然と眺める時次郎（中村錦之助）の姿が突然パッと切り替わって、漆黒の闇を背景に牡丹雪が舞う映像となり、続けてカメラがパンダウンしていくと、時次郎が旅籠の一室で自分の身の上を女将に話す長回しシーンへなだれ込む、有名な場面を思い出さずにはいられないだろう。
(11) 長谷川伸『長谷川伸傑作選　瞼の母』国書刊行会、二〇〇八年、一四ページ
(12) 同上、一四ページ
(13) 同上、四六ページ
(14) 同上、四一―四二ページ
(15) 鈴木則文／山根貞男「男と女の情感を謳い上げる画面の力――加藤泰の映画術を語る」注（9）のDVDボックス解説書に所収。
(16) 橋本治が、この看板を描いた経緯については、橋本治『『とめてくれるなおっ母さん』を描いた男の極私的一九六八年」、『新装版　1968年グラフィティ』毎日新聞社、二〇一〇年、一二八―一三七ページ
(17) 山根貞男「故郷への旅――加藤泰再論」（初出は注（6）の『世界の映画作家14　加藤泰　山田洋次』、後に

注（7）の『映画狩り』に収録）。

（18）近年、格差社会論のなかで、股旅ものの再評価の気運があることは注目していいだろう。国書刊行会からの傑作選の発売（二〇〇八年）、雑誌『望星』二〇〇九年二月号における「特集　よみがえる長谷川伸　格差社会に問う、「義理人情」とは何か？」（山折哲雄、縄田一男、朝倉喬司が寄稿する本格的な特集）、そして飯野和好が股旅ものを野菜の擬人化によって描いた絵本『ねぎぼうずのあさたろう』シリーズ（福音館書店、一九九九―二〇〇八年）とそのアニメ化作品（二〇〇八―〇九年、テレビ朝日系列）、さらに小林まことの『劇画・長谷川伸シリーズ』講談社（『関の弥太ッペ』二〇〇九年、『沓掛時次郎』二〇一〇年、『一本刀土俵入』二〇一二年、『瞼の母』二〇一四年）も面白い。

ただし、本章を執筆した直接の動機はこれらにはなく、クリント・イーストウッドの『グラン・トリノ』（二〇〇八年）を見たことにある。この映画は、やくざ性を帯びた強い男が、マイノリティの女・子どもを救うという意味で、股旅ものと言えるだろう。

10 高倉健と消費社会
——転換期の日本映画

1 『あなたへ』という遺作

高倉健の遺作となった『あなたへ』（二〇一二年）は、妻を病気で喪った男が、「故郷の海に散骨してほしい」という彼女の遺書の言葉に従って、富山県から長崎県平戸市の漁港までの長い道のりを、キャンピングカーを走らせるというロードムービーである。妻への思いと寂しい心を抱えながら一人で車を走らせる老年の男という役柄は、年老いた健さんが演じるのになかなかいい役じゃないかと最初は思った。だがやはり、これまでの『駅 STATION』（一九八一年）や『居酒屋兆治』（一九八三年）から『鉄道員（ぽっぽや）』（一九九九年）にいたるまでの、降旗康男監督と高倉健がコンビを組んだ一連の非＝やくざ映画作品と同様に、私にはどうにもしっくりこない。何だか、あまりにすべてが綺麗ごとすぎて納得いかないのである。

例えば、田中裕子が演じる亡妻とのさまざまな記憶が、車を運転する健さんに蘇ってくる場面。刑務所の刑務官である健さんと慰問歌手だった田中裕子との出会い、告白、それに結婚後の日常生活の光景などが回想場面として次々に描かれていくのだが、見ていて呆れるくらい、そこには二人の嫌な思い出というのがない。夫婦として長年連れ添っていれば、感情の擦れ違いで喧嘩することも多々あったはずだろうし、お互いの嫌な面も見てしまっただろうと観客としての私は思う。ところがこの映画では、夫婦のそうしたネガティブな側面はまったく描かれることはない。二人は最後まで、まるで生命保険会社のCMか何かのように、いい夫婦のイメージのままにすぎないのだ。

いや、さすがにそれでは映画としてあまりに薄っぺらになってしまうので、そうした夫婦関係や人間の負の側面は、健さんがドライブの途中で出会うほかの人びとに担わされて描かれることになる。最初に駐車場で出会ったキャンピングカーを走らせる男・ビートたけしは、健さんと同様に妻を亡くした寂しさで放浪生活をしている元高校教師なのだが、やがて車上荒らしの容疑で警察に逮捕されてしまう。次に出会った草彅剛と佐藤浩市の二人組は、全国の地方物産展を回って、「いかめし弁当」を売っている販売員なのだが、草彅は奥さんが浮気しているらしいのが怖くて自宅には帰れないと酔っ払って本音を語り、佐藤は映画の最後になって、漁船の事故で自分は死んだことにして家族から逃げて蒸発しているということがわかる。

だがそのような人間の暗い側面が、高倉健が演じている刑務官自身の人生に折り返されることはない。実は自分も浮気をしていましたとか、罪を犯したことがありますなどと彼自身が語り出す場面があっても決して悪くないと思うのだが、それでは現在の高倉健のイメージに合わないらしいのだ。だから彼は、ただほかの人びとの苦しい人生の話を聞くだけであって、平板なイメージ的存在のまま終わる。だから思わず、これじゃあ『冬のソナタ』のヨン様みたいなものじゃないか、と私は呟いてしまった。二〇〇四年に一大ブームを巻き起こしたヨン様は、過去の初恋時代の甘美な記憶のなかを生きようとする綺麗ごとの恋愛ファンタジーを演じて、日本の年輩の女性たち（おばちゃんたち）の心を捕らえた。それと同様この作品の高倉健は「無口でストイックだが一途なやさしさを持った男」というおばちゃんたち向けのファンタジーを演じさせられているらしいのである。

だがむろん、『あなたへ』の四〇年以上前、一九六〇年代末から七〇年代初頭にかけて、映画スターとしてピチピチとした肌を輝かせていた絶頂期の高倉健はそんな存在ではなかった。彼は東映任侠映画のスターとして、やくざという社会の外れ者を演じていたからだ。むろん二枚目スターである健さんは、竹を割ったようなまっすぐな性格で、悪役たちの極悪非道を耐えに耐えた果てに堪忍袋の緒が切れて殴り込みに出かけるという役柄なのだから、単純に悪人を演じていたというわけではない。しかし、仁義の筋を通そうとするあまりに暴力を振るってしまうという清濁あわせ持った両義的な存在だったからこそ、当時の観客たちが感情移入したことは間違いあるまい。それに何より、そこに描かれた侠客の世界は、男が男に惚れるようなホモソーシャルな世界であったのだから、健さんとはまず何よりも男性観客が憧れるファンタジーの主人公（男のなかの男）であって[1]、妻の思い出に浸るばかりの『あなたへ』の愛妻家からは最もかけ離れた位置にあったと言えるだろう。

だが確かに高倉健はこの四〇年の間に徐々にその俳優としてのイメージを変え、「男のなかの男」と言うべき暴力性を帯びた男性的ファンタジーの主人公から、女性たちの「自己愛的ファンタジー」とでも呼ぶべき物語の担い手を演じられるところまで変貌した。その変貌を健さんの凡庸化として批判することはたやすいだろう。マキノ雅弘の『日本侠客伝』シリーズ（一九六四―七一年）の、映画としての溜息の出るような美しさを前にすれば、『あなたへ』という映画の魅力の弱さは誰が見ても明白である。しかし私はそれでも、ここではあえて任侠映画以降の高倉健にこだわって、彼が自分のイメージをいかに変容させたかを考えてみたいと思う。

なぜならば、その変貌の背景には七〇年代半ばあたりを境目にした、日本社会や日本映画の大きな変容という社会的事実が横たわっているように思うからだ。例えば、テレビのワイドショーに代表されるような市民社会の感覚が、やくざのような暴力性を孕んだ土着的な芸能を徹底的に圧殺し、代わってプチブル的な私生活の感覚が芸能文化を支配するようになったこと（例えば一九七三年の、やくざと関係ある美空ひばりを公共施設から追い出そうとしたメディアの一大キャンペーン）。それによって、女・子どもを中心に私生活で楽しまれるテレビの文化が、公的空間の大衆娯楽だった映画文化を圧倒していったこと。その映画からテレビへの娯楽文化の覇権の移行の渦中にあって、やくざ映画はますます（成人男性向けに）暴力性を増して『仁義なき戦い』シリーズ（一九七三―七四年）のような人間のホンネがぶつかり合う実録路線に転換することになり、マキノ雅弘と高倉健と藤純子らが作り出した、任侠道の情緒的な虚構世界が破壊されたこと。さらにそれと同時に、東映一社だけでなく、撮影所によってプログラム・ピクチャーが安定的に量産される日本映画の産業的構造が崩壊し、代わって一本一本に予算をかけた（テレビでの大量宣伝を含めて）大作路線が取られるようになったこと。

このような日本映画の劇的な転換期の真っ只中にあった一九七五年、東映は今後は高倉健主演の任侠映画は撮らないと発表し、高倉健は東映を辞めることになる。これは決して健さんの意に沿わぬことなどではなく、「同じキャラクター（を）繰り返し繰り返しやって、そして最後には主題歌があって、「死んで貰います」……こうなんか、決められたものがね……これが苦しくなってきたんですね」[2]と言う健さん自身の意志に沿ったものであったことは間違いないだろうが、しかし同時に、俳優・高倉健がそのとき困難な局面に置かれていたことには違いないだろう。マキノ雅弘が作り出したキップのいい着流しのやくざというイメージがあまりに見事なはまり役になってしまったため、製作者も観客もそのイメージ抜きに高倉健を見ることができなくなっていた。だから彼は、やくざ映画という虚構世界から抜け出したときに、どんな役柄を演じていったらいいかが不透明だったのだ。

一九七五年二月二一日の『朝日新聞』は、「男・健さんどこへ行く」という大きな見出しとともに、この東映映画の任侠路線の終焉を報じている。(3) この見出しの文句は、任侠映画全盛期の一九六八年に、橋本治が東大駒場祭のポスターのために『昭和残侠伝』をもじって書きつけた「とめてくれるなおっかさん　背中のいちょうが泣いている　男東大どこへ行く」という名台詞をさらにもじった文句だろう。しかし東映任侠映画を辞めた高倉健にとっては、まさにこうした七五調の台詞を美しいと思うような感受性が日本人の生活から失われていくことこそが難題であったのではないか。(4) 日常生活すべてが消費主義的な洋風のイメージで覆われていくなかにあって、着流しの健さんという時代錯誤のイメージをどのように変貌させていくか。それが彼に課されていたはずだ。

そこで本章では、一九七五年から八〇年にかけて、俳優・高倉健がイメージチェンジに自覚的に取り組んだと思われる何本かの作品を取り上げて、任侠映画の健さんがいかに『あなたへ』のような凡庸なイメージに収まっていったかについて考えてみたい。

2　『幸福の黄色いハンカチ』と『冬の華』

一九七六年から八一年にかけての高倉健の出演作品を公開順に並べてみると、七六年の『君よ憤怒の河を渉れ』（佐藤純彌、松竹）、七七年の『八甲田山』（森谷司郎、東宝）と『幸福の黄色いハンカチ』（山田洋次、松竹）、七八年の『野性の証明』（佐藤純彌、東映配給、角川映画）と『冬の華』（降旗康男、東映）、八〇年の『動乱』（森谷司郎、東映）と『遥かなる山の呼び声』（山田洋次、松竹）、そして八一年の『駅 STATION』（降旗康男、東宝）の八本が挙げられることになる（佐藤は松竹と東映、森谷は東宝と東映、降旗は東映と東宝というように、同じ監督が違う会社の映画を作っていることが、この時代の映画産業の混沌ぶりを示していて面白いが、その話はここでは触れる余裕はない)。

私がこのなかで取り上げたいのが、山田洋次と降旗康男がそれぞれ二本ずつ監督した作品（降旗の二本はともに倉本聰が脚本を書いている）である。佐藤純彌と森谷司郎が撮った四作品も大作路線というこの時代の日本映画の動向を考えるには重要なのだが、あくまでアクション映画や軍隊映画という映画的虚構の世界に高倉健を取り込んだにすぎないという意味では、ここで私が立てた問題からは外れる（ただし『八甲田山』がもたらした「雪」と「制服」というイメージは、その後の健さんを考えるとき無視はできないのだが）。それに対して、山田洋次と降旗康男の撮った、大作ではない四作は、東映任俠映画の虚構的イメージを背負っていた健さんを、もはややくざ映画を古臭いと感じるようになった同時代の社会のなかにどのように収めたらよいかという問題に真正面から対峙していて、いま見ても興味深い。だから私は、これらの作品を通して、この時代の高倉健の道行きを見てみたいと思う。

まずは降旗康男監督の、というよりは脚本家の倉本聰が健さんのために書いた『冬の華』（一九七八年）を見てみることにしよう。倉本聰は、テレビドラマ『前略おふくろ様』（日本テレビ、一九七五年）で深川の料亭の板前の弟子を主人公にするという『昭和残俠伝　死んで貰います』（マキノ雅弘、一九七〇年）のパロディ的世界を作り上げてしまうほど、東映やくざ映画や高倉健の大ファンであったこともあって、ここでも健さんのやくざとしてのイメージを守りつつ、それに現代的な意匠を与えようとしている。だから高倉健に与えた役柄は、あくまで任俠映画の定番どおり、仁義に篤く、まっすぐな性格のやくざである。

そしてこんな筋書きだ。健さんは、一五年前に親分の命令で人を斬って刑務所に入っていたが、仁義のために殺したその男の娘の生活を罪滅ぼしに助けることを生きがいにして刑務所生活を送ってきた（長谷川伸を思い起こさせる）。しかし久々に出所してみると周囲のやくざたちの生活ぶりは大きく変貌していて、彼は困惑して組のなかで孤立感を深めていく。親分はシャガールの絵のコレクションに入れあげ、仲間の一人はカラオケに熱狂し、別の仲間は高級外車に乗っていることを自慢に生きている。そんな仲間たちの消費主義的な浮かれた生活に健さんはついていけない。昔気質で不器用な彼は、だからやくざの世界から足を洗おうかと悩んでいる。しかし仲間の一人が親分を裏切って殺したことを知った健さんは、それが許せないので、結局は仁義を通して再び殺人を犯すしか道はない……。

このように『冬の華』では、善と悪が明確に対立するやくざ映画的な虚構世界が展開される。しかし、この作品の場合は東映任侠映画とは少し違っていて、健さんの周囲のやくざたちは「悪」を体現しているというよりも、むしろ「時代」を体現しているように見えるのだ。健さんは「悪」に耐えているのではなく、ほかのやくざたちの消費主義的な現代風の生き方についていけなくて、その醜さに耐えているといった態である。だからこの映画は、ある種のメタやくざ映画と言えるかもしれない。つまり主人公の健さんは、『昭和残侠伝』の時代から任侠道を背負ってタイムスリップして現代にやって来たものの、時代はすっかり変わって自分の出る幕が失われてしまったので、ただ孤独のなかを生きるしかない男として立ち現れている。

例えば、現代風マンションの一室でカーペットの上に座り込んで電話をしたり、チャイコフスキーのピアノ協奏曲がかかっているクラシックの名曲喫茶に（自分が世話している娘が見たくて）座ったりしている健さんは、ひたすら時代にそぐわない自分自身の孤立に耐えているように見えてしまう。その姿は、まさに俳優・高倉健のそのときの状況をそのまま映し出しているようで、いま見ても悲しい感じだ。同時代の評価も低かった。しかしながら、時代にそぐわないその孤立感こそが格好いいのだというこの健さんの逆説的なイメージは、『あなたへ』にまでいたる、その後の高倉健のイメージの基本型になったように思う。

同じように『幸福の黄色いハンカチ』（一九七七年）もまた、山田洋次監督が、やくざイメージを帯びた健さんを使いながら、それをいかに当時の社会のなかに溶け込ませるかという工夫を凝らした作品だと言えるだろう。山田洋次監督と高倉健の組み合わせは当時は驚いたものだが、いまから考えれば『男はつらいよ』シリーズ（一九六九―九六年）が、やくざ映画の喜劇的パロディ作品として作られ、主人公寅さんは、テキヤというやくざに近しい稼業に生き、仁義を切ったり口上を述べたりしていたのだから、やくざ映画から足を洗った「健さん」が、「寅さん」のように市民社会のなかで「愛される外れ者」として生きてゆくにはどうしたらよいかを描いてもらうのに、山田洋次ほどふさわしい監督はいなかったのかもしれない。

さてでは、『幸福の黄色いハンカチ』はどんな映画だったか。よく知られているが、本作は当時ヒットしていたアメリカのカントリーソングをモデルにして、刑務所から出所した健さんが別れた妻の倍賞千恵子に手紙を出して、もしいまでも自分のことを思ってくれているなら家の前の鯉のぼりの竿に黄色いハンカチを下げておいてほしいと伝え、それを確かめようと不安を抱えながら家に帰るというシンプルなハートウォーミングストーリーだ。ただそれだけではあまりに単純すぎるので、その網走刑務所から出所したばかりの元犯罪者の健さんを、北海道を旅行している東京の若者の武田鉄矢と、彼がナンパした桃井かおりに偶然に出会わせて、不思議な三人組で北海道を自動車旅行して回るという珍道中的なロードムービーの仕立てになっている。

この映画のヒットと高い世評によって、健さんはやくざ映画のイメージから脱却したと見られるようになったのだから、これは極めて重要な作品だろう。では山田洋次はそのイメージチェンジをどのように行ったのか。簡単に言えば、健さんを「やくざ」ではなく、「ふつうの人」として造型したということである。ここでの健さんは、奥さんの流産にショックを受けてヤケになって思わずチンピラを殺してしまったという情けない凡人にすぎない。とはいえ、ただふつうに凡人を演じさせてもやくざの健さんのイメージを引きずっている観客には共鳴してもらえないだろう。だから山田監督は工夫して、最初は観客には健さんが網走刑務所から服役を終えて出てきたところだけ見せて、どんな罪を犯したかは最後のほうまで教えないようにした。すると、そこに見ていてドキドキするようなサスペンスが生まれる。何らかの犯罪で刑務所に入っていた健さんが、いま風の若いカップルのドライブ旅行の隅っこで、ただ黙りこくって座り続けている。そんな健さんにはどこか不穏な雰囲気さえ漂っている。それがいつもの山田洋次的な調和的世界に亀裂を入れているようで実に面白い。

だがこの映画の成功の原因は、そういう設定の面白さだけではないだろう。健さんの相手役を、武田鉄矢と桃井かおりという二人の正統的でない俳優が演じたことが大事なのだと思う。武田鉄矢は、演技などしたことないど素人で、しかも容姿がかっこいいわけでもないフォークシンガーであり、桃井かおりはただふわふわした演技しかしない独特の女優だった。だから二人とも高倉健のまっすぐな芝居に応じるようなリアルな芝居ができない。反対に武田は、下痢をしてトイレに向かって走っていくときの惨めな姿などが似合っている。だからといってそれを見る健さんは、相好を崩して笑うような喜劇的な演技は決してできない。だからある意味で、まっすぐな健さんと曲球的な若い二人はうまく嚙み合っていないのだ。だがその嚙み合わなさを、無骨な中年男といま風の若者の「すれ違い」の喜劇としてそのまま描いたことで、この映画は不思議な同時代的リアリティを獲得したのだと思う。つまりここでは健さんは、やくざのイメージを剝ぎ取られ、しかし現代からは孤立した昔気質のイメージを保持することによって、うまく現代劇のなかに押し込められたのである。

だからこのあとに作られた『遥かなる山の呼び声』（八〇年）と『駅 STATION』（八一年）は、ともにこの『幸福の黄色いハンカチ』が作り出した、元犯罪者として孤立して生きる男という健さんの新しいイメージをさらに推し進める映画だったと言えよう。健さんはもはややくざではなく、暗い過去を持ったふつうの男なのだ。『遥かなる山の呼び声』の場合は、殺人を犯して逃亡中の健さんが黙々と（夫を病気で喪った）倍賞千恵子と息子の二人の牧場仕事を「無法松」のように助けてやるというファンタジー的作品であり、『駅 STATION』では、警察官の狙撃手として強盗犯を射殺して母親に「人殺し」と罵られた暗い過去を持っているため（もはや健さんは犯罪者ではなく警察官なのだ！）、俗世からは孤立して生きている男を演じている。

さらに、この二本の映画ではその前の二本とは違って、ともに倍賞千恵子との恋愛劇が健さんの「ふつう」化計画のために用意されている。『遥かなる山の呼び声』の場合は、倍賞が思いを募らせて「どこへも行かないで」と言って抱き着くといった程度の淡いものだったが、『駅 STATION』における、居酒屋のカウンター席に座った健さんと店主の倍賞との三度のやり取りは、この映画の最も重要な場面として印象的に演出されている。店の隅には小さなテレビが置かれていて、そこから八代亜紀の「舟唄」が三回とも流れてくる。「お酒はぬるめの　燗がいい　肴はあぶった　イカでいい（中略）しみじみ飲めば　しみじみと　想い出だけが　行き過ぎる」という阿久悠作詞の名曲だ。この情感溢れる歌を聴きながら、二人が恋に落ち、最後にはすれ違ってしまうということを表現する悪くないシーンなのだが、しかし同時に、健さんもとうとうここまできたかという思いにもとらわれる。

健さんはここではもはや現代風俗から距離を置いて孤立した男というよりも、歌謡曲という同時代の風俗的イメージのなかにすっぽりと取り込まれているからである。実際この曲がテレビから流れ出したまま、カメラが居酒屋から切り替わって、雪が吹き荒れる北海道の北の果ての小さな港町という紋切型の光景が映し出されると、この映画は何だかこの歌謡曲のイメージビデオのようにさえ思えてきてしまう。つまり、この居酒屋での情緒的な恋愛場面から『あなたへ』の夫婦の平板なイメージまでは一直線につながっていると言えるだろう。

そう考えると、この「舟唄」が流れるのが、一九七九年の大みそかの『NHK紅白歌合戦』や『輝く！日本レコード大賞』という設定になっていることも興味深い。つまりこの場面は、健さんがやくざ映画のイメージから抜け出そうと苦しんでいた七〇年代がとうとう終わって、やがて『あなたへ』に通じるような、時代から取り残された昔気質で寡黙な男というイメージに収まっていくその始まりを示してもいるからである。それはまさに日本社会が八〇年代に入って、日常生活のすべてが広告的なイメージに覆われてしまったポストモダン消費社会のなりゆきと重なっているだろう。その意味で健さんは、日本社会のポストモダン的変容を生き抜くためにこそ、それに合わせて自分のイメージを変貌させなければならなかったのだという感慨を覚える。

3　消費主義社会が終わったあとで

私は任俠映画以降の高倉健が、同時代には嫌いだった。昔気質で寡黙で不器用な男というイメージは、消費主義的な時代のなかをどう生きるかという自分が抱えている同時代の問いを放棄して、美化された過去のイメージにしがみつこうとする後ろ向きの姿勢にすぎないと思っていた。だから今回、七〇年代後半のこうした作品を見直すことに自分で決めたとはいえ、私はずいぶんと身構えた気分で見るしかなかった。

しかし今回見直してみて、私は少しだけ異なった印象を持った。『駅 STATION』の絵葉書のようなイメージはやはり駄目だと思ったが、しかし例えば『幸福の黄色いハンカチ』のなかで自動車の隅っこに黙って座っている、健さんのその孤独さに少し惹かれている自分がいたのだ。若者たちのはしゃいだ様子に合わせることができない中年男・健さんの振る舞いに、少しだけ共鳴してしまった。『冬の華』でも（映画としては駄目だが）周囲の人びとの消費主義的な生き方に乗れない健さんの姿をいいなと思ってしまった。これらの映画における彼の孤独な姿は、果たして世評の言うように「時代遅れ」とか「昔気質」という言い方ですましていいものなのだろうか、と思った。

確かに、一九八〇年代以降のポストモダン的な消費社会にあっては、健さんの寡黙さはただ消費主義的な人びとの生活に背を向けようとする「時代遅れ」で反動的な姿勢に見えたのかもしれない（私自身がそうだったように思う）。しかし二一世紀に入るあたりから、消費主義的な社会のありよう自体が人びとに疑われるようになった。例えば、東京に行って豊かな消費生活を目指すよりも、地元で友人たちとまったりと過ごしていたほうが幸せという、若者たちを覆っているあの気分のことだ。つまり、ポストモダン社会自体が終わったのだと言ってよい。かといって私たちは、一度作り上げてきた消費主義的な社会自体を捨て去ることはできない。だからただメディアや企業が仕掛けてくる消費主義的な戦略に乗っかることもできないままに眺めているしかない。そうなったときに私たちはまさに『冬の華』や『幸福の黄色いハンカチ』の健さんのように、消費主義社会に違和感を覚えながらそれを黙って見ているしかない存在になっているのではないか。

その意味で、ここで見てきたような七〇年代後半の行き場を失った健さんの苦しい道行きは、まさにいまの私にとって他人ごとではないリアルさを持って迫ってきた。健さんが周囲に合わせられないで隅っこで寡黙に座っているあの孤独さは、いま社会の片隅の自室でパソコンを操っている私の孤独さに通じている普遍的な意味を持つのではないか。紋切型の「昔気質で寡黙な男」というイメージの向こう側にそんな普遍的な「孤独さ」を感じていたからこそ、人びとは健さんを支持し続けたのではないか。そんなことを思った。

注

(1) 斉藤綾子「高倉健の曖昧な肉体」、四方田犬彦／斉藤綾子編『男たちの絆、アジア映画——ホモソーシャルな欲望』平凡社、二〇〇四年

(2) 高平哲郎（インタビュアー）「今号のゲスト・スター高倉健」『ムービー・マガジン』第一二号、一九七七年

(3)『週刊朝日　臨時増刊　追悼高倉健』（二〇一四年、六二—六三ページ）に転写されている記事より引用。

(4) 日常生活のポストモダン化と長谷川伸的な股旅映画の問題に関しては、本書第9章「長谷川伸と股旅映画——暮らしの倫理と映画」を参照。

11 日本映画のポストモダン

——鈴木清順、相米慎二、澤井信一郎

1 映画文化のパラダイムチェンジ

「日本映画は生きている」[1]？　だがそのように言うときの「日本映画」とはいったい何を指し示しているのだろうか。日本映画という概念の自己同一性は、それほど簡単に確定しうるものだろうか。私は別段ここで、侯孝賢の『珈琲時光』（二〇〇四年）の場合のように、台湾の監督が日本を舞台にして作った日本語の作品は日本映画と呼べるかどうかといった、映画のナショナリティの問題を提起しようというわけではない。むしろ私はごく素朴に、小津安二郎や黒澤明や溝口健二のような名監督の作品や、京都の撮影所で撮られた無数の時代劇映画や、ゴジラのような怪獣特撮映画や、石原裕次郎主演の日活アクション映画や、薬師丸ひろ子主演の角川映画や、あるいは宮崎駿のアニメ映画までを含めて、日本人によって作られた日本語の映画をごくふつうに日本映画と呼ぶような一般的な常識を前提にしようとしている。

にもかかわらず、いま挙げたようなさまざまな映画作品のDVDがすべて、我が家の近所のレンタルビデオ店の「日本映画」のコーナーに一緒くたに並べられているのを見るとき（作家別や時代別などいくつかの小コーナーがあるとはいえ）、私は何か小さな違和感を持ってしまうのである。それらの作品をひとまとまりに同じ日本映画として、過去から現在までを一直線の歴史で眺め渡すことはあまりに乱暴ではないだろうか、と。レンタルビデオ店だけの話ではない。例えば五〇年代には小津安二郎がいて、六〇年代には大島渚がいて、九〇年代には北野武がいるというような監督中心主義的な日本映画史の記述を読むときも、あるいは東映時代劇があって松竹メロドラマがあって日活アクションがあって、といったジャンル別の日本映画史を読むときも、それらは、映画という「文化」それ自体が担っていた歴史的な意味の変容をどこかで抹消してしまっているように思えて仕方がないのだ。

端的に言って、五〇年代の公開当時に松竹の豪華キャスト作品として高い興行成績を上げていた『東京物語』（一九五三年）と、八〇年代の池袋文芸坐のオールナイトで五本まとめて上映され、ほとんどそっくりの料亭の会話が出てくるポストモダン的作品群として笑いながら消費された小津作品と、現在松竹からDVDボックスで出ているように巨匠小津安二郎の立派な芸術作品として鑑賞されるそれらとでは、同じように人気があったとしてもまったく違う意味を帯びていると言うしかないだろう。それらは同じ映画作品であっても、まったく違う文化的パラダイムのなかで受容され、そのたびに観客に違う意味で受け止められてきたはずだ。

私はそうした文化的パラダイムは受容者だけでなく製作者たちをも支配していたと考えるべきだと思う。つまり八〇年代の小津安二郎作品のポストモダン的な（消費主義的な）受容のありようは、森田芳光『の・ようなもの』（一九八一年）のような表層的な記号性を意図的に狙った同時代の作品と並べたときにこそ見えてくるように思うのだ。監督の才能や個性を通して映画を論じるよりは、映画を製作し、配給し、受容する過程を支配している文化的パラダイムに着目して日本映画の歴史的変容を捉え直すこと。それを私はここで試みたい。

私は決して目新しいことを言っているわけではない。少なくとも、ハリウッド映画に関しては、映画の表現様式の歴史的変化による分類が学問的にさまざまに議論されてきたからだ。私は、その歴史的なパラダイムチェンジの考え方を単に表現様式の問題としてではなく、観客による受容（観賞様式）という問題へと議論を拡張したうえで、日本映画に適用しようというだけである。

では、ハリウッド映画の表現様式の歴史について簡単に復習しておこう。第一に、D・W・グリフィスの『国民の創生』（一九一五年）という国民的話題作が出現するよりも以前の、ストーリーよりも視覚的な魅力を重視して作られた、旅行映画やスラップスティックコメディや連続活劇などの「アトラクションの映画」（トム・ガニング）が支配的だった（サイレント映画の）時代があり、(2) 第二に、グリフィスが出現した一九一五年以降の（より明確には三〇年前後のトーキー化以降の）、ストーリーを重視した、見世物性の弱い西部劇やロマンティックコメディなどの「古典的ハリウッド映画」（デヴィッド・ボードウェルら）の時代があり、(3) そして第三に一九六〇年代末以降の、暴力やセックスや爆破シーンなどの視覚的効果を売り物にした「ニュー・ハリウッド映画」（トーマス・シャッツ）の時代がある。(4) それぞれの概念の当否に関してはさまざまな議論があるとはいえ、ハリウッド映画が一直線の歴史によって構成されてきたわけではなく、表現様式の変化（一九三〇年代と七〇年代）によって三つの時期に分けられることは、ある程度認識が共有されてきたと言えるだろう。

しかし、日本映画の場合はどうだろうか。ハリウッド映画やヨーロッパ映画との特徴的差異に関しては繰り返し議論されてきたのだが、(5) 日本映画それ自体がいかなる表現様式の歴史的変化を被ってきたかは、西欧ではむろんのこと日本でもほとんど論じられてこなかったように思う。しかしむろん、日本映画に関してもほぼハリウッド映画と同じように三〇年代のトーキー化のあたりで同じような表現様式の変化があったことは明白である。例えば、二〇年代後半の激しい立ち回りのモンタージュが目を奪う伊藤大輔の時代劇が「アトラクションの映画」であり、三〇年代における山中貞雄のリズミックで透明なモンタージュが叙情的な感動を呼び起こす作品が「古典的ハリウッド映画」にあたることは間違いないだろう。これはほとんど議論されていないとはいえ、(6) 古典的な物語映画の表現様式のグローバル性として前提にできるはずである。

しかし、難しいのは古典期からニューハリウッド映画への変化に相当する時期に日本映画の表現様式や鑑賞様式に何が起きたかという問題である。六〇年代の松竹ヌーヴェルヴァーグ運動の監督たちが、映画会社の外で独立して新しい表現様式を模索したにもかかわらず、その動きは日本では映画界全体の大きな流れになるというよりは、ATGのような前衛的なアートフィルム作品（独立プロ作品）と東映任侠映画のようなプログラムピクチャー（古典的映画）という棲み分けをすることで収まってしまった。その結果、この前衛映画と大衆プログラムピクチャーがともに凋落する七〇年代以降の映画表現の多様性を捉えるような大きなパースペクティブ（つまり「ニューハリウッド映画」にあたる「ニュー日本映画」のような）が提案されてこなかったように思う。

もしかしたら七〇年代の日活ロマンポルノと東映の実録やくざ映画という撮影所時代の作品群は、性や暴力をめぐる視覚的効果を狙った作品としてニューハリウッド映画的と呼べるかもしれない。しかし八〇年代になってこれらの撮影所路線が崩壊してしまうと、あとはただひたすら鈴木清順、大島渚、森田芳光、相米慎二、北野武といった個性的な監督が次々と個性的な作品を作ってきただけであるかのようなのだ。そこには古典的映画からニューハリウッド映画へというような表現様式の歴史的変容を捉える考え方が不在である。

だから私はそこに「パーソナル化」という概念を導入したいと思う。一九八〇年前後に日本映画では、表現様式が「古典的」なものから「パーソナル」（個性的）なものへと変容が起きたと考えるのだ。八〇年以前には、映画とは大きな資本を要し、大衆に見せて資金を回収する産業的集合芸術のことだと考えられていた。だからそこで表現される物語もまた、忠臣蔵や股旅もののような東映時代劇にせよ日活ロマンポルノの団地妻シリーズにせよ、日本人に集団的に共有されるような夢や神話の世界でなければならないと信じられていた。だからフランソワ・トリュフォーの言うような私的な表現としての「自伝的映画」が撮影所映画には入り込む余地はなかった(7)。

しかし一九七〇年に始まった映画産業の倒壊により、映画会社は助監督採用をやめたため、映画を作りたい若者は家庭用の八ミリフィルムや一六ミリフィルムで自ら作品を作るようになった。それが一九七〇年代後半から八〇年代前半にかけて起きた「自主映画ブーム」であり、そこから映画で表現される物語は必ずしも、集合的な夢の形象としてのアクションやセックスではなく、アクションやセックスに関わるような、私的で個性的な感情や気分であることが可能になった。そのようなところに日本映画の新しい表現様式の可能性が開けたと言えるだろう(8)。

だが私はこの問題を単に映画表現の問題として考えたいわけではない。むしろ私は、ここで映画という文化それ自体が日本社会の暮らしのなかで持つ意味が変化したと考えたいのである(9)。八〇年以前に映画という文化は日常生活から遠いところにあって光り輝いていた。それがアメリカ文化への憧れという形にせよ、石原裕次郎や中村錦之助や美空ひばりや吉永小百合といったスターへの憧れという形にせよ、映画を見る体験とは何よりも観客たちのいまここの貧しい生活を忘れさせて非日常へと離脱させてくれる力を持つものとして受容されていた。

しかし六〇年代以降の日本人の生活様式の変化（電気製品の購入や生活の個室化）は、いまここでの暮らしをその映画のようなイメージ世界に近づけた。そのなかで映画という文化の持つ超越的な夢の力は失われ、映画は個々の作者が自らの内面を表現する手段へと変化していった。それが一九八〇年代の初頭に映画産業の構造的変換をきっかけにして、一挙に個性的な作品群が出現したことの歴史的背景と言えるだろう(10)。

つまり映画表現のパーソナル化は、日本人の暮らしのイメージ化・パーソナル化によって起きた。こうした映画文化を含む人びとの生活様式の変化をポストモダン化と言ってよいだろう。日本映画は日本人の暮らしのポストモダン化に適応する形で、私的で個性的な表現へと変化したわけだ。いまもその過程は進行中である。日本映画はますます私的な表現として研ぎ澄まされているように思う。しかしそれはある意味では、映画が社会的な表現としての訴求力を失ったということでもあるのではないか。そしてそれは本当に「日本映画」と呼べるのだろうか。もしかしたら私たちがかつて知っていた日本映画はすでに死んでしまっていて、私たちはその亡霊を見ているにすぎないのではないか。

私は以上のような問題意識を念頭に置きつつ、これから一九八〇年前後に起きた、日本映画の第二のパラダイムチェンジを見ていきたいと思う（当時、「日本映画のニューウェーブ」と呼ばれた）。それは単に日本映画史を全体的に俯瞰することを目的にしているわけではない。むしろ私は、八〇年代という日本映画の転換期を見直すことを通して、ありえたかもしれない別の可能性を想像してみたいのである。撮影所が育ててきた古典的な日本映画は、ポストモダン化によってパーソナルな文化へと変容した。それはイメージ化した社会のありようを映画作品がなぞったにすぎないとも言える。だが本当は、日本映画はいまここの暮らしとは違う、別の社会を夢として描く可能性を持っていたのではないか。それを捨ててしまったために、批評・分析する側もポストモダン的な映画をそう名指す責任から逃げてきたのではないか。つまり私がここで目指すのは、ポストモダン映画を名指すことによってそれを批判し、映画文化の別の可能性を開くことである。

2　『ツィゴイネルワイゼン』、暮らしから離脱した映画文化

一九八〇年代は鈴木清順の『ツィゴイネルワイゼン』（一九八〇年）騒動とともに始まったと言えるだろう。この映画は作品として優れていたというだけでなく、自主製作映画にもかかわらず衣装や照明などに予算をかけて製作され、映画会社直営の映画館では上映できないので可動式のドームを使って各地で上映し、それまで日活アクション映画のマイナー監督として（一部の熱狂的ファン以外に）評価されなかった鈴木清順を一躍ユニークな監督として社会的に認知・評価させる（『キネマ旬報』ベストワンなど）など、さまざまな意味で日本映画の従来のパラダイムを突き崩し、その後のポストモダン的日本映画の文化を切り開く契機になった。(11) と同時に、「映画という文化」がそれ自体で充足した記号の世界であり、それが日本社会の暮らしへの批評となりえないという、新たな映画文化の問題の始まりでもあった。だから私はここで清順美学がどうこうという従来の批評家たちの視点からではなく、一九八〇年前後に起きた日本映画のパラダイムチェンジを象徴する作品として本作を取り上げたいと思う。

『ツィゴイネルワイゼン』は最初、一九八〇年の四月に東京タワーの駐車場に建てられた仮設ドームで上映された（その後映画館でも公開された）。監督は、難解な映画ばかり撮るという理由で日活を一九六七年に解雇され一部の熱狂的なファンのみに支持されてきた鈴木清順であり、内容は内田百閒の短篇を原作にして、大正時代のドイツ語教師を主人公にした、誰が生きていて誰が幽霊なのかさえ明確にはわ

図1　『ツィゴイネルワイゼン』が上映されたドーム，「シネマ・プラセット」
出典：『ユリイカ』2017年5月号，青土社，159ページ

からない不思議な怪奇談であった。マイナーな監督が撮った難解な映画作品が、テント小屋のような変わった場所で一館だけの公開をするという、この映画を取り巻く状況はどう考えてもアングラ的なあるいはカウンターカルチャー的なものだったと言えよう。実際映画業界誌の『キネマ旬報』は公開時に何の特集も組んでいない。いわばこれを黙殺したのだ。ところが、若者たちは、この仮設ドームでわけのわからない映画を見るという体験を、お洒落なイベントに参加できるという感覚で肯定的に受け止め、本作は予想外のヒットをした。

このお洒落なポストモダン的映画消費の感覚は、『ツィゴイネルワイゼン』の内容とも密接に結びついている。本作は大正時代の日本を舞台にしている。しかし大正時代の都市的な風景をセットで再現するのは自主映画の条件ではとても困難だからという理由で、現実の邸宅、橋、江ノ電、お寺の境内などを利用しながらロケーション撮影で作られている。もしこれが旧来の撮影所映画であれば、必ず大正時代風の都市風景を再現したセットを作って、それらしい雰囲気のなかで撮影したであろう。ところがここでは、予算の制約のために、いかにも大正時代だというセットを作らなかった。しかも原田芳雄、藤田敏八、大

谷直子、大楠道代は衣装こそ大正時代風だが、まるで現代の映画であるかのように、極めてなまなましく怪談を演じている。

ある種の時代劇なのに時代劇らしくなく、怪談なのに怪談らしくないリアルな映画。かつて撮影所で製作された時代劇や怪談が、最初から観客がそれらしく見られるような社会的に共有された様式を持って演出されていたとするなら、本作は、そのいかにも大正期だとか、いかにも怪談だとかいう様式性を排除したところで、鈴木清順独自のパーソナルな映画表現が試みられていた。だからこそ多くの若い観客はそれまで見慣れていた、日本映画の伝統的な様式性とは違う清順独特の映像世界をそこに見て楽しんだのだと思われる。仮設ドームという上映環境も、そうした新しい映画文化を体験するのにふさわしい装置となっていたと言えるだろう。

しかし、その『ツィゴイネルワイゼン』独特の美学的魅力こそが、同時にこの映画の危うさにもなっていたといまとなっては思う。この映画は（さらに言えば、『陽炎座』（一九八一年）、『夢二』（一九九一年）とあわせた大正浪漫三部作は）、それが製作され、受容される同時代のポストモダン社会に対してどのように批判的距離を置こうとしていたかがもう一つ見えないからである。それはいまから見ると、どこかポストモダン社会に沿った、浮世離れしたイメージ世界に見えなくもないのだ。

むろん何も私は怪談映画が社会批判的であるべきだなどという野暮な話をしたいわけではない。しかし同じ清順の日活時代のアクション作品は、単なる娯楽ギャング映画でありながらそこに込められた社会常識への批判性が明らかだったように思う。例えば『東京流れ者』（一九六六年）であれば、観客が映画に期待する「走る」というアクションのイメージが、いかに映像によって仮構されたものにすぎないかが繰り返し暴かれていた。ふつうのアクション映画では、登場人物が走り出して、彼がその画面外へと走り出すところまで捉えたカットがまずあり、次に走っている途中の姿を示したカットがあり、最後にカメラが到着地点にいて、彼が画面に駆け込んできて立ち止まる場面が捉えられる。すると私たちは、そこに彼が目的地に向けて走ったというアクションを見た気になるのである。

ところが清順映画では、画面外に向けて人物が走り出すと、次のショットでは、いきなりすでに目的地に到着して立ち止まっている人物の大アップへとつなげられる。そうすると観客は、唐突に運動が止まって自分の視線がつんのめってしまうような奇妙な感覚に襲われてしまうのだ。つまりここでは観客が、自分が通常の映画で見ていた「アクション」が、アクションそのものではなく、モンタージュによって仮構されたアクションだったことを思い知らされるのである。

むろんこのとき清順は、独自の清順美学を意図的に探求していたわけではないだろう。社会的に共有されたアクションのイメージを批判的に相対化することで、彼独自の表現を獲得していたにすぎないはずだ。逆に言えば、社会的に共有されたアクションのイメージを骨抜きにするというやり方で清順は社会と距離を取りつつ戯れていたとも言える。少なくとも映画観客と清順作品の間にはそのような社会的な関係が存在した。

むろん先述したように、『ツィゴイネルワイゼン』もまた、大正時代や怪談映画に関するほかの映画の様式性＝社会的イメージと距離を置いた映画という意味で、かつてのアクション映画と同様に社会批判的であったことは間違いない。しかし同時にこの映画は、まるでそれ自体が自立した美的イメージの世界であるかのように、私たちの日常的な暮らしと関係ない宙吊り感を持っていたように思えてならないのだ。映画館ではなく、仮設ドームで見るという環境も、その現実感の希薄さを補強していただろう。それはつまり、ポストモダン社会が日常生活から離脱した空虚なイメージによって現実を覆おうとしていたという歴史的状況に、この映画がぴたりと適合していたからである。日活時代の清順が、人びとが暮らしのなかで憧れている石原裕次郎らのアクションを基にしながらそれに揺さぶりをかけることで日常生活批判になっていたとするならば、八〇年代の清順映画はそのような日常生活批判としての契機を失ったところで、人びとの日常生活を空虚なイメージ商品で埋め尽くしたいという欲望に応じてしまったところがある。

このような清順美学の問題は同時に、この時代から始まった蓮實重彦的な映画批評の隆盛の限界点をも形作ってしまったように思う。映画の奥底に監督の観念的メッセージを読み取ることよりも、画面の表面で何が具体的に演出され何が起きているかを問題にする蓮實重彦の、いわゆる表層批評的な、あるいは主題論的な分析は、一九七九年に続けざまに出版された二冊の著書（『映像の詩学』、『映画の神話学』）や『話の特集』連載の読点のない長い時評文の圧倒的な迫力によって、当事広く浸透しつつあった[12]。それは映像という表現が持っている具体性をくくり出す意味で、それ以前の映画批評に共有されていた、抽象的なメッセージとして映画を読解する態度と鋭く対立する優れた批評だった。彼の批評は、山田宏一、山根貞男、上野昂志といった同伴者の批評とともに、日本映画をいかに見るか、いかに作るかということに大きな影響を与えたと言えるだろう。黒沢清、青山真治、周防正行、万田邦敏といった彼の教え子のなかから生まれた監督たちは言うまでもなく、映画上映に関わる人びとに対して彼は決定的な影響を与えて八〇年代以降の日本の映画環境を大きく変えていった[13]。

だが蓮實らが六〇年代から支持してきた鈴木清順の『ツィゴイネルワイゼン』が、人びとの暮らしを批判する契機を失って、ただの美しいイメージとして消費されてしまったように、蓮實重彦流の画面にこだわった映画批評もまた、映画を私たちの暮らしや社会とは無関係な美的イメージとして扱っているかのように誤解されてしまったとは言えないだろうか。映画作品の社会性やメッセージ性を安易に読み取らないという蓮實らの厳格な姿勢は、画面上に刻一刻と推移するイメージをそのまま具体的に受け止めようとする身体的な身振りであったという意味では、暮らしのイメージ化（ポストモダン化）に抵抗するための身体的闘争だったと思うのだが、実際にはそうやって映画の画面に徹底的にこだわって見るという姿勢が、暮らしとは無関係に映画の細部を見て楽しんでいればよいという消費主義的なメッセージとして一般的には受け止められてしまったところがある。

実際、蓮實的な映画批評の隆盛がもたらしたのは、ミニシアターにおける回顧上映（レトロスペクティブ）という上映方式である。八〇年代には、フィルムセンターにおける、D・W・グリフィスやジョン・フォードや小津安二郎といった過去の巨匠の特集のみならず、ぴあフィルムフェスティバルにおけるフランソワ・トリュフォー、ルイス・ブニュエル、アテネフランセ文化センターにおけるダニエル・シュミット、山中貞雄、ドイツ文化センターのライナー・ヴェルナー・ファスビンダーやヴェルナー・ヘルツォークやヴィム・ヴェンダースなどさまざまな監督の大規模な回顧上映が盛んに行われた(14)。これらのイベントの参加者は、ある映画作家の諸作品を集中的に見るわけだから、封切映画のように、ある時代の気分を製作者と共有して見ることができない。むしろ八〇年代の歴史的・社会的状況とは無関係に、ただ純粋に映画を見るという鑑賞形式が観客には要請される。むろんそれ自体は何ら悪いところはないのだが（文学作品だって私たちは文庫や全集でまとめて読むだろう）、映画という文化が、それ以前とは違って同時代の暮らしや社会から切り離されたイメージの体験として自律化する契機を与えてしまったのだ（むろんそれは八〇年代におけるレンタルビデオ店の隆盛とも一致する）。

そのときに失われた映画文化とは何か。村上知彦は『ぴあ』などの情報誌の隆盛によって映画がいか

に変容したかを次のように論じている。(15)

昼間、いろいろ楽しいことや、めげること、腹の立つことがあって、そんな一日を丸ごとかかえて、夕暮れ時の映画館へもぐりこむ。そして映画を観ながら、あの役者は今日会った誰それに似てるなとか、そうかあの時はこうすりゃよかったんだとか、そういえば今日誰かもこのセリフとおんなじようなことを言ってたなあとか、身の回りのさまざまな出来事のことを考える。〝映画を観る〟というのは、ぼくの場合、要するにそういうことだ。

ここで示されている村上の映画鑑賞のありようは、まさに暮らしのなかに根ざした映画体験そのものだと言えよう。映画を見ることが、映画というイメージそれ自体の問題に還元されるだけでなく、観客の暮らしのありようと想像世界で混じり合いながら、何がしかの経験として定着しているからだ。逆に言えば、ここでは観客が映画というイメージと向き合うことを通して、自分の生活のなかで抱えている喜びや悲しみと違う形で出会い直されている。それが映画と暮らしが交差するような映画文化の豊かなありようだとすれば、『ツィゴイネルワイゼン』やレトロスペクティブ上映の経験は、映画鑑賞のなかからそうした自分自身の暮らしから生まれる感情のありようを排除して、記号とイメージの体験として映画を純粋化させるような経験だったと言えよう。その純粋化を通して私たちは、映画とまっすぐに向き合えるようになったのかもしれないが、しかし同時に、自分たちが生きることのなかで抱えている感情といかなる意味で映画が結びつくのかという問題の立て方を見失ってしまった。その意味で間違いなく、映画は記号とイメージを消費する文化としてポストモダン化したのである。

3　『ションベン・ライダー』、身体に還元されたイメージ

ではそれ以前の日本映画にあって、映画と暮らしが結びつくとは、どんな事態だったのだろうか。むろんそれは、ミニシアターの上映日時を情報誌でチェックしてから見に行くようなポストモダン的な鑑賞態度ではなく、繁華街に出かけて看板を見ながらその日の気分に合わせて、時代劇だの西部劇だのやくざ映画だのニューアクションだの恋愛映画だのを適当に選んで見るような経験だったと言えるだろう(16)。ジャンルごとに映画はだいたい決まりきったパターンの物語でできているのだから、現代のように「ネタバレ注意」などという心配もなく、映画館は途中入場して途中退出することがふつうだった。そのような映画鑑賞の形式が変わって全回入替制で途中入場禁止を規則にした最初の映画館は、八一年開館の新宿のシネマスクエアとうきゅうであったから（むろん情報誌の発達が前提となっている）、やはり映画文化の変容がこの八〇年代初頭にあったことは間違いない。

しかし私がここで問題にしたいのは、そうした映画鑑賞様式の外在的変化ではなく（それはそれで非常に大事な問題なのだが）、それが実際の映画作品の内容とどのように結びついていたかという内在的変化の問題である。ぶらりと入場できる映画館から途中入場禁止の映画館へと鑑賞様式が移行するなかで、日本映画の表現様式がどのように変化したかを考えてみたいのだ。それが先述した「パーソナル化」のことなのであるが、ここでもう少しそれを詳しく見てみたいと思う。いささか大胆に言ってしまえば、七〇年代の（パーソナル化以前の）日本映画は、暴力映画（『仁義なき戦い』などの東映の実録やくざ映画）とポルノ映画（日活ロマンポルノ）という「身体」に対する攻撃性を特徴とする、二つのジャンルを代表的な表現様式としていたと言えるだろう。

この二つのジャンル映画は、それ以前の古典的な映画のように輝けるスターの能動的なアクションや

恋愛を見るための映画ではなかった。石原裕次郎が長い足を蹴り上げてチンピラヤクザたちをやっつける姿の美しさに感動したり、高倉健が我慢の果ての殴り込みで敵方やくざの親分を斬り倒すのに「健さん」と声をかけつつ陶酔したり、イングリッド・バーグマンとケーリー・グラントがキスする大写しの画面にうっとりした気分になったりするのと、ここでの映画の楽しみは決定的に異なっている。『仁義なき戦い』シリーズでは、大部屋出身の地味な役者たちが、受動的に暴力を振るわれたり、みっともない姿を晒したりしなければならなかったし、日活ロマンポルノでは、主演女優たちは裸になって男の愛撫に喘ぎ声を上げるという惨めで恥ずかしい姿を晒さなければならなかった(17)。いずれにせよ、これらのジャンルでは、観客が共鳴すべき主演俳優たちは、アクションを振るうカッコいい側にではなく暴力を振るわれるカッコわるい側にいるのだ。

つまり、六〇年代までの古典的映画が人びとに現在の暮らしから飛び出したいと想像させるような超越的な夢の力を持つものだったとするならば、反対に七〇年代の映画文化は、観客が暮らしのなかに抱え込んでいる身体感覚を揺さぶられるようなものへと内向していたのである。確かにこれらの映画は、女性と子どもをテレビに取られてしまったあとに、映画産業が成人男性をターゲットにして生き延びることを図った、性と暴力の過激な表現を際立たせた特殊なジャンルにすぎないとも言える。しかし六〇年代末以降のアメリカン・ニューシネマが、同じように主人公たちの惨めな自滅を被虐的に描いていたことを考えても、それはこの時代に起きた、グローバルな映画表現様式の変化の一部だったと言えるだろう。暴力と性を能動的な主体の側からではなく、そのアクションを受動的に受け止める側の感情において捉えること。それは、私たちの暮らしが消費主義によってイメージ化しつつあった歴史的状況のなかで、その生活状況を身体感覚の側から批判するような表現様式にもなっていただろう。

では、こうした七〇年代における俳優の受動的身体を通した映画と暮らしの結びつきは、八〇年代の「パーソナル化」のなかではどのように変化したのだろうか。性と暴力に関する映画ジャンルは、レンタルビデオにおけるアダルトビデオとホラービデオの隆盛によって代替されてしまった（映像受容のパーソナル化）。しかし映画は新たな受動的身体の素材として「子ども」（＝アイドル）を発見したと言えよう。七〇年代までのアイドル映画は、それが美空ひばりのものにせよ山口百恵のものにせよ、アイドルのメディア上のイメージをなぞる顔見世興行的なものにすぎなかった。それに対して七〇年代半ば以降に角川映画が生み出した薬師丸ひろ子、原田知世、渡辺典子らを主演としたアイドル映画は、彼女たちの演技があまり上手くなかったからこそ、逆にアイドルの不器用な「身体性」が画面から浮かび上がるような、個性的なタイプの作品に仕上がって注目を浴び、八〇年代日本映画の主流を占めていく[18]。

そうしたなかでも相米慎二によって作られた一連のアイドル映画は、彼女たちにアイドルらしい可愛らしいイメージや演技を一切させず、不器用な「身体性」を徹底的に探求するという意味で、七〇年代の被虐的な暴力映画やポルノ映画を受け継ぐような映画表現だったと言えるだろう[19]。

例えば、薬師丸ひろ子主演のヒット作『セーラー服と機関銃』（一九八一年）の有名な場面、彼女がセーラー服姿のまま組員とともに敵方に殴り込んで機関銃を周囲に撃ち放し、「快感！」とつぶやく有名な場面を思い起こそう。ここで薬師丸は決して、ヒロインのカッコいいアクションとして機関銃を撃つのではなかっただろう。彼女はまるで機関銃の重さに振り回されているかのように、身体を回転させながらぎこちなく機関銃を撃ち、それから、何とか重大事をなしとげてほっと照れ笑いを浮かべるかのように「カ、イ、カ、ン」と言ったのだった。つまりこの映画では、女子高生組長を演じようとしても演じきることができない不器用な薬師丸ひろ子の身体性を、ある種のなまなましさとして表現したのであ

図2 『ションベン・ライダー』（相米慎二，1983年）

る。だから薬師丸ひろ子は、ＳＭポルノ女優のようにクレーンで吊り上げられて泥だらけになるようなみっともない身体を露呈させるのだし、そこにこそ幼い観客たちはときめいたのだと思う。

相米慎二は、さらに俳優たちにぎこちない身体性を露呈させることを、『ションベン・ライダー』（一九八三年）や『台風クラブ』（一九八五年）などで、徹底的な長回しを使いながら展開させていった。やくざの麻薬取引事件に中学生が巻き込まれるという物語で構成されている『ションベン・ライダー』は、そのような物語を観客がよくわからないまま、ロングショットで捉えられた主役の三人の河合美智子、永瀬正敏、坂上忍が互いに区別のつかない三つの肉体の塊として、ひたすら叫んだり走り続けたりしているかのような映画だった。

とりわけ素晴らしいのは、貯木池に並べられた無数の丸太の上を、追いかける側と追いかけられる側が、大人か子どもか、男性か女性か、やくざか素人かという区別をすべて無効化するかのように四方八方に駆け回り、組み合い、撃ち合い、そして全員が繰り返し水のなかへと転落してしまうのを横移動のカメラが捉えた場面である。ここでは登場人物全員が薬師丸ひろ子になってしまったかのように、それらしい演技をする権利を奪われて、ひたすら池の上を走っては転落してしまうような脆弱な身体性を露呈させている。

むろんそのような役者たちの脆弱な身体を見ることを通して私たち観客は、高倉健を見て自分が強くなったかのような気分になるのとは正反対に、暮らしのなかの自分たち自身の身体の不器用さや弱さに気づくように促されていたのだろう。役者たちがおろおろと丸太の上から水中へと落下するのを見るとき、私たちは自らも想像のなかで落下していたのだ。そこにこそ相米アイドル映画を見ることの「快感」があったはずだ。その意味で八〇年代アイドル映画は（ほかの監督の映画はここまで自覚的ではなかったが）、メディア上の空虚なイメージとしてのアイドルを利用しながら、それを私たちの暮らしのなかの弱い身体と結びつけることに成功していたと思う。

しかし相米がそのように、アイドルや役者の身体を苛め抜いて、ある種の身体的運動の速度感だけで映画作品を構成するのに成功したとき、観客には正反対の感覚が生まれてしまったことも確かだ。これまで相米作品を論じてきた批評家の誰もが「長回し」という言葉を使ってきたように、私たち観客は、単にそこに映し出された不器用な身体に共鳴するのではなく、むしろその不器用な身体を捉えている側の、長回しのロングショットのほうを意識してしまうのである。そのようにカメラの視点（監督の視点）から相米映画を見たとき、そこは役者たちが自由にフィクションを演じることを禁止され、ただ無意味に振る舞うことしかできない息苦しい不自由な空間であるかのように見えてしまう。その意味で、相米映画はアイドルの身体的魅力を露呈させる映画であると同時に、彼が長回しの美学を追求したパーソナルなアート作品にも見えてしまうのだ。

つまり角川映画が発明したアイドル映画は、子どもを中心とした新しい観客層に向かって、彼らが家庭や学校の暮らしのなかで持て余していた身体的欲望と共振させるような新しい映画文化を発明したのだが、そうした不自由な身体性の表現を徹底的に追求することは、『ションベン・ライダー』のように、そのままアートとしての閉じた意味を帯びてしまうような作品を生み出してしまった。[20] その意味で、それは『ツィゴイネルワイゼン』と同様に、映画が日常生活の外にある純粋な記号表現であるというポストモダン的な枠組みを作り出してしまったと言えるだろう。

4　『Wの悲劇』、メディアという現実

つまり八〇年代の映画作品群は、古典的な映画文化が持っていたようなイメージとしての様式性を徹底的に破壊する方向に向かっていった。怪談映画らしい恐怖を描いた怪談映画や子どもらしい可愛らしさを描いたアイドル映画ではなく、映画というイメージ自体が持っている迷宮性が恐怖として探求されたり（『ツィゴイネルワイゼン』）、型にはまった演技を禁じられた役者たちの脆弱な身体性が表現されたり（『ションベン・ライダー』）した。それらの作品は、私たちの日常世界のちょっとした裂け目に生じる恐怖心や、私たちが暮らしのなかで感じる身体の不器用さを改めて喚起させるという意味では、古典的な映画文化などよりも、はるかに私たちの暮らしのなかの身体感覚に揺さぶりをかけた傑作と言えるかもしれない。

しかし同時に、社会的に共有されたイメージの様式性を覆そうとするこうしたモダニズム的表現は、どうしても監督個人のパーソナルな美的感覚を探求した作品に見えてしまうのだ。その意味では八〇年代の優れた映画作品は、私たちの暮らしとの結びつきを失って、純粋な記号とイメージの体験として自律化していったように思う。映画を見るという経験自体が、暮らしの営みからは切り離された一種のオタク的経験へと変化していったのである。こうした映画文化のポストモダン化に際しては先述したよう

に、映画作品を社会的意味から切り離して、画面の表層を読み取らせるようにした蓮實重彥的な映画批評や、暮らしから切り離されたイベント的な映画鑑賞を可能にしたミニシアターなどの鑑賞条件も大きな役割を果たしただろう。

ではそのとき、ポストモダン的な映画文化が暮らしと結びつくような別の可能性はありえたのだろうか。むろん私は、あったと考えている。実はポストモダン期の日本映画は、暮らしをポストモダン化させたいという同時代の人びとの率直な欲望自体を描ききれなかったために、逆に暮らしとの結びつきを失ったように思うからだ。日本人の暮らしは、六〇年代以降、テレビを中心としたメディア文化の力によって記号化し、イメージ化していった。例えばアメリカのホームドラマのような生活をしたいという人びとの欲望が、システムキッチンやダイニングテーブルや洋風の内装や自動車の所有を求めさせた。八〇年代とはまさにそうした欲望を実現するかのように、人びとが大量の商品を買い込んで自分たちの生活をイメージ化（アメリカ化）した時代だった。

それに対して先の八〇年代の映画作品は、そのような暮らしのポストモダン化に抵抗しようとするかのように、大正時代という反時代的な設定（『ツィゴイネルワイゼン』）やアイドルという不器用な身体（『ションベン・ライダー』）を求めたのだと言える。しかし、彼らはイメージ化に抵抗するにあたって、イメージ化する社会そのものを捉えることを回避してしまった。しかし本当は映画というメディアもまた、そのような暮らしのイメージ化の欲望に関わっていたのではないか。誰もがハリウッド映画を見て、あんな生活がしたいと思い、いまここの生活から離脱することを夢見た結果としてポストモダン的な大衆消費社会は実現したのだ。とするならば、映画文化は、そうした暮らしのメディア化という欲望を何らかの形で描き出すべきではなかったのだろうか（むろん森田芳光や伊丹十三がそれぞれの視点からそれを試みたのだが、彼らの作品もまた社会批判というより個性的なアート作品として社会的には回収されてしまった）。

例えば、『ションベン・ライダー』のラスト近く、誘拐事件が解決した瞬間に主役の子どもたちが、自分たちの置かれている息苦しい状況（思春期）から想像的に飛び出そうとするかのように、近藤真彦のヒット曲「ふられてBANZAI」を振り付きで「バンザーイ、バンザーイ」と熱唱するとき、私が感動するのは、それが単に彼らの身体の躍動性という反＝メディア的表現として優れているというにとどまらず、彼らがメディア上のアイドルが歌う姿に憧れて、アイドルの身振りを模倣することを通して、いまここの息苦しさから抜け出そうとしているからだろう。その意味でこの場面は、メディア・イメージとともに暮らしながら、なおメディア・イメージを突き抜けて人間が喜びとともに生きていく可能性を指し示しているように思う(21)。それが映画というメディア・イメージが、メディア化される社会の批判と関わる唯一の契機だったのではないか。

こうしたポストモダン社会におけるメディア・イメージからの解放という愚直な問題に最も肉薄していた作品として、澤井信一郎監督の『Wの悲劇』（一九八四年）を挙げることができるだろう。この映画で描かれているのは、端的に言えば、メディアに向かって嘘を演じることとの喜びである。相米慎二によって嘘をそれらしく演じることを禁じられていた薬師丸ひろ子が、反対にここでは舞台女優の卵という役柄を割り当てられて、女優として演じる喜びを体得していく過程がドキュメントのように描かれる。それは消費社会のなかで、自分自身の暮らしを美しくイメージ化しようと商品を買い込みながら、そのイメージに振り回されてイメージを演じることとの喜びを忘れかけていた私たち消費者に、その原初的な喜びを思い起こさせる試みだったように見える。

むろん本作は、彼女の演技する喜びを単純に描いているわけではない。彼女のうまく演じたいという欲望は、劇中劇としての「Wの悲劇」のなかに押し込められているからだ。その舞台には、本格的なセットがあり、美しく変転する照明があり、サティの音楽が鳴り響き、男からナイフを抜き取って血を浴びる薬師丸ひろ子の背景で紙吹雪がひらひらと美しく舞い散る見せ場があり、「私、お父様を殺してしまった」という絶叫芝居がある。劇中劇の演出家役でもある蜷川幸雄がたくみに作り上げたこのポストモダン的とでも言うべきイメージ過剰の芝居は、この映画のなかではわざとらしい芝居として批判的に自己言及され、映画の物語構造上も、薬師丸ひろ子がスター女優役・三田佳子の愛人スキャンダルの身代わりになることで役をもらうという二人の関係性の絵解きとして利用されるばかりだ。

つまり、本作のクライマックスは演劇それ自体ではなく、有名な記者会見の場面、つまりは舞台上ではなく現実のレベルで薬師丸が嘘を演じる場面ということになるだろう。三田佳子の身代わりに、自分が会社重役の愛人だったという作り話を、梨元勝や福岡翼といった実際のレポーターたちを前にして涙ながらに告白する場面である。この場面の薬師丸ひろ子は極めて興味深い立場に立たされている。劇中劇を演じているときの薬師丸ひろ子は、完全にイメージとして作られた女優っぽさを器用に演じているにすぎない（ポストモダン的である）。他方で、研究生として日常生活を送る（元役者の役の世良公則との恋愛など）部分では、居酒屋で色気なく酔っ払ったり、世良を花束で殴って八つ当たりしたりして、相米映画の彼女によく似た、不器用な身体性を表現していればよい（反ポストモダン的である）。

しかしこの記者会見の場面の薬師丸ひろ子は、不器用な身体性を維持したまま、なおレポーターたちに対して嘘の「芝居」を演じることが要求されている。つまり女優として見事に役を演じるのではなく、女優のように演じてみたいという素人の欲望を演じているのである。それは、早朝の公園や無人の劇場で、女優を夢見る薬師丸が舞台の一場面を虚空に向けて演じる場面にも通底しているだろう。つまりこれらの場面では、薬師丸はメディア上のイメージとして輝くのではなく、そうした輝くスターたちのように嘘の自分を表現してみたいと憧れている、私たち観客のちっぽけな姿を体現しているように見える。だから私はそこにこそ、ポストモダン化された社会のなかで、なお消費社会のお仕着せの商品イメージを超えて人間が自らを輝かせるためのかすかな可能性が指し示されていたように思うのだ。

要するに私は、ポストモダンの日本映画は、イメージとしての美的世界を探求したり、俳優の身体性を探求したりすることには成功したが、メディアという現実と戯れることに（あるいは批判することに）失敗してきたと言いたいのだ。八〇年代はテレビメディアを通して現実が虚構化されていった時代だったにもかかわらず（グリコ森永事件やおニャン子クラブを思い出そう）、映画はそうした現実社会（あるいはテレビメディア）に抵抗しようとするあまり、そうした現実を状況設定として生かしきれなかった。むろん、長谷川和彦の『太陽を盗んだ男』（一九七九年）における犯罪のラジオ中継、森田芳光の『の・ようなもの』（一九八一年）におけるテレビレポーターのお寺中継場面などいくつかの興味深い例外はあったのだが、残念ながらそれらが主題として展開されるにはいたらなかった。[22] テレビというメディアに汚染される軽薄な社会は、まるで映画という個性的な監督たちが作り出すアートにとって敵であるかのようにその後も描写することが禁じられてしまった。それが日本映画と暮らしとの乖離を決定的なものにしてしまったのではないか。

＊　＊

だが、いまでも映画がメディア化された現実を描くことは決して不可能ではないはずだ。例えば、黒沢清の『トウキョウソナタ』（二〇〇八年）で、美しい高層ビル群の脇の公園にホームレスや失業者のための炊き出しの光景が演じられるとき、私たちは東京というメディア・イメージの常識を突き崩されて、まったく違う視線で東京の光景を見ることができる。あるいは巨大ショッピングモールを清掃人の視点で見させられるときも同じだ。そのとき私たちは、映画が作り出す嘘の力によって、逆にいかに私たちが暮らしのなかでメディア化された偽の現実を生きているかを知るだろう。その見せかけの美しいイメージのなかで、私たちの生きる喜びがいかに窒息しかけているかを思い出すだろう。そのとき映画という文化は、純粋なイメージと記号の体験であることを超えて、私たちの暮らしと混じり合った経験として定着するはずである。そして、そのようなとき、「日本映画は生きている」という言葉がリアルに響いてくるのだと思う。

注

(1) 本章は、黒沢清／吉見俊哉／四方田犬彦／李鳳宇編『日本映画は生きている』(岩波書店、二〇一〇年) という全八巻の叢書の第三巻のために書かれた。

(2) トム・ガニング「アトラクションの映画——初期映画とその観客、そしてアヴァンギャルド」(中村秀之訳、長谷正人／中村秀之編訳『アンチ・スペクタクル——沸騰する映像文化の考古学』東京大学出版会、二〇〇三年) を参照せよ。

(3) デヴィッド・ボードウェル「古典的ハリウッド映画」(杉山昭夫訳、岩本憲児／武田潔／斉藤綾子編『新・映画理論集成2』フィルムアート社、一九九九年)、デヴィッド・ボードウェル／クリスティン・トンプソン『フィルム・アート——映画芸術入門』(藤木秀朗ほか訳、名古屋大学出版会、二〇〇七年) を参照せよ。

(4) ニュー・ハリウッド映画 (ポスト古典的ハリウッド映画とも呼ぶ) については、Thomas Schatz, "The New Hollywood," in Jim Collins, Hilary Radner and Ava Preacher Collins, eds., *Film Theory Goes to The Movies*, Routledge,

1993を参照。なお、北野圭介『ハリウッド100年史講義――夢の工場から夢の王国へ』（平凡社新書、二〇〇一年）、藤井仁子編『入門・現代ハリウッド映画講義』（人文書院、二〇〇八年）も参考になる。

（5）例えばノエル・バーチは、西欧の再現様式に対して日本映画は現前様式を持つという。Noël Burch, *To the distant Observer: Form and Meaning in the Japanese Cinema*, University of California Press, 1979. また、北野圭介『日本映画はアメリカでどう観られてきたか』（平凡社新書、二〇〇五年）も参考になる。

（6）上原拓郎「一九三〇年代におけるリアリズム映画の成立――山中貞雄をめぐって」『現代風俗学研究』第二号（特集「メディアとしての映画館」長谷正人責任編集）、社団法人現代風俗研究会東京の会、一九九六年。蓮實重彦「山中貞雄論」、千葉伸夫編『監督　山中貞雄』実業之日本社、一九九八年（初出は一九八五年）。三〇年代における映画表現様式の変貌については、次が決定的である。蓮實重彦「署名の変貌――ソ連映画史再読のための一つの視角」『レンフィルム祭――映画の共和国へ』レンフィルム祭事務局、一九九二年

（7）フランソワ・トリュフォーはこう言っている。「明日の映画は私小説や自伝小説よりもいっそう個人的なものになるにちがいない。告白のようなもの、あるいは日記のようなものに」（山田宏一『増補　友よ映画よ、わがヌーヴェル・ヴァーグ誌』平凡社ライブラリー、二〇〇二年）。

（8）この七〇年代末から八〇年代初頭にかけての日本映画の変貌を「転形期の秋」と名づけて同時代の批評家として追尾していたのは、松田政男である。以下を参照せよ。蓮實重彦／松田政男「日本映画の転形期をめぐって　'80年代ニューウェーブへの期待と危惧」『別冊シティロード　No.1（特集　もうひとつの'80年代を読む！）』一九八一年。松田は参加していないが「転形期」について論じている下記の鼎談も参照せよ。蓮實重彦／上野昂志／山根貞男「映画を演奏する時代」『現代詩手帖』一九八一年二月号（特集　日本映画のニューウェーブ）

（9）映画と暮らしの関係が七〇年代にどのように変化したかについては、本書第9章「長谷川伸と股旅映画――暮らしの倫理と映画」を参照せよ。

（10）四方田犬彦『日本映画のラディカルな意志』（岩波書店、一九九九年）が一九八〇年を転換点として、それ以

降の日本映画を論じたものとして参考になる。

(11)『ツィゴイネルワイゼン』の製作状況については、『映画芸術』一九八〇年四—六月合併号（大特集　鈴木清順の［ツィゴイネルワイゼン］）を参照せよ。また『ツィゴイネルワイゼン』がキネ旬ベストテンを取ったことがいかに衝撃的だったかは、『月刊　イメージフォーラム』一九八一年三月号の「ベストワン'80」における蓮實重彥、上野昂志、山根貞男の文章によってわかる。蓮實は「鈴木清順『ツィゴイネルワイゼン』のベストワン選出に反対する」という檄文を書き、上野は「昨日までの反対派が、気がついたときには主流派になっていたというお粗末」と自省し、山根は「そんな馬鹿な、まさか」と動揺を隠していない。また鈴木清順映画の同時代の批評については上野昂志『鈴木清順　全映画』（立風書房、一九八六年）を参照せよ。なお、本稿発表後に筆者自身が、鈴木清順とは何だったかという問題をもう一度考え直して次の論考を書いた。長谷正人「鈴木清順における「純粋な運動」と歴史という不純」『ユリイカ』二〇一七年五月号。

(12) 蓮實重彥『映像の詩学』筑摩書房、一九七九年（ちくま学芸文庫、二〇〇二年に再録）、同『映画の神話学』泰流社、一九七九年（ちくま学芸文庫、一九九六年に再録）。『話の特集』の連載は、『シネマの記憶装置』（話の特集、一九八五年）としてまとめられた。

(13) 蓮實重彥の映画批評の歴史的意義に関しては、まともな批評・研究がないように思う。とりあえず蓮實の教え子監督たちによる批評と座談会を挙げておく。万田邦敏「蓮實重彥現象——ハスミ光線のかなたに」『イメージフォーラム』一九八五年六月号。黒沢清／青山真治／万田邦敏／矢部浩也「「映画表現論」から25年」『シネティック』第三号、一九九九年（なお、本稿発表後、工藤庸子編『論集　蓮實重彥』（羽鳥書店、二〇一六年）が刊行されたが、私の考える蓮實流映画批評の「歴史的意義」が明らかにされたわけではない）。

(14) 八〇年代の映画上映環境については、石坂健治／長谷正人「日本における映画上映環境の現在」（前掲『現代風俗学研究』第二号）を参照せよ。

(15) 村上知彦『情報誌的世界のなりたち』思想の科学社、一九八九年。同書は、情報誌とビデオによって変貌しつつある八〇年代の映画状況を言葉にした優れた批評集だと思う。

(16) 上野昂志が、一九七五年から七六年にかけて各地の映画館をルポした「われらの映画館」(『映画＝反英雄たちの夢』話の特集、一九八三年)が参考になる。

(17) 七〇年代やくざ映画の主人公たちの情けない身体性については、上野昂志「反英雄たちの夢――ピラニア軍団」(前掲『映画＝反英雄たちの夢』所収)を参照せよ。さらにこの論を受けてポルノ映画の身体性を論じた、長谷正人「ピロピロ笛、あるいは存在の情けなさとしての神代辰巳」(『映像という神秘と快楽――〈世界〉と触れ合うためのレッスン』以文社、二〇〇〇年)も参照せよ。

(18) アイドル映画全般については、『別冊映画秘宝　vol. 2　アイドル映画30年史』(洋泉社、二〇〇三年)を参照せよ。また角川映画については、御園生涼子「少女・謎・マシンガン――角川映画の再評価」『映画の声』(みすず書房、二〇一六年)を参照せよ。

(19) 相米慎二映画の身体性については、『映画芸術』四〇一号(総力相米慎二特集、二〇〇二年)、とりわけ出演者たちの数々の感動的な追悼文を参照せよ。例えば薬師丸ひろ子。「人に観られるということは、恥ずかしくて仕方がないことだ。スクリーンに出ることは、格好をつけることでもなんでもなく、丸裸にされることだ。でも、やるんだ。〈はずかしいけど、やるんだ〉それが役者の覚悟なのだと思う。自分を全開していくこと、決して押し付けがましくなく、自由になっていくことを、相米さんから学んだ」(同上、一五〇―一五一ページ)。

(20) ここでは触れることができなかったが、映画会社に所属できなかった監督たちが一九八三年に作った自律的な組織として、ディレクターズ・カンパニーがあった。彼らはCMなどを製作して生活費を確保し、作家的な映画作品を作った。メンバーは長谷川和彦、相米慎二、根岸吉太郎、高橋伴明、石井聡亙、黒沢清、井筒和幸ら。次を参照せよ。松田政男「ディレクターズ・カンパニー」『イメージフォーラム』一九八五年六月号

(21) このメディア上のアイドルを模倣する喜びについては、長谷正人「メディアというコミュニケーション」(長

谷正人／奥村隆編『コミュニケーションの社会学』有斐閣、二〇〇九年）および長谷正人「ヴァーチャルな他者との関わり」（井上俊／船津衛編『自己と他者の社会学』有斐閣、二〇〇五年）を参照せよ。

(22) むろん、死や食や行政のメディア・イメージ化（『お葬式』（一九八四年）、『タンポポ』（一九八五年）、『マルサの女』（一九八七年）など）をなぞってみせた伊丹十三監督のポストモダン的作品を忘れてはならない。情報誌と蓮實重彦の出現が私たちと映画の関係を変えてしまったという正確な状況認識を、蓮實との対談で語っていた伊丹十三（伊丹十三／蓮實重彦「特権的映画講座」『話の特集』一九八三年七月号）が、メディア・イメージに媚びるかのような駄作しか作れなかったことこそ、八〇年代の映画を語るにあたって最も重要な問題の一つだろう。今回は余裕がなかったが、稿を改めて論じたい。

第3部　テレビというヴァナキュラーな公共圏

12 テレビ、生活革命、子どもの民主主義

テレビと生活革命

テレビは戦後日本社会をどのように変えたのか。それは何より「私生活」を変容させたのだと思う。新聞のように、大人の男たちによって営まれる「公共空間」(政治や経済)に影響を与えたのではなく、女、子ども、老人たちが営む「私的空間」(家庭)のなかにテレビは入り込み、内側から私たちの暮らしを変容させた。それがテレビというメディアの特徴だろう。

テレビが家庭に入っていく一九五〇年代後半以前は、家庭とは、家族が食事を貪るように喰い、それを便として排泄し、昼間の活動でついた汗や泥を洗い落とし、汗まみれで性行為を行うといったように、人間が生物としての自分を維持するために必要な活動を行う、非人間的な場所だった。だからそれは会社や学校や劇場のように、人間が自らの能力を充全に発揮する輝かしき公共的空間とは違って、人間が人間性を奪われて動物的存在として安らぐ暗い場所にすぎなかった(1)。しかしテレビは、その暗い私生活空間のなかに「光」をもたらした。そして家庭という猥雑な空間を明るいイメージ(マイホーム)に変えてしまった。テレビによる「生活革命」が起きたのだ。

どのようにか。よく知られるように、テレビは一九五〇年代末から六〇年代にかけて、電気冷蔵庫、

電気洗濯機とともに「三種の神器」として各家庭に爆発的に普及した。「三種の神器」とは、いわば電気の力を借りて家庭を清潔で明るい空間に変えるものだった。まず「電気冷蔵庫」は、料理と食事という生臭い営みから、魚や肉や野菜といった食材のなまなましい臭いやそれらが「腐敗」するプロセスを消去する役割を担った。そうやって台所は生き物の臭いのない殺菌パックされた人工空間に変えられていった。第二に「電気洗濯機」は、合成洗剤とともに、人間の衣服から、汗の臭いや汚れを消し去る役割を果たした。新品同様であるかのような「白さ」にこだわり、すべての衣服に人工的な「いい匂い」を与えた。つまり、これら二つの電気製品は、私生活から人間の動物的臭いを消去しようとしたのだ。

テレビと消費資本主義

では、三つ目のテレビはどんな役割を果たしたのか。こうした新しい家庭生活のイメージを家庭にもたらす役割を果たしたと言えるだろう。映像を映し出すだけのテレビは、実際の家事には何の役にも立たない無駄な箱だ。しかし、それは日常生活の只中に、憧れの私生活のイメージを運んできた。例えば五〇年代後半、大量に放送された『パパは何でも知っている』や『名犬ラッシー』などのアメリカ製のホーム・コメディは、大きな電気冷蔵庫のなかにたくさんの牛乳瓶を備えたアメリカの家庭生活を輝かしいイメージとして人びとに伝えた。あるいは、六〇年代の電気洗濯機のテレビ・コマーシャルは、青空に白い洗濯物がはためく明るい家庭生活のイメージを繰り返し伝えた。(2) つまり、テレビが牽引役となって日本の家庭生活は、現実の必要性から浮遊したイメージ的なものに変容したのである。

実際テレビCMとは、電気製品以外でも、化粧品、洗剤、医薬品、加工食品、アルコール飲料、清涼飲料水、自動車など伝統的な生活様式にとっては不要だった商品を宣伝するものだったろう。それらは決して、お米や魚や下着のような生活必需品ではなく、それを購入することで家庭生活が少しだけ豊かに潤ったと思わせてくれるような余剰品ばかりだ。いい匂いの石鹸、化粧品、チョコや風船ガム、ふりかけや佃煮、ビールにコカコーラなど。だから現在の私たちが生活に必要だと思ってコンビニやスーパーで買い込んでいるものは、実はほとんどが六〇年代以降のテレビCMによって必要だと思い込まされたものにすぎないかもしれない。

漫画イメージで覆われた生活

そういうテレビによる「生活革命」の影響を最も劇的に受けたのは「子ども」だったと言えるだろう。一九六三年にフジテレビが手塚治虫の『鉄腕アトム』を放送して爆発的にヒットさせることに成功すると、テレビ各局は競って夕方の時間に子ども向けのアニメ作品――『鉄人28号』（フジテレビ、一九六三―六六年）、『狼少年ケン』（NETテレビ、一九六三―六五年）、『エイトマン』（TBS、一九六三―六四年）など――を放送した。これらの少年向けヒーロー漫画は、それ自体が子どもたちに「ごっこ遊び」を流行させるなど大きな影響を与えたが、それだけでなく、これらの番組を提供したお菓子会社（明治製菓、グリコ、森永製菓）のチョコレートやキャラメルやガムを番組のCMで宣伝し、子どもたちに大量に消費させ、さらにはそのおまけでついてくるアトムシールや鉄人28号ワッペンなどまでも大流行させた(3)。いわば子どもたちは、漫画アニメのシールをそこら中に貼ることで空想的なイメージを家庭生活のなかにまで持ち込んでいったのだ。

つまり、テレビアニメは、それが描き出す未来都市やヒーローの活躍が子どもたちの心を夢で満たし、チョコレートやキャラメルの人工甘味料の甘さが日常から少しだけ離脱した麻薬的な快楽を与え、漫画シールによって私的空間を空想的イメージで装飾する歓びを教えてくれた。そうやって子どもたちの生活は、鉛筆もハンカチも弁当箱も、すべてテレビのキャラクターがプリントされたグッズで埋め尽くされた。(4) だから子どもたちは、七〇年代以降の大人たちよりも一足早く、消費資本主義がもたらしてくれるイメージ生活の魅惑に取り込まれたと言えるだろう。

「何である、馬鹿である、言うことなし」

だから一見、六〇年代にはテレビと資本主義によって搾取された子どもたちの日常生活が広がっていたように見える。だが、そうだろうか。そう考えるとき私たちは、同じ時代の子どもたちが、もう一つ別のテレビ的な流行現象を引き起こしていたことを忘れてしまっているように思う。そして、そのことでテレビが私たちの暮らしに与えたもう一つの可能性を忘れているように思う。実は彼らの間では、アニメごっこやお菓子の購入以外にも、日常会話のなかで、テレビCMの決まり文句を使って遊ぶということが大流行していたのだ。この現象が子どもの日本語の乱れとして問題視されたことを受けて、日本民間放送連盟は、一九六五年と六七年の二度にわたって、「CMが子どもの生活の中で、どのように受け入れられ使われているか」を詳細に実態調査し、CMは子どもの話し言葉を遊戯的に豊かなものにしていることを明らかにした。(5)

その調査で観察された事例は次のようなものだ。例えば、親に叱られた子どもが、植木等の洋傘メーカーCMの決まり文句「何である、アイデアル、言うことなし」をもじって、「何である、馬鹿である、言うことなし」と応じて親を笑わせる。あるいは、夕ご飯のおかずが少ないことに不満を覚えた子どもが、親に愚痴を言う代わりに「何はなくとも江戸むらさき」というCMフレーズで場を和ませる。あるいは、学校で理科の実験が終わって疲れた顔をしていた先生に向かって、生徒が「先生、いっぱいやっか」と伴淳三郎の日本酒CMのフレーズを引用して声をかけ、みんなを笑いに包み込む。

これらはいずれも、子どもがそのとき置かれた厳しい状況に対して、ナンセンスなCMフレーズを巧みに引用することで、その場をユーモラスな雰囲気に和らげたという事例だと言えるだろう。それは学校が教科書を使って教育しようとする、標準語的に正確な言葉使いや、親が教育しようとする目上の人を尊重するための敬語使用などとは決定的に違った言葉のセンスであろう。大人たちが教え込もうとする、そうした生活実感のない正しいが退屈な（NHKのアナウンサーのような）言葉使いに対して、テレビCMは、大人も子どもも関係なく、その場にいる誰もが同じ人間として平等に笑ってしまうような表情豊かな言葉を日常会話のなかに持ち込んだのだ。(6)

子どもの民主主義

そうしたテレビCMによる流行語は、それぞれの地方で使われていた伝統的な子ども集団の遊びや会話を弱体化させ、全国の文化を均一化させてしまうという負の側面を持っただろう。しかし子どもたちが、「何である、馬鹿である、言うことなし」と親に言うことは、親の成績至上主義の偏狭さを巧みに批評していないだろうか。「何はなくとも江戸むらさき」という食卓での一言は、自分たちの生活の貧しさを上手に笑い飛ばしていないだろうか。だとすれば、それは家庭内で決して力を持ちえない子どもが、親に反抗するのとは違ったユーモラスなやり方で、大人に自分たちの生活のありようを反省させる契機を与えているようにも思える。とすればそれは、子どもによる「家庭の民主主義化」と言ってもいいのではないか。

つまりテレビは、家庭という私的空間に、「消費資本主義」だけでなく、「民主主義」も導入した。ただしそれは、公共空間で互いの意見を闘わせ合うような「大人の民主主義」ではなく（それは日本人は苦手だ）、公共空間でどんなに立派そうに見える人間でも私生活では同じ馬鹿な人間にすぎないという平等感覚を共有し合うような「子どもの民主主義」だった。

例えば佐藤忠男は、戦後間もなくラジオの『素人のど自慢』で素人が下手糞な歌をがなり立てるのを聞いたときに、戦時下の権威的秩序の雰囲気とはまったく違った、「秩序からはみ出す歓び、あるいは秩序をグニャグニャにする愉しさ」を感じたと言う。(7)

おそらく、この感覚こそが、戦後日本社会が持ちえた民主主義の思想なのだと思う。実際、テレビは現在にいたるまで、可笑しなお笑い芸人や素人を登場させては、社会秩序を「グニャグニャ」にするような番組を放送し続けているだろう。それを「大人の民主主義」の立場から批判するのではなく、秩序をグニャグニャにする「子どもの民主主義」の表現として評価し直すこと。それこそが、私たちが戦後社会とテレビについて見直すことになるに違いない。

注

（1）ここで人間的とか非人間的と言っているものは、ハンナ・アレント『人間の条件』（志水速雄訳、ちくま学芸文庫、一九九四年）の議論に拠っている。

（2）電気洗濯機の普及とテレビの関係については、石田佐恵子「CM表現のパターン化と〈専業主婦〉オーディエンスの構築――「洗濯という営み」を中心に」（高野光平／難波功士編『テレビ・コマーシャルの考古学――昭和30年代のメディアと文化』世界思想社、二〇一〇年）の議論を参考にした。

(3) 吉見俊哉「ブラウン管のなかの子ども文化」『リアリティ・トランジット——情報消費社会の現在』(紀伊國屋書店、一九九六年)を参照せよ。
(4) 大月隆寛「われわれは子どもたちに何をしてきたのか」(大月隆寛／ポケモン事件緊急取材班編『ポケモンの魔力——子どもたちを魅了した「ポケモン」とは何か』毎日新聞社、一九九八年)を参照せよ。
(5)『民放研究所紀要』日本民間放送連盟放送研究所、第一号、一九六五年、第三号、一九六七年
(6) 本書第7章における、流行語としての「アホ・バカ」についての議論も参照せよ。
(7) 佐藤忠男『テレビの思想』三一書房、一九六六年

13　クイズ化するテレビ、あるいはテレビの文化人類学

1　異文化体験としてのテレビ

黄菊英《ファン・クギョン》さんの論文を初めて読んだとき、序章の挿話に驚いた（本章は、黄菊英『クイズ化するテレビ』青弓社、二〇一二年の「解題」として書かれた）。彼女自身が来日してテレビを見始めたころ、テレビが視聴者に向かって盛んに「問い」を発してくることに戸惑い、それにいちいち答えようとして気詰まりになってしまったという経験談だ。例えば、司会者が視聴者に向かって「みなさんはこの問題をどうお考えでしょうか？」と問いを投げかけてみたり、バラエティ番組中のCM前に「この後、登場する大物女優はいったい誰？」といったテロップとナレーションを流したりするなど、確かに日本のテレビはいつも視聴者に「質問」らしきものを提示してくる。ファンさんはそれらすべてにクイズに答えるかのように真剣に考えてしまったため、韓国にいたときのようにテレビを心地よく見られなくなっていたという。

しかしむろん日本人の私は、あんな軽い問いかけにまともに答えようと思ったことは一度もない。日本のテレビに慣れ親しんでいる人間にとっては、あれは儀礼的な問いかけにすぎないのであって、真剣に答えようとする必要などないことは自明のことだろう。せいぜい、視聴者をつなぎとめる（ザッピング防止の）ためにいちいち問いを出してくるテレビ局は、なんてせこいんだと馬鹿にするくらいが関の

山だ。だからファンさんの真剣さに、私は虚をつかれたような思いがしたのだ。

むろんそれは、日本のテレビの見方に習熟していない外国人の失敗にすぎなかったのかもしれない。だが私は逆に、それほど真面目に日本のテレビを見たことがあるだろうかと自省してしまった。他人より上手にテレビを見ているつもりだった私は、実は日本的なテレビの見方に知らずして規律化されてしまっていたのではないか。むしろ見慣れない目でテレビを見たほうが、見えてくることもあるのではないか。そんなことを考えさせられた。

このように、その社会で暮らしている内部の人間にとってはごく自明で説明する必要もない生活習慣のありよう（文化）を、その社会の外部からやってきた人間が不思議な驚きを持って観察して明らかにすること、そしてそのことで、観察者自身の文化のありようを相対化すると同時に、当地の人びとにとっての文化のありようまでをも相対化してしまうこと。そのような学問の試みを「文化人類学」と呼んでもいいだろう。だからファンさんがこの論文でやってみせたテレビ研究もまた、「文化人類学」的なテレビ研究と言えるのではないかと思う。

ファンさんはまさに一種の文化人類学者として、日本人が気づかない日本的テレビの奇妙さをさまざまな細部に次々と発見していった。そのときにキーワードになってくるのが「クイズ」なのだ。クイズとは言っても、私たちがふつう考えるようなクイズ番組のクイズだけではなく、そこには、先の事例のような視聴者への儀礼的な問いかけも含まれている。ファンさんが挙げているなかでも最も印象的な事例を示しておこう。日本のスポーツニュースでは、W杯サッカーや野球の試合結果などを報道するとき、もう結果は出ているにもかかわらず、司会者はそれを知らないかのように振る舞って「さあ、試合はどうなったでしょう？」という問いかけとともにダイジェスト映像を紹介するだろう。そのとき視聴者は、まるでクイズに正解するためのヒントを探るかのような、奇妙な宙吊り感覚とともにその編集映像を見なければならない。

しかし韓国ではそういう場合、何対何でどっちが勝ったという結果を真っ先に伝達したのちに、ゆっくりと試合経過のダイジェスト映像を見せるそうだ。だから韓国人のファンさんにとっては、日本のスポーツニュースはクイズの形式を持った奇妙な放送に見えたという。むろん私自身もまた、そうした試合結果に関するクイズ的な報道のありように気づいていなかったわけではない。いや実のところ、いつもイライラしてきたにもかかわらず、わざわざ語るべき特徴とは考えられなかったのだ。だからそれを日本のテレビの特徴的形式として発見したのは、まさに異邦人としてのファンさんの独特の視点があったからだと思う。

2　テレビの文化人類学

しかし、テレビを文化人類学的な視点から研究するということは、実は簡単なことではない。なぜならテレビが、ある特定の意図を持って作られ受容される、文化的制作物であり芸術的作品＝番組として提示されるからである。ドラマは人びとの情動を揺り動かすために入念に作り上げられ、ドキュメンタリーやニュースは社会問題を人びとに啓蒙するという社会正義のために作られ、バラエティ番組は芸人たちのトークを利用していかに人びとを楽しませるかを競っている。そして視聴者の側も、そういうジャンルや番組や出演者を目印にして、テレビ番組を楽しんでいる。したがってテレビ研究者は、どうしてもその制作者たちの意図やジャンルに沿って「番組」として分析するしかないところがある。だからファンさんが問題にするクイズ番組の場合であれば、それがいかに人びとの知識欲を満足させているかとか、いかに賞金の大きさが人びとの射幸心を煽っているかとか、あるいはそのバラエティ番組としての楽しさがどこにあるかといった、番組の意図や出来栄えを理解するところで落ち着いてしまう(1)。

しかしテレビは、そうやって鑑賞し、批評する作品であると同時に、日常生活のなかに埋め込まれた文化（生活様式）としての側面も持つ(2)。例えば、映画や美術や演劇が日常生活からはかけ離れた場所で鑑賞され、観客にいかに非日常的な経験をさせるかを目的として作られているとすれば、むしろテレビはつねに私たちの日常生活のなかに組み込まれた、超越性を持たないヴァナキュラーな文化にすぎない。私たちは自分の生活のリズムに合わせて、朝の出かける時刻を知るためにNHKの朝ドラを見たり、夕ごはんの食器を洗いながら背中でバラエティ番組を見たり、一人暮らしで寂しいからただテレビをつけっぱなしのままで寝たりする。電話がかかってきたり、赤ん坊が泣きだしたり、インターフォンが鳴ったりするたびにテレビ観賞は中断され、それを私たちはさして怒ることもなくそのまま受け入れる。

むろん、このようにテレビを芸術作品としてではなく、（文化人類学的に）日常生活に組み込まれた文化として分析する研究はこれまでも行われてこなかったわけではない。例えば、イギリスのテレビ研究者デビッド・モーレーは民族誌的調査と称して、南ロンドンの一八家族を選んで、彼らが家庭のなかでいかにテレビを視聴しているかをインタビュー調査した。そして、妻が家事をしながら視聴する傾向があるのに対して夫は集中的に番組を見ようとするなど、ジェンダーによって視聴行動に差異があることを明らかにした(3)。またそうした民族誌的調査をふまえたうえで、ロジャー・シルバーストーンは、テレビジョンは、日常生活の一日や一週間の時間的・空間的スケジュールを作り出したり、国家的イベントの放送を通してハレの日を演出するなど、私たちの日常的現実の基層部分を占有していると分析した(4)。

こうした、テレビを日常文化の基層として捉えた文化人類学研究は私たちにとって重要な先行研究だが、しかしそれらの研究はいつの間にか日常生活それ自体の分析に傾いていって、テレビの内容自体を軽視してしまったことも事実だろう。それでは何だかつまらないではないか。テレビにはやはりただの生活様式であることを超えた不思議な魅力を持って人びとを引き付けているところがあるはずだ。つまり、ファンさんの研究が圧倒的にユニークで面白いのは、文化人類学的な視点を視聴者の日常的な生活行動（ヴァナキュラーな文化）に対してではなく、テレビ放送自体が持っている少しだけ日常を超えた魅力に対して向けたところにある。だからそれは、テレビ番組の作品論でもなく、かといって視聴者の日常生活に対する民族誌的調査でもない、テレビ放送自体の民族誌とでも呼ぶべきユニークなものになったのだ。

そうやってファンさんが発見したのが、テレビの視聴者に対する儀礼的な呼びかけである。日本のテレビは、完成された番組を視聴者に提示しようとするのではなく、それが視聴者を意識して作られていることと自体をつねに示そうとする。(5) だから視聴者への呼びかけは、テレビのあらゆる細部に繰り返し繰り返し現れてくる。それはニュースを迅速に伝えたり、ドラマによって視聴者の感情を揺さぶったりするという番組の目的にとっては必ずしも効率的なやり方とは言えない。視聴者は、謎かけをされることで注意を引き付けられるものの、むしろ繰り返されることでイライラさせられるといったマイナスの効果も多いだろう。それにもかかわらずそれは繰り返されてしまう。

だからそこにこそ、私たち当事者たちがあまり自覚化できない、日本のテレビの基層的部分に眠っている基本的な特徴があるのではないか。視聴者に向かってまっすぐに自分の言いたいことを伝えるという啓蒙的なコミュニケーション・スタイルよりも、自らはあえて知らない振りをして「さあ、なぜでしょう？」と視聴者を放送の共犯者として巻きこむコミュニケーション・スタイルを取るのが日本のテレビなのではないか。ついでに言えば、そうした日本独特のコミュニケーションの特徴こそが、この社会でテレビ文化をほかの社会よりも増幅させた理由ではないだろうか。

3　占領軍と日本のクイズ文化

ファンさんは、「クイズ」を日本のテレビに独特のコミュニケーションの形式と捉えて分析した。しかしむろん、これは現在の私たち日本人が常識的にクイズと考えているものとはいささか違っている。私たちにとっての「クイズ」とはむしろ、「一八九六年に第一回のオリンピックが開催された都市はどこですか?」→「うーん、わかりません」→「正解はアテネです」とか、「日本への原子爆弾投下を承認したアメリカ大統領は誰ですか?」→「トルーマン大統領です」→「ピンポーン。正解です」といった具合に、出題者が社会常識に関わる問いを出しては、それに応じて回答者が正解を目指して答えるような律義なコミュニケーションの反復的形式とでも言うべきものだろう

ファンさんが日本のテレビに発見したのは、このように明快な正解を求めて出題されるクイズ、つまりクイズ番組における本格的クイズではない。そうではなく、それらは、クイズであるかのような振りをしながら視聴者に目配せしようとしているという意味で、「儀礼としてのクイズ」と呼ぶことができるだろう（ファンさんは、これを「クイズ性」と呼んでいる）。それに対して、いわゆるクイズ番組で出題されているような本格的なクイズは「ゲームとしてのクイズ」と呼べるだろう。後者のようなクイズは、決してある一問だけで成り立っているのではなく、必ず質問と解答というやり取りを何回も積み重ねることで得点を競い合う「ゲーム」として構成されているからだ。

こうした「ゲームとしてのクイズ」は、現在の私たちにとっては、テレビ以外の日常的なコミュニケ

ーションでも使われるような自明な文化形式だが、しかし第二次世界大戦直後の日本人にとっては自明なものではなかった。丹羽美之の優れた研究(6)によれば、クイズは第二次世界大戦後、連合国軍最高司令官総司令部（GHQ）の占領政策のなかで日本のラジオ放送に導入（＝強制？）された文化形式であり、用語だった。GHQは戦時中の日本のラジオ放送が政府によって国民をコントロールするための道具として使われたことを批判して、日本に民主主義を根づかせるために番組内容を改め、できるだけ一般大衆にマイクを開放するように指導した。その指導の結果として、全国各地の街頭で一般市民があるテーマに関して次々と意見を述べ合う『街頭録音』（一九四六―五八年）、素人が誰でも参加して歌のうまさを競える『NHKのど自慢』（一九四六年―、名前を変えて現在まで）、そして視聴者と出演者が知識を競い合う「当てもの」番組（クイズという用語は知られていなかった）としての『話の泉』（一九四六―六四年）や『二十の扉』（一九四七―六〇年）などが作られたのだ。

つまりGHQは、人びとが自分たちの知識を競い合うという意味で、クイズを民主主義的なゲームだと考えていた。そのためアメリカの番組を模倣した番組を日本のラジオ局に作らせて、結果的にこれが爆発的な人気を獲得した。『話の泉』の聴取率は六七パーセントで、『二十の扉』が七七パーセント（一九四九年）、聴取者からの投稿がそれぞれ一三三万通と四八〇万通（一九五〇年度）というすさまじい数字だった。(7)ただし、これら二つの番組は、その後のクイズ番組のように素人が解答者となって競争するという形式ではなく、聴取者が投稿したクイズに知識人が答えられないと賞金がもらえるという形式を持っていた。その意味では、素人出演型のクイズ番組以上に、民主主義的な性格（視聴者が自分の知識によって専門家を打ち負かすゲーム性）を持っていたと言えるかもしれない。

しかし実はこれらの番組は、決してGHQがねらっていたように、素人が知識を競い合うゲーム的な番組として人気があったわけではない。むしろ勝負をかけて戦うゲーム性がほとんどなし崩しにされ、クイズをきっかけにしてトークを楽しむことに主眼が置かれるような、「儀礼」性を帯びた番組となっていたために人気があった。

例えば、現在も保存されている『話の泉』の第一回[8]（一九四六年一二月三日放送）のやりとりを聞いてみよう。聴取者が投稿した「猫のアゴの動きと犬のアゴの動きはどう違うか」という問題が、「難問ですなあ」という司会者・徳川夢声の感想とともに紹介されると、四人の解答者のなかの一人の中野五郎が「よくは知らないが、猫のほうはアゴを動かすとき耳も動かすが、犬は耳を動かさないということではないか」と答え、それに対して徳川は「それも一つの解答かもしれないけど、ここで聞いているのはアゴの動きであって耳の動きじゃない」と応じて周囲を笑いに包み、それから「猫のアゴは上下にしか動かないが、犬のアゴは上下左右と自在に動く」という正解が紹介され、「勉強になりましたな」という声とともに聴取者＝出題者の勝利が宣告される。ほかでは、「トランプカードの四つの王様のうちで横顔を見せているのはどれ？」という問題に対して、解答者・サトウハチローが「ダイヤの王様」と解答をすばやく言うと、徳川が「正解だ」と告げると同時に「なぜでしょう」と尋ねる。するとサトウは「金持ち喧嘩せず、でしょうな」と応じてまたいっせいに笑いが起きる。

このように、『話の泉』という番組はクイズの正解・不正解を通して勝負を決めていくゲーム性が目指されていない。「猫のアゴ」をめぐる問題のように、何が正解かがはっきりしない問題だが、しかし答えを聞けばなるほどと思わせるような発想の面白さに出演者たちが感心してみせたり、解答者の知識人が、「金持ち喧嘩せず」というユーモアある発言で視聴者を笑わせたりといったように、クイズに答えるというゲームを前提にしながらも、そのルールのなかで出演者たちが洒落た座談を繰り広げることが番組の楽しさになっている。したがって，ここではクイズの「ゲーム性」は「儀礼性」によって乗っ取られていると言えるだろう。実際，何が正解で何が不正解なのかがはっきりしない問いが多かったので，司会者が判断に困って「アイコ（引き分け）です」という結果になることも多かったようだ。

4　ゲームとしてのクイズ／儀礼としてのクイズ

このような「ゲーム」と「儀礼」の相克という問題は，実はクイズだけでなく人間の文化や思考様式をめぐる，より普遍的な文脈に置いて考えることができると思われる。この二つの対称性を提起したのは，文化人類学者のクロード・レヴィ＝ストロースである。彼によれば，「ゲーム」は，開始されるときには参加者は全員平等な状態だが，終了するときには勝者と敗者という差別を作り出す形式を持っているのに対して，「儀礼」の場合は反対に，開始時は不平等な関係にあった参加者たちが，最後には互いに平等な関係に置かれるという形式を持っている。(9) だから，前者は平等を条件にして参加者の競争を誘発するとすれば，後者は不平等を条件にして競争を回避しようとする文化の形式だと言えるだろう。

そこでレヴィ＝ストロースが挙げている民族誌の事例が興味深い。ニューギニアのガフク・ガマ族は，フットボール（彼らにとっては異文化の西欧式スポーツ・ゲーム）を覚えたが，しかし両軍の点数が正確に同じになるまで何日も試合をやめなかったというのだ。(10) つまり彼らは，勝負を決めるための「ゲーム」をしながらも，それを一種の「儀礼」に変形してしまったことになる。これは，先に考えた日本のクイズ番組の場合とよく似ているだろう。GHQが啓蒙的に教え込んだ，知的ゲーム（競争）としてのクイズは，日本人の手によって，誰もが平等に楽しめる座談の場（「儀礼」）に変えられてしまったのだから。

ここから私たちは，ゲームと儀礼の対比を，さらに近代社会の競争原理（ゲーム）とテレビの儀礼性の対比に発展させることができると思う。テレビ番組を作ることは基本的には競争である。視聴率の高い番組を作ってスポンサーを獲得したり、質的に高い評価を得て贈賞されたりするために、テレビマンたちは競って優れた番組を作ろうとする。その意味でテレビは近代的な競争原理に貫かれている。それは視聴者の場合でも同じだ。視聴者にとって、テレビ番組に出演して親戚や周囲の人たちの評判になることは誇らしいことだ。その意味で、テレビはさまざまな日常的なものを有名にして光り輝かすための装置である。商店街のコロッケやどら焼きやラーメンといった平凡なものは、テレビに映し出されるとたちまちオーラを帯びた商品に見えてくるし、素人たちは、のど自慢やクイズ王や大食いチャンピオンやスター誕生などのテレビ番組で勝利を競うことで有名になる。その意味で、テレビはあらゆる事物や人びとを、さまざまな疑似的な競争ゲームに巻き込んでいく社会装置のようなものである。

しかし他方で、テレビはそうした競争としてのゲームをなし崩しにしてしまう儀礼的な装置でもある。優れたスポーツ選手も、秀でた俳優や歌手も、高潔な学者や政治家も、テレビに出てしまえば、好きな食べ物は何ですかとか、ご家族には何と呼ばれていますかとか、好きなタレントは誰ですかといったつまらない質問を浴びせられ、くだらないゲームやトークに参加させられて、たちまちのうちにオーラを剝ぎ取られて凡庸な人間へと転落させられる。日常性を超えた超越的な力を発揮したからこそ出演させたにもかかわらず、テレビは彼らに日常些事の話ばかりを要求して、「やっぱり同じ人間よねえ」といった視聴者の安心感のなかに引きずり下ろそうとする。その意味では、テレビはスポーツ・政治・芸能・学術といったさまざまな社会的ゲームの勝者たちを、自分たちと平等な存在に貶めるための「儀礼」的装置である。

つまりテレビは、近代的な競争社会のなかに埋め込まれた、反＝競争的な装置なのだ。近代社会は誰もが何らかの公共的ゲームのなかで競争させられる社会である。政治家はより正しい意見を言うことで、芸術家はより独創的な芸術を作ることで、科学者はより真実に近づくことで、経済人はより高い利益を上げることで、アスリートはよりいい記録を目指すことで、子どもはよりいい成績を上げることで、それぞれ互いに競争し合う。しかし、そうやって公共空間では人間は平等な条件を仮構して競争することができても、私的な家庭生活では、大人と子ども、男性と女性、健常者と障害者や病人といった不平等な条件の人間たちが一緒に暮らしているから、そのような競争は不可能である（ハンナ・アレントの言う「人間の条件」が奪われている）。そこでは人びとは互いの生存を守るために助け合って暮らすしかない。そのような平等原理が支配する私的空間の真ん中で見てもらおうとするために、テレビはどうしても競争的原理を捻じ曲げられてしまうのだ。

ここから、ファンさんが発見した、日本のテレビの「儀礼としてのクイズ」——例えば、知っている試合結果を知らない振りをして報道すること——の意味がわかってくるだろう。韓国のテレビは、公共社会の論理に従って、すでに知りえた試合結果を責任を持って迅速に報道する。しかし日本のテレビは、私的空間（お茶の間）の論理に合わせようとする。視聴者の目線に立って「さあ結果はどうなったでしょうか」と呼びかけることで、視聴者との間に平等な関係を作り出したかのように偽装したいのだ。それが日本のテレビを支配する「儀礼の論理」である。

こうして日本のテレビは私的空間の儀礼のルールに従うことで、その公共性（競争の論理）をどんどんと歪曲化させ、放送を儀礼的呼びかけで充満させてしまう。むろんそれは日本社会の特徴であるとはいえ、もともとテレビが近代社会に対して持っていた特徴（＝儀礼性）を極端なところまで推し進めた結果にほかならない。逆に言えば、日本社会がほかの社会よりもテレビ文化が盛んになったのは、競争原理をなし崩しにしようとする日本文化の儀礼的特質にぴったりと合っていたからにほかならないだろう。だからファンさんは、文化人類学者としていかなる地方のフィールドに出かけることもなく、東京の真ん中の自室で、日本人が見たくない日本社会の特質にいきなり遭遇することができたのである。

5　オルタナティブなクイズの可能性

では、そうして何もかもをも儀礼化してしまう日本のテレビに対して私たちはどう向き合えばいいのだろうか。これまで多くの知識人やテレビ研究者たちは、日本のテレビがジャーナリズムとしての責任（公共性の論理）を持たないことを繰り返し批判してきた。日本のテレビはいつも、政界と馴れ合い、スポーツ選手と馴れ合い、芸能界と馴れ合ってきたではないか、と。そうした批判は、むろん公共性の論理としては正しい。しかし、テレビがこれだけ長い年月にわたって社会と馴れ合い続けてきたとすれば、私たちはそうしたテレビの儀礼性を批判するだけではなく、むしろそれをテレビの特質と認めたうえで、そこに公共性の論理とは違った可能性を探ったほうがいいのではないだろうか。

以下に紹介する、日本のクイズ番組を分析した二つの論文は、そのような可能性を探求した試みだと思う。まず一つ目は、先ほど紹介した丹羽美之の論考である。ここで丹羽は、問いと答えを一対一で対応させ、正解を目指して競争するアメリカ型クイズ番組を、現代日本社会におけるマニュアル化・規格化されたコミュニケーション（コンビニの接客のような）や受験的知識のシンボルとして考え、代わりにGHQの指導にもかかわらず『話の泉』のように多義性に開かれた当てもの番組しか作れなかった、日本文化の別のありように可能性を見出そうとしている。例えば、「切っても切っても切れないものなあに？」というなぞなぞの問いに対しては、正解は「トランプ」でも「水」でも「ハンドル」でもいいのだから、私たちはそうやって問答するなかで生活のなかに埋め込まれた「知恵」を掘り起こすような工夫をするだろう。だからそこには、公共性の論理や西欧式学問の「知識」とは異なった、日常生活の「知恵」の論理が創造的に発揮される可能性がある。

しかしファンさんが指摘したように、現在の日本のテレビが視聴者と馴れ合うようなクイズ（呼びかけ）に満ち溢れているのを見るとき、クイズ番組の最初期にあった「なぞなぞ」的な問答の可能性を称揚するだけではすまなくなるのも事実だろう（『笑点』（日本テレビ、一九六六年—）のような馴れ合いに終わってしまうのではないか）。結局なぞなぞ的な問答は、「トランプ」だの「水」だのといった既知の答えの間を浅く旋回するだけにとどまって、思わぬアイディアを創造的に切り開くような思考の醍醐味を欠いているのではないか。

こうした日本的クイズのありようを鋭く批判したのが、丹羽論考と同じ本に掲載されている、遠藤知巳のクイズ論(11)である。遠藤は、そもそもアメリカ型のクイズ知が、（丹羽が論じるように）一義的な正解を要求するような管理的問いであるとは考えない。むしろクイズでは、「次のうち、タルコット・パーソンズの著作はどれでしょう」というような専門的知識を必要とする問題がほとんど排除されているだろう。つまり、クイズ番組にとって大事なことは、新しい知識を啓蒙することではなく、その正解がわかったときに何らかの既知感を視聴者に与えることができるということなのだ。だから遠藤は、クイズはそもそも最初からスポーツのような本格的な競争ではないという。つまり私の言葉で言えば、クイズはこの社会の平凡な常識を改めて相互的に確認する「儀礼」にすぎないのであって、本格的に知識を競うゲーム性（競争性）を持っていないということだ。

そこから遠藤は、ファンさんと同じように、日本のテレビにはクイズが遍在しているという問題に行き着く。CM前に「このあと○○が口にした衝撃の言葉とは？」と呼びかけられては、その答えが「決して「衝撃」でも「意外」でもないことがわかっている」状態で、なおCM後の映像を待たなければならないときの、あの居心地の悪い時間を一種のクイズとして見いだすのだ。だがそのように遠藤が鮮やかに日本のテレビのクイズ性を指摘するとき、私は、その分析自体に、すべてが既知として見えてしまうクイズ的なシニシズム性を感じてしまう。そのような分析は、クイズが持っている平板な儀礼性にあまりに似てはいないだろうか。つまり、遠藤の論考もまた、アメリカ的なクイズの正解主義とは反対の方向を目指しているという意味で、丹羽の論考と案外近い位置に置かれると思うのだ。

ここでようやく私は、最初に取り上げた、ファンさんの挿話に話を戻せると思う。ファンさんは、日本のテレビの儀礼的呼びかけを私たちのようにうまくやりすごすのではなく、いちいち真剣に答えようとしたのだった。そして日本のテレビに慣れたあとでさえも、そのような姿勢を崩さなかった。その結果がこの論文なのだと思う。そのような過剰な真剣さがなければ、このように日本のテレビの隅々まで、その馬鹿馬鹿しい問いかけを見いだしていくことができたとは思えない。

例えば『午後は○○おもいッきりテレビ』（日本テレビ、一九八七—二〇〇七年）や『週刊こどもニュース』（NHK、一九九四—二〇一〇年）や『ひるおび！』（TBS、二〇〇九年—）や『情報ライブ ミヤネ屋』（日本テレビ、二〇〇六年—）で、いかに「めくりフリップ」の技法が使われているのか、あるいは『NEWS ZERO』（日本テレビ、二〇〇六年—）や『サンデースポーツ』（NHK、一九八五年—）や『FNNスーパーニュース』（フジテレビ、一九九八—二〇一五年）などで、スポーツの試合結果の報道をいかに後回しにしてクイズ化しているのか、あるいは『SmaSTATION!!』（テレビ朝日、二〇〇一年—）や『もしものシミュレーションバラエティー お試しかっ！』（テレビ朝日、二〇〇八—一五年）といった番組で使われるランキングが、いかにクイズの形式にのっとったものか、あるいは、とんねるずの「食わず嫌い王決定戦」(フジテレビ)やナインティナインの「グルメチキンレース・ゴチになります!」(日本テレビ)といった番組の企画が、料理を利用したクイズ形式という意味ではいかに同じ形式のものになっているか、あるいは『ロンドンハーツ』(テレビ朝日、一九九九年―)や『中井正広のブラックバラエティ』(日本テレビ、二〇〇四―一三年)が、いかにCM前後を利用してクイズ的な次回予告を行っているか、などなど。

ファンさんは、こうして日本のテレビの何でもない風景のなかに分け入って、そこにありとあらゆる儀礼的クイズ形式を発見していった。それらは、特別な番組ではなく、ごくごく日常的な感覚のなかで私たちが接している番組ばかりだ。だから私たちは、そこにクイズがこのようにありましたよねと指摘されれば、確かにあったと納得できるのだが、それは自分たちでは決して意識化できないような何かとしてあるのだと思う。それを次々と見いだしていくファンさんの論文に私は、競争的ゲームのなかで正解を目指すアメリカ式クイズとも、日常的儀礼のなかで正解をやりすごして遊ぶ日本式クイズとも違った、オルタナティブな思考のスタイルを感じた。正解がそこにないとわかっていても、あえてその正解を求めて考え続け、その現象をつぶさに調べ続けること。それこそが「学問」とか「思考」と呼ぶに値するものだと思う。

そのように日本のテレビに向き合って真剣に思考し続けた結果、ファンさんは本論の最後に「「テレビとはそもそも何なのか」という根本的な問いに向き合うことになった」と書く。娯楽的なテレビを研究するという馬鹿馬鹿しさにいささかも照れることなく、あるいはテレビが正義の立派さを目指せばいいという無力な正解を捏造してすますこともなく、ただひたすらにテレビの儀礼的な呼びかけに真面目に応じようと試み続けること。それによって、彼女はテレビ研究において誰も到達したことのない高みに到達したのではないか。その意味で、これほど透徹した美しい論文はない。私はそう思った。

注

（1）例えばSu Holmes, *The Quiz Show*, Edinburgh University Press, 2008が参考になる。

（2）ここではレイモンド・ウィリアムズの「文化」の定義を参考にしている。彼によれば、「文化」とは〈芸術〉や〈知的活動〉のように、知的開発、教養を高めることを意味すると同時に、人間集団や社会集団の生活様式全体を意味する（レイモンド・ウィリアムズ『文化とは』小池民男訳、晶文社、一九八五年、一〇ページ）。

（3）David Morley, *Family Television: Cultural Power and Domestic Leisure*, Routledge, 1986.

（4）ロジャー・シルバーストーン「テレビジョン、存在論、移行対象」土橋臣吾／伊藤守訳、吉見俊哉編『メディア・スタディーズ』せりか書房、二〇〇〇年

（5）自分で知っていて知らない振りをするという日本のテレビの特徴を、私と太田省一はかつて「自作自演」と呼んで分析した（長谷正人／太田省一編『テレビだョ！全員集合――自作自演の一九七〇年代』青弓社、二〇〇七年）。ファンさんが問題としているテレビのクイズ形式は、この自作自演性のことである。

（6）丹羽美之「クイズ番組の誕生」、石田佐恵子／小川博司編『クイズ文化の社会学』世界思想社、二〇〇三年

（7）同上、八三、八八ページ

（8）特別付録CD「懐かしのラジオ番組」、NHKサービスセンター編『放送八十年――それはラジオからはじまった』NHKサービスセンター、二〇〇五年

（9）クロード・レヴィ＝ストロース『野生の思考』大橋保夫訳、みすず書房、一九七六年、三八―四一ページ。なおジョン・フィスクもクイズ番組を分析するにあたって、レヴィ＝ストロースの「ゲームと儀礼」の議論を使っている。ただし、テレビのクイズが本質的に儀礼に傾きやすいという問題には気づいていない。J・フィスク『テレビジョンカルチャー――ポピュラー文化の政治学』伊藤守／常木瑛生／小林直毅／藤田真文／吉岡至／高

橋徹訳、梓出版社、一九九六年
(10) レヴィ＝ストロース、前掲『野生の思考』三八ページ
(11) 遠藤知巳「メディア的「現実」の多重生成、その現在形——クイズ形式からの観察」、石田／小川編、前掲『クイズ文化の社会学』

14 山田太一、あるいは「愚痴の公共圏」の可能性

1 視聴者と対話するドラマ

山田太一のドラマ作品と言われてまず思い浮かぶのは、登場人物たちが交わす理知的な会話だろう。例えば代表作の一つ『男たちの旅路』（NHK、一九七六—八二年）であれば、特攻隊の生き残りとして、死んだ戦友たちを想いながら戦後を孤独に生きてきた中年ガードマン・鶴田浩二（吉岡司令補）が、「俺は、若い奴が嫌いだ」という議論を若いガードマンの水谷豊と森田健作に吹っかける。鶴田は、自殺の名所と呼ばれるビルに飛び降り自殺しにやってきた若いOL・桃井かおりの行為を止めて何度も殴りつけたあと、部屋に戻ってくると、ぎりぎりの気持ちで死んでいった戦友たちの想い出を長々と語り、だから、「若い奴がチャラチャラ生き死にをもてあそぶようなことをいうと、我慢がならん」と嘆くのだ。

しかしもしこのガードマンが、生理的・感情的に「若い奴」を嫌っているというのであれば、ドラマとしては、そういう彼がいかに若い人びとと軋轢を起こすかを具体的に描いたほうがいいだろう。むろんそのような場面もないわけではないのだが、『男たちの旅路』というドラマの特徴は、むしろ言葉ではっきりと「若い奴が嫌いだ」と言わせてしまうところにある。酒場で若い人がいないときに、そうした愚痴を言う人間ならいるかもしれないが、直接若者に向かって、「若い奴は嫌いだ」とはっきり言う

人間など、なかなか想像できない。それが当時の多くの視聴者に、このドラマが大きな衝撃を与えた理由だと思う。

だからこの台詞は、芝居がかっていてどこか不自然なのだ。もし彼が目の前の若者が嫌いだというなら、「お前たちが嫌いだ」と言えばいいだけのことではないか。つまり「若い奴は嫌いだ」というこの台詞は、ドラマ内の鶴田浩二と二人の若者の対話を超えて、むしろ視聴者に向けての一般的な問いかけになっている、と考えるべきだろう。あなたたち視聴者は、元特攻隊員のそういう感慨を、ただ古臭いノスタルジーと思ってきただけではないのか、あなたたちは本当に正面から戦争体験の意味を考えたことはあるのか、と。だから私たちは、この台詞を通して、若者や戦中派に関する自分自身の考え方に対して反省的思考を促される。それが、山田太一ドラマが視聴者に感じさせる、独特の理知性や対話性だと思う。

そのように山田太一が理知的な台詞を使って視聴者への問いかけを行った代表的ドラマとして、山崎努主演の『早春スケッチブック』（フジテレビ、一九八三年）を思い出すことができる（最近いよいよ世評が高い）。洋館に一人で住んでいる風変わりなカメラマンの山崎が、一八年前の恋人・岩下志麻と彼女との間にできた息子・鶴見辰吾の前に突然現れる。岩下志麻は一〇年程前に信用金庫に勤める平凡な男・河原崎長一郎と子連れ同士で結婚し、彼の娘の二階堂千寿と四人で平和な家庭を営んでいる。その平穏無事な家庭生活を営んでいる河原崎長一郎一家の人びとに向かって、山崎努は「そんなのありきたりだ」、「いったいお前らの暮らしはなんだ」と理屈っぽい批判の言葉を投げかける。

むろん、それはドラマのなかの家族たちに向けられた言葉なのだが、その超人思想とも言うべき深い洞察に満ちた言葉は、茶の間でテレビをのんびりと見ている視聴者の側に突き付けられたように聞こえてきて、私たちの平凡な暮らしを揺さぶってくる。引用してみよう。

どうせ、どっかに勤めるか？／どうせたいした未来はないか？／バカいっちゃいけねえ。そんな風に見切りをつけちゃいけねえ／人間てものはな、もっと素晴らしいもんだ／自分に見切りをつけるな／人間は給料の高を気にしたり、電車がすいてて喜んだりするだけの存在じゃあねえ／その気になりゃあ、いくらでも深く、激しく、ひろく、やさしく、世界をゆり動かす力だって持てるんだ／偉大という言葉が似合う人生だってあるんだ(1)

まるで演劇の独白のような台詞だろう。だから山田太一のドラマがディスカッションドラマと呼ばれるとするならば、登場人物同士のディスカッションであるというよりは、山田太一と視聴者との間で仮想的に繰り広げられるディスカッションドラマだと言うべきなのだ。私たちはこういう台詞を聞いて、自分自身の常識を自ら問い直し、考え直すことを促される。

『岸辺のアルバム』（TBS、一九七七年）もまた、そのような意味で、山田太一が視聴者たちの平凡な暮らしに対して問いを投げかけたドラマとして論じられてきた。このドラマでは、高度経済成長が生んだ郊外の一軒家に住む中流家族の平凡な生活のなかに隠された個々人の欺瞞――主婦・八千草薫の孤独と不倫、父親・杉浦直樹の勤める商社の売春産業や兵器産業との関わり、長女・中田喜子のフリーセックス幻想、白人幻想の破綻――を、受験勉強でノイローゼ気味の国広富之が芝居がかった身振りで家族みんなの前で暴露し、父親を殴って家出して、一家の平和な秩序を崩壊させてしまう。そしてそのあとに本当に多摩川の洪水がやってきて、その一軒家を押し流してしまうのだ。

このドラマもまた、テレビ視聴者の中流家族が持つ幸福幻想に対する山田太一自身の問いかけ（アンチ・ホームドラマ）として作られたと言われる。一家の主婦・八千草薫が、いたずら電話の男の声に誘い出されて不倫してしまうよろめきドラマとして楽しんでもよかったはずなのだが（事実当時の週刊誌はそう扱っていた）、いまでは誰もそんな風にこのドラマを説明しない。

以上三作について見たように、この時代の山田太一ドラマが「社会派ドラマ」と呼ばれたのは、単に彼が主題として家族問題、老人問題、障害者問題を扱ってきたからではない。そのドラマ自体が、視聴者との間で「対話」する公共的空間を作り出してきたという意味で、彼は「社会派」的な作家だったのだ。

例えば『ふぞろいの林檎たち』（TBS、一九八三年）の毎回のタイトルが、「学校どこですか」、「生きしてますか」、「胸をはっていますか」という視聴者に対する直接的な問いかけの形式を取っていたというのもまた、その一つの証左だと言えるだろう。山田太一自身、『男たちの旅路』と『早春スケッチブック』という二作品は、視聴率のよしあしとは関係なく、視聴者からたくさんの重みのある感想や批評の手紙をもらったドラマだったと誇らしげに書いている。(2) そこに私たちは、テレビドラマがある種の公共圏を作り出し、人びとが作品を通して社会について考え、作者と対話しようとしたという事実を知ることができるのだ。

2　愚痴の公共圏

理知的な対話を視聴者に投げかける作家としての山田太一。実際に、いまでも人びとは山田太一というとすぐに、『早春スケッチブック』の山崎努や『男たちの旅路』の鶴田浩二の、お説教じみた長台詞から受けた感動や影響について競って語り合おうとする。だが私は、それを聞くたびにそうだろうかと疑問に思う。山田太一ドラマは、ああいう強い個性を持った人間たちの発する理知的なメッセージで私たち視聴者を圧倒したドラマなのだろうか。どうも違うように思うのだ。

例えば『ふぞろいの林檎たち』が四流大学生たちの学歴コンプレックスやブスの女性が感じている切ない気持ちに焦点を当てたドラマだったように、山田太一のドラマは老人や障害者や若いOLなど、いつも社会的に陽のあたらないような弱い人びとの切なさや遣るせなさを取り上げてきただろう。それらを理知的な対話を仕掛けたドラマと簡単に言い切れるだろうか。

例えば、老人問題を取り上げた秀作『男たちの旅路　第3部　シルバー・シート』（一九七七年）を思い出そう。笠智衆、加藤嘉、藤原鎌足、殿山泰司ら老人ホームで暮らすおとなしい老人たちが、突然、車庫で都電をジャックしてしまう。彼らを説得するために鶴田浩二が都電に乗り込んで、なぜこんなことをしたのか、そのわけを聞き出そうとする。すると例によって老人たちの独白的な長い台詞が始まる。

踏切りをつくったり、学校をつくったり、米をつくっていた人間だ。あんたがころんだ時、起こしてくれた人間かもしれない。しかし、いまは、そんな力がなくなってしまった。じいさんになってしまった。すると、もう誰も敬意を表することがない／気の毒だとは言ってくれる。同情はしてくれる／しかし敬意を表することはない。右手の不自由な役立たずのじじいに誰が敬意を表するかと、言われるかもしれない。しかし人間は、して来たことで、敬意を表されてはいけないかね？(3)

老人に向かって同情はしてくれるが敬意は表してくれない。この台詞は、若さや新しさに絶対的な価値を置く近代社会に対する、老人の側からの鋭い問いかけになっているだろう。だからそれを聞いたガードマンの鶴田は、それをぜひ外にいる若い人びとにも説明してあげなさい、と勧める。「こんなことをした以上通じても通じなくても、みなさんの思いを表に出て言いなさい。……でなければすねた子どもが押入れにとじこもってたのと変わらんじゃありませんか」。すると、予想外の言葉が老人たちから返ってくる。「私たちは、すねて押入れにとじこもった子どもです」と。だから何の主張もせずに、彼らは黙って警察に連れていかれてしまい、そのあとすぐにドラマは終わってしまう。

見ている視聴者としては、呆然とするしかない。敬意を表されたいという老人たちの思いと若い人びとの考えとの間に何らかの対話が起きようとしたところで、そういう対話をすること自体が老人たちから拒否されてしまったのだから。だからここではディスカッションドラマは、機能不全を起こしているように見える。

だが逆に、そこにこそ山田太一が描こうとする独特の公共圏があるように私には思えるのだ。考えてみよう。例えばもしこの老人たちが、「人間は過去にしてきたことで敬意を表されるべきだ」という主張を若い人びとに向かって堂々と熱く語り、それを聞いていた人びとから賞賛の声が上がったとして、それは彼らが望んでいた「老人に敬意を表する」ということなのだろうか。

むしろそれは、公的な場で堂々と自己主張する老人たちの「若々しい」行為に敬意を表しているにすぎないだろう。そうではなく、彼らが求めているのは、たとえ耄碌していても、ただ老人であるというだけで敬意を表されたいということだったはずだ。それは、堂々と主張したとたんに自らを裏切ってしまうような逆説的な主張でしかない。だから、彼らは鶴田浩二の勧めに抗ってでも、自分たちは「すねて押入れにとじこもった子ども」にすぎないと言って発言を断るしかないのだ。

つまり、ここで山田太一が描き出そうとしているのは、公共圏ではあっても、人びとが自らの輝かしい主張や秀でた行為によって互いの独自性を競い合うような（ハンナ・アレント的な）ふつうの公共圏とは違っている。そのようにして自らが主張する言葉を持たない老人や障害者といった弱者たちが、そういう輝きのない弱者であるままに肯定され、認められるような、輝きのない（オルタナティブな）公共圏の可能性が探られているのだと思う。

つまり山田太一のドラマは、決して登場人物たちが理知的な台詞で意見を交わし合う場なのではない。むしろ山田は、意見として表明できないような悔しい気持ちや遣るせない気持ちを、公的な場のなかに表出させようとした。だからその悔しい気持ちを表現した台詞は、「主張」ではなく「愚痴」と言ったほうが近いかもしれない。発言してもどうせ相手には聞き入れられないさ、と思いながら言ってしまうような言葉（「老人に敬意を表してくれないのは傷つくよなあ」とでもいった）を登場人物に語らせるのだ。

今年（二〇一二年）の二月三日にNHKの『スタジオパークからこんにちは』というインタビュー番組に出演した山田太一は、自分のドラマで一番気に入っている台詞を選べと請われて、まさに「愚痴」の台詞を選んでいた。『ふぞろいの林檎たち』の柳沢慎吾が、新しいシャツを買う金をくれと母親・吉行和子にねだって、それを聞いていた父親・石井均に、何をわがまま言ってるんだと殴られたあとで、一人取り残されて言う台詞である。

冗談じゃねえよ（と情けなく小さくいい）俺だってよ（大声で）俺だってよ！（小さく）もうちっと手前らが、いい男にうんでくれりゃ、どんなボロ着てたっていいんだよ。この顔で、この背丈じゃよ。シャツぐれェこらなきゃ、どうなるんだよ（大声で）人の苦労も知らねえでよォッ！(4)

柳沢慎吾演じる西寺実が抱いているコンプレックスが見事に表現された台詞であろう。新しいシャツを買ってくれという親へのわがままな態度の裏には、こういう切ない思いが隠されているのだ。ただし、この言葉は決して親に対して、お前たちは自分を醜男に生んだ責任があるのだからシャツを買えと自分の権利を理性的に主張しているわけではない。そんな公的な権利がないことはよくわかったうえで、なお自分がモテないことの悔しい想いが割り切れない気持ちとして思わず出てしまったのだろう。

つまり、『ふぞろいの林檎たち』は（しばしば勘違いされているのだが）決して学歴や顔の美醜をめぐる社会的な差別を批判し、差別のない社会を目指すことを訴えたドラマではない。勉強ができるとかできないとか、顔が美しいとか醜いとかといった人間の不平等は、決して社会的な仕組みでは解決できないのだから、個々人が自ら宿命として受け入れて生きていくしかない普遍的な問題である。だからこそ、ここで山田はその切ない感情を救い出して表現しようとしているのだ。

あえて言えば、ここでは社会正義に基づく「理性の公共圏」からははみ出してしまうような、人びとが互いの悔しい気持ちを理解し合う「愚痴の公共圏」が目指されている。これを見る視聴者は、自分の心のなかにもコンプレックスや悔しい思いがあるのではないかと探ることを通して、いまの競争社会が作り上げているのとは違った、ある種の普遍的な共同体がありうることを思い起こすだろう。

3　ポストモダンに抗って

以上のように、山田太一は、「理性の公共圏」に対する「愚痴の公共圏」を、テレビドラマを通して描き出そうとした。そう考えたときに、彼のドラマの、戦後日本社会のなかでの歴史的な位置づけがようやく見えてくると思う。ここに取り上げたような山田のドラマの秀作は、一九七〇年代半ばから八〇年代半ばにかけて集中的に作られている。私はそれが歴史的必然だったと思うのだ。

つまり七〇年代とは、公共的な政治によって社会変革を目指す戦後民主主義的な理想が衰退していった時代だからだ。象徴的に言えば、六〇年安保闘争のデモ隊は国会に突入したという意味でまだ戦後民主主義を信じていたのに対して、六九年の安田講堂事件や七二年のあさま山荘事件のような立てこもり事件も、七〇年のよど号から七七年のダッカ日航機にいたるハイジャック事件も、もはやそうした「理性の公共圏」が信じられなくなった革命家たちが、「シルバー・シート」で都電ジャックする老人たちと同様に、あるいは押入れに閉じこもってすねる子どものように、理想の現実を信じられずに自滅的に行動を起こしたようにしか見えないだろう。

そうやって「理性の公共圏」が衰退していった七〇年代になったときに、人びとは女性や子どもや障害者が中心に生きている「親密圏」を社会的に議論すべき大事な領域として初めて認識するようになった。そして、彼らが生きている親密圏（私生活空間）に向かって放送されるテレビメディアに関しても、公的空間で上演される映画や演劇とは違った意味があるということが了解されるようになった。六〇年代であれば、家族を大事にするような男たちは、公的な理想を捨ててしまった「マイホーム主義者」として（非政治的人間として）揶揄されることが常識だったと思う。だから七〇年代には秘かに、文化の公共性と私性をめぐる大きな価値転換が起きていたのだ。その価値転換の結果として、若者と女性をあたかも勝者であるかのように輝かせる消費文化・メディア文化が八〇年代以降に花開いたと考えるべきだろう。

山田太一、倉本聰、向田邦子らを中心とした、テレビドラマ作家が社会的に注目を浴びたのは、まさに七〇年代のこうした下位文化（サブカルチャー）の価値転換のなかで起きた出来事だったと思う。彼らはそれまでの平凡なホームドラマや刑事ドラマとは一線を画すような新しい表現を目指していたとはいえ、しょせん、家族を中心とした親密圏を生きる人びとの細やかな感情を表現するという意味では、六〇年代的な政治と芸術の前衛文化の時代には決して評価されないような表現でしかなかったことも間違いないだろう。

このことは、山田太一自身の個人史とも符合する。彼自身も六〇年代の前衛的な表現と身近にすれ違ったあとに、ようやくテレビドラマに辿り着いたからだ。山田が松竹大船撮影所に助監督として入社したのは一九五八年だった。その翌年から、彼の数年先輩の大島渚、吉田喜重、篠田正浩らが、それまでの松竹大船調のホームドラマに反旗を翻して、六〇年安保闘争などの新しい政治的な風俗を取り入れた先鋭的な作風の映画を作り、やがて会社と対立して辞めていった。つまり、山田太一が松竹に在籍した五八年から六四年はいわゆる松竹ヌーヴェルヴァーグの隆盛期だった。しかし山田太一は、そうした先輩たちの前衛的な動きにはほとんど同調することなく、すでに時代遅れに見えていた巨匠・木下恵介監督の忠実な助監督として働き、木下がテレビに移動するのにしたがって六四年ごろテレビドラマのライターとなった。

だから山田太一のドラマには、まったくと言っていいほど前衛的な気負った表現はない。物語は平明に進行し、台詞はいたってわかりやすい。それは例えば、山田の親友の寺山修司が書いた『わが心のかもめ』（NHK、一九六六年）というドラマ表現の先鋭さと比べてもあまりに対照的である。その意味で、山田太一の表現は、政治や芸術の前衛的運動が盛んだった六〇年代が終わったあとの、それらが自閉的な内向性を帯びていく鬱屈とした時代としての七〇年代にふさわしい（「後衛的」とでも呼ぶべき）独特の特徴を持っていたと言えよう。だから都電をジャックする老人たちは、安田講堂に籠もった学生たちの内向性の余韻を引き受けたかのように見えたのだ。

しかし八〇年代になると時代はまた大きく展開し、それまでマイナーな位置にいた若者や女性たちを主役にした情報消費文化が、社会や文化の中心的な位置を占めるようになる。下位文化が本当に文化的に勝利してしまったのだ。だからテレビドラマの世界においても、郊外のニューファミリーや都会の独身者の消費生活を描いた鎌田敏夫脚本の『金曜日の妻たちへ』シリーズ（TBS、一九八三―八五年）や、『男女七人夏物語』（TBS、一九八六年）などが大ヒットして、ドラマが若者文化・消費文化の最先端を担っているかのような扱いを受けるようになっていく。

そうやって七〇年代の敗者たちが社会的・文化的に勝利していくなかで、山田太一はどうしたか。彼は勝利の道から降りたと言うべきだろう。そのころ（八〇年代半ばに）彼は民放の連続ドラマは、視聴率至上主義が徹底的に支配していて自分の個人的な思いが書けないことに怒りを表明し、徐々にNHKの単発ドラマを中心に書くようになり、トレンディドラマブームが社会的に沸騰する一九九〇年前後には自分の活動の場を変えていった。

彼がそもそも「若者」や「女性」をドラマの主人公に選んだのは、彼らが社会的な評価を得られないで悔しい思いをしている「敗者」だと考えたからだった。[5]そういう彼らのなかに眠っている、「愚痴」でしか表されないような切ない思いを公的な場へと掬い取ろうとしたのだった。だから女性や若者が輝かしい勝者の顔でドラマの世界を闊歩しだしたとき、山田はそれらに急速に興味を失っていった。

現在の私たちは、山田太一という作家を二時間スペシャルドラマで名作を書く「勝者」であるかのように考えてしまう。しかし、山田太一のその位置は、彼が連続ドラマという勝利の世界から自ら外れようとしたからこそ得たものなのだ。だからいま私たちは、ただかつて偉大なドラマを書いた巨匠として山田太一を論じても何の意味もないと思う。『キルトの家』（NHK、二〇一二年）など最近の作品においても、山田太一が私たちに問いかけていることは同じである。

社会的な仕組みによっていかに敗者が勝利できるかを考えるような「理性の公共圏」ではなく、いかなる社会であっても必ず現れざるを得ない、社会的な敗者たちの声が微かに聞こえてくるような「愚痴の公共圏」をいかに作り出すかということだ。あるいは、そういう愚痴の声が聞き取れるような感受性を私たちがいかに鍛え上げるかということだ。彼の数々の秀作ドラマは、そうした「愚痴の公共圏」の潜在的な可能性を、いまも私たちに突き付け続けている。

注

（1）『山田太一セレクション　早春スケッチブック』里山社、二〇一六年、二五四ページ
（2）『山田太一作品集4　男たちの旅路②』大和書房、一九八五年、あとがき
（3）『山田太一セレクション　男たちの旅路』里山社、二〇一七年、二九六ページ
（4）山田太一『ふぞろいの林檎たち』新潮文庫、一九九〇年、三一四ページ
（5）本章は、長谷正人『敗者たちの想像力——脚本家山田太一』（岩波書店、二〇一二年）と論旨が重なるところがある。

15　山田太一、「パーソナルな文化」としてのテレビドラマ

1　パーソナルな語りのドラマ

山田太一が日本のテレビドラマの世界に持ち込んだのは、「パーソナルな文化」だったと言えよう。ここで私が「パーソナル」と呼んでいるのは、ただ単に「個人的な」という意味ではなく、例えばラジオのディスクジョッキーを「パーソナリティ」と呼ぶときの、「人格」や「個性」という意味をも含んでいる。正式な訓練を受けたアナウンサーが、自分の人格や個性をできる限り排して、正確な日本語を話そうとするのに対して、六〇年代末のラジオの深夜放送でフォークシンガーなどが親しい友人に語りかけるような親密な雰囲気で若いリスナーを惹き付けたとき、彼らは「パーソナリティ」と呼ばれるようになった。アナウンサーの文化が、儀礼的で型にはまったフォーマルなコミュニケーションの文化だとするならば、このとき生まれた「パーソナリティ」の文化は、インフォーマルで親密な人間関係を生み出す文化であったと言えるだろう。

山田太一が、木下恵介プロダクションの作家という制約から抜け出して初めて自分の個性を打ち出した脚本を書き、後の脚本家たちに大きな影響を与えたと言われる『それぞれの秋』（TBS、一九七三年）は、お茶の間で幸せそうな会話を繰り広げるホームドラマの隆盛という当時のテレビ界の潮流に反旗を

翻し、家族は本当は互いにそれぞれの秘密を抱えて集まっている他人同士にすぎないという事実を暴露したドラマとして紹介されてきたし（クライマックスで父親が脳腫瘍にかかって自分が抑圧していた家族への悪口を一挙に話してしまう）、事実そのとおりなのだが、そのアンチ・ホームドラマ的な物語が、決してマイホーム主義批判のような正しい理屈としてではなく、あくまでラジオのディスクジョッキーのような「パーソナルな語り」を通して提示されたということが重要な意味を持ったのだと思う。

すなわちこのドラマでは、主人公一家の次男で、優しいが気弱な大学生である小倉一郎が、視聴者に向かって自分の視点から語りかけるというパーソナルなナレーションが斬新だったのだ。それ以前のドラマのナレーションが、登場人物たちの主観的な台詞と対比されるべき客観的な語りとして（まさにアナウンサーとして）ドラマを進行させていたのに対して、『それぞれの秋』の小倉一郎は、あくまで登場人物の一人として主観的な視点から、視聴者に親密な調子で語りかけた。だからドラマ全体がパーソナルな雰囲気を湛えることとなった。

例えば第一回の最後、小倉一郎はまるでヌーヴェルヴァーグの映画のように、直接にカメラ＝視聴者の方向に向かって、「あまりぼくは頭のいい役じゃないんで、恰好はよくないんですけどね。でも、恰好のよい人生なんて、そうザラにあるわけじゃないしキリッとした二枚目なんて、ぼくは照れるほうですからこのほうが僕に一番合っているような気がします」と口語体で語りかける。こうした何とも言えない、率直な雰囲気の語りが視聴者の心を奪ったのだ。

山田太一の『それぞれの秋』以降の、いわゆるアンチ・ホームドラマと呼ばれる一連の代表作品――例えば、郊外住宅の主婦・八千草薫が日常生活の孤独と虚しさから浮気をしてしまう『岸辺のアルバム』（TBS、一九七七年）、高校生の男女優等生が両親のような決まりきった人生を歩みたくないと家出して同棲生活を始める『沿線地図』（TBS、一九七九年）、型破りな人生を送っているカメラマン山崎努に平凡なサラリーマン一家が「お前ら骨の髄までありきたりだ」と罵倒されて日常生活を揺さぶられる『早春スケッチブック』（フジテレビ、一九八三年）など――は、決してこうした主人公の一人称的ナレーションによってドラマが進行させられるわけではないものの、家族の崩壊というドラマの主題は決して客観的にではなく、『それぞれの秋』と同様、いずれも高校生の気の弱い長男の眼を通して（主観的に）描かれている。そして、それぞれの重要な場面にいたると、やはりその主人公の男の子たちが、ナレーションで自分の気持ちを独白的に語り始めるのである。

例えば『岸辺のアルバム』であれば、長男・国広富之が母親・八千草薫を尾行していってラブホテルに入っていくのを目撃するという痛々しい場面で（第六回）、「気がつくと上り電車に乗っていて、母を尾行しはじめていたのだった。……母親を尾行するというのは嫌らしかったが、ぼくは神さまかなにかに惹かれるように、母を追って、小田急線から井の頭線へのりかえ、渋谷に出てしまったのであった」と、彼自身が自分の行動を説明する「独白の台詞」によってドラマは進行させられる。

また『沿線地図』の第一回は、主人公の男の子・広岡瞬が自室でノートに「ぼくたちの心の中には出来事に対して、他人に対して、ひどく無感動なところがある。なにかをぼくたちは喪ってしまったような気がする」という内面的な言葉を書きつけてそれを独白として読み上げるところから始まるし、『早春スケッチブック』の最終回は、山崎努が病死したあとで日常生活に戻った一家の光景が描かれるとき、やはり長男・鶴見辰吾の「我が家は何気ない毎日だった。でも、この三カ月がなんでもないはずがなかった。少なくともぼくは変わらなければならないと思った」という独白のナレーションで終わる。

つまり山田太一の『それぞれの秋』以降のアンチ・ホームドラマ的作品群は、同時代にフォークソングやラジオの深夜放送を通して「パーソナルな文化」に触れていた若者たちの、自分の親密な世界を大事にするような新しい感覚を通して描かれていた。『岸辺のアルバム』はしばしば、戦後日本社会の高度経済成長が生み落とした核家族の日常生活に対して突き付けられた挑戦状だったと言われるが、しかし実際のドラマは決してそうした居丈高な姿勢からではなく、むしろ家族の現状に胸を痛める青年の、純真な内面性を通して描かれていただろう。そのことを最も象徴的に表しているのが、いま見たような国広富之の内面的な独白なのである。

2　フォニーとしての家族

山田太一は、六〇年代末以降、若者たちを中心に普及した「パーソナルな文化」をテレビドラマに導入した。だがむろんそれは、青年の独白的ナレーションというドラマの形式だけに言えることではない。それらのアンチ・ホームドラマにおいて家族をどのように描いたかというドラマの内実にも関わってくる問題だ。つまりそこでは、ホームドラマで描かれるような家族の団欒が、見せかけで嘘っぱちだということが、若者のパーソナルな感覚によって批判されているからだ。

例えば『岸辺のアルバム』の長男・国広富之は、母親の浮気現場を見てしまうだけでなく、大学生の姉がアメリカ人に乱暴されて妊娠・堕胎するという事件の始末にも関わり、父親の勤め先の商社が業績不振で兵器産業に関わっているという事実も知ってしまう。しかし、そうやって家族それぞれの不道徳な秘密を一人で抱え込んだ彼が怒るのは、そういう彼らの不道徳さに対してではない。そうではなく、彼らがそういうショッキングな出来事に遭遇しながら率直に傷つくことなく、取り繕って平然と家族の一家団欒を演じていることを「インチキ」だとか「ロボットだ」と言って怒るのである。そしてみんなの秘密を芝居がかったやり方で暴露すると、「これは本当の俺ン家さ」と叫んで家を出ていく。つまり彼にとっては、インチキ（演技）か本当かが大事なのだ。

こういう国広富之の純粋さを帯びた、家族が「インチキ」だという怒りは、青春小説のロングセラー、J・D・サリンジャーの『ライ麦畑でつかまえて』の高校生主人公、ホールデン・コールフィールドの怒りを思い起こさせる。実はこの小説こそ、『それぞれの秋』の主観的ナレーションの発想源になったと山田太一自身が説明しているのだが、[1] この独特の独白饒舌口語体によって語られていく小説において、主人公の口癖は、まさに国広が口にするのと同じ「インチキ」（フォニー）という言葉である。彼は、同級生や先生や親たちが、取り繕って平穏に社会生活を送っているのを指して、ひたすらインチキだと毒づき続ける。例えばガールフレンドに向かって「いつか、君、男の学校に行ってみるといい。……インチキ野郎でいっぱいだから。やることといったら、将来キャディラックが買えるような身分になるために物をおぼえようというんで勉強するだけなんだ。そうして、もしもフットボールのチームが負けたら、残念でたまらんというふりを見せなきゃなんない[2]」と言ったりする。

つまり彼は自分の同級生たちが、自分で本当にいいと思っていることをやるのではなく、社会的評価に同調するために勉強したり、同級生のチームを表面的に応援したりするような姿勢を徹底的に「インチキ」（フォニー）だと批判する。こうしたホールデンの「本当」志向の態度は、まさに先に述べた「パーソナルな文化」の持つ特徴だと言えるだろう。彼は、映画鑑賞はほかの観客たちと一緒に見て、彼らの反応を気にしなければならないから（社会的な文化だから）大嫌いだと言い、それとは反対に一人で自由に（パーソナルに）読める本が大好きで、とくに自分が感動するのは、「全部読み終わったときに、それを書いた作者が親友で、電話をかけたいときにはいつでもかけられるようだったらいいな、と。そんな気持を起こさせるような本」[3]だと言う。これはまさに読書に対して、ラジオのディスクジョッキーのように、自分一人に向かって親密に語りかけてくれるようなパーソナルなコミュニケーションを望んでいることを意味しているだろう。

坪内祐三は、一九五一年にアメリカで発表されて数年間で一五〇万部を売り上げたというサリンジャーの『ライ麦畑でつかまえて』を、それまで「子供」から「大人」へといたる間のとても曖昧で実体のない存在だった「若者」に対して「言葉」を与えた小説だったとして、エルビス・プレスリーやジェームズ・ディーンの登場と並べて論じている。[4]いわば五〇年代アメリカの大量消費社会は、生産活動には直接関わらない純粋な消費主体として「若者」を生み出した。その若者たちにぴったりとはまったパーソナルな感覚の小説として、『ライ麦畑でつかまえて』はベストセラーになった。日本でこの本がブームになった一九六四年は、日本がそうした新しいアメリカ流の若者向け消費文化を受け入れ始めた年と言えるかもしれない。その新たな若者文化が日本社会を変えていく時代的潮流のなかで山田太一は、テレビの世界に、反社会的でパーソナルな感覚を導入した。

だが、むろん山田太一は、こうした若者の気分に対して必ずしも同調的だったわけではない。例えば『岸辺のアルバム』なら、家族の平穏なんか嘘っぱちだという国広富之のコールフィールド的な主張よりは、むしろそれに反論して高校の先生が諭すように言う「みんな、取り繕って、漸く平和に暮らしてるんだ。平穏無事が気に入らないなんて、あんまり安っぽい不満じゃないかな？」という台詞のほうに、どちらかと言えば加担していたと思う。なぜならこのドラマ自体が、国広富之が家族の秘密を暴露することで崩壊して終わるのではなく、妻の浮気を知ってしまった夫・杉浦直樹がそのショックから何とか立ち直り、少しずつ夫婦関係を取り戻していく修復の過程を時間をかけて丁寧に描いているからである。

つまり、そこに一九七〇年代から八〇年代初頭にかけて作られた山田太一のアンチ・ホームドラマ作品群の複雑な魅力があるように思う。山田は、テレビドラマの世界に、若者のパーソナルな文化を導入しながら、同時にそうした反社会的な気分を社会のなかに包み込もうとした。その矛盾し合う二つの力が彼のアンチ・ホームドラマの魅力となっていた。しかし八〇年代半ばになると、時代の変化に合わせて、その作風は微妙に変化していくことになる。

3　消費社会のなかのパーソナルな孤独感

山田太一の最も有名なドラマ『ふぞろいの林檎たち』（TBS、一九八三年）の主人公・中井貴一は、明らかに『それぞれの秋』以降の、悩む青年たちの系譜にある。人はいいが気弱で要領が悪い大学生・中井貴一は、第一回で、性欲を持てあまして歌舞伎町の風俗店に入り、憧れの女子大生・高橋ひとみのマッサージを受けて射精する快楽に傷ついて涙するくらいナイーブだ。それは、『それぞれの秋』の小倉一郎が、その第一回で友人にそそのかされるままに電車のなかで女子高生に痴漢をして、その相手の桃井かおりに捕まって不良女子高生グループに暴力を振るわれるという屈辱にまみれるのとよく似ているだろう。中井貴一は、明らかに山田のアンチ・ホームドラマを支えてきた、傷つきやすい若者の一人なのだ。

にもかかわらず、中井はそれ以前の若者たちとは少し様子が違っているように思う。七〇年代の山田ドラマの若者たちに比べて、パーソナルな感覚が少しばかり薄いのだ。それは、このドラマに中井の独白的なナレーションがないということに端的に表されている。確かに、第一回の冒頭で、中島唱子を相手にして、自分がどんなに一生懸命勉強しても要領が悪いために大学入試にどんどん落ちてしまったという告白的な長台詞を述べる場面はあるのだが、やはりそれは会話であって内面の独白ではないだろう。このドラマの二年前に作られた同じ山田による女性版の青春群像劇『想い出づくり。』（TBS、一九八一年）では、主人公の古手川祐子が、毎回のようにドラマの冒頭に一人で出てきて、独白的なナレーションで自分の気持ちを説明していたのだから、やはり『ふぞろいの林檎たち』の独白的ナレーションの不在は決定的に際立っている。

『ふぞろいの林檎たち』が、それまでの山田太一ファンとは異なった大勢の視聴者を獲得したのは、恐らくこの独白的ナレーションの不在と大きく関係しているだろう。四流大学の男子学生三人組が（落ちこぼれ扱いという社会的差別には苦しむものの）インカレお遊びサークルを立ち上げて（ホールデンならインチキだと罵倒するだろう）、友情と恋愛という青春の楽しみを謳歌するこのドラマでは、いわば七〇年代的な「パーソナルな文化」の臭いが希薄なのである。だからそれは、それまで深夜ラジオのパーソナリティたちのような、どこかマイナーな感じの人気しか持っていなかった山田太一を、八〇年代的な消費社会のメジャーな作家へと一挙に押し上げた（彼自身は、このあとそこから撤退していこうとするが）。

だがむろん『ふぞろいの林檎たち』に、七〇年代的な、あるいはサリンジャー的な「パーソナルな文化」がまったく不在だったかと言えば、そんなことはないと思う。言うまでもなく、個室に籠もってパーソナルコンピュータを扱うような仕事をする、孤独な青年・国広富之がそこに登場していたからである。彼は、人情味あふれる三人組の落ちこぼれ大学生たちとは対照的に、自分の同棲相手・高橋ひとみを割のいいバイトとして風俗店で働かせてしまうような、何でもスパスパ割り切って合理的に考える、東大出の嫌味な秀才として描かれているから、確かに親密なコミュニケーションを求める「パーソナルな文化」とは一見無関係に見える。しかし、世の中の大人たちがふつうにやっていることをインチキだとしか考えられない孤独な青年という意味では、ホールデンや小倉一郎たちと案外近い位置にいると思うのだ。

八〇年代以降の消費社会の発展は、人びとが自分の快適な生活を追求する「パーソナルな文化」を社会の主流の位置に押し上げた。家族のため、会社のために働くのではなく、自分の快楽のために消費することがそれぞれの人間のアイデンティティになっていった。そうした個人的消費の快楽を社会全体が商業主義的に推進するというような捩じれた潮流が八〇年代の日本社会を覆ったとき、ホールデンや小倉一郎が感じていた孤独感はどこかに置き去りにされてしまったように思う。ネクラという言葉がこの時代に流行したように、消費文化を主流にした社会は、個々人が内的に感じているパーソナルな孤独感を社会の闇のほうに押し隠してしまった。『ふぞろいの林檎たち』の国広富之は、そうやって自分たちが抑圧してしまった、本当の「パーソナルな文化」の歪んだ回帰として現れているように思う。

そうした八〇年代半ばから山田太一は、小説やドラマで、さまざまな人間の孤独感を主題として描くようになる。『異人たちとの夏』（新潮社、一九八七年）では、中年のテレビ作家が、妻と離婚して都会の真ん中のマンションで暮らす孤独感のなかで、幼いときに亡くした両親の幽霊に出会う。『遠くの声を捜して』（新潮社、一九八九年）では、深い心の傷を負った青年が、空中から電波のように飛んでくる孤独な女性の声を聴きとって秘かに交流し合う。また笠智衆を主演にしたドラマ『冬構え』（NHK、一九八五年）は、主人公の老人が自殺する場所を求めて旅するという悲しいドラマだ。これらの作品に共通して漂っているのは、恐ろしいほどの孤独感である。山田太一は八〇年代的な消費社会の狂奔のなかから、そうやって人びとの心の奥底の孤独を何とか掘り起こそうとしていたように思える。それが山田太一にとっては、もはやかつてのように若者文化ではなくなった、中年や老人たちの「パーソナルな文化」だったのだと思う。

言うまでもなく現在の私たちも、制度化された偽のパーソナルな消費文化（パーソナルコンピュータの文化）のなかで、本当のパーソナルな孤独感を押し殺して生きている。むしろ逆に若者たちは、スマートフォンを使った社会的コミュニケーションによる友人関係への過剰な気遣いから、そうした孤独感をますます心の奥底で膨らませているように見える。そんな風に思ったのは、先日、学生たちに『ふぞろいの林檎たち』を見せたときに、いままでにない反応があったからだ。そのとき学生たちは、中井貴一や時任三郎らの主人公たちではなく、オタクっぽい国広富之に対して、「可愛い」と共鳴したのだった。社会的コミュニケーションが苦手で、いつもスケジュールに追われて自己防衛的に生きることしかできない国広の姿に、彼らは自分たちの姿を投影していた。最終回で国広は、中井貴一たちの濃密な仲間付き合いに「いいね」と率直の憧れの言葉を漏らすと、次の瞬間ワイシャツにネクタイを締めたままスクーターで中井の実家の酒屋の配達に出かけるのだが、それを見てみんなは共感の爆笑をした。

七〇年代に山田太一が発見した若者文化としての「パーソナルな文化」は、八〇年代以降消費文化として制度化されることで、むしろ人びとの心の奥底に孤独感として押し込まれてしまった。しかしいまようやく、その親密さを求める孤独な感覚が自分の内側にあることに若者たちは気がつきつつあるように思える。その意味で山田太一が作り上げた「パーソナルな文化」としてのテレビドラマの数々は、いまもそのアクチュアリティを失っていないと思う。

注

（1）『みんな子どもだった』（BS-TBS）二〇一二年五月二七日放送

（2）J・D・サリンジャー『ライ麦畑でつかまえて』野崎孝訳、白水社、一九八四年
（3）同上
（4）坪内祐三『アメリカ――村上春樹と江藤淳の帰還』扶桑社、二〇〇七年

16 永六輔、アマチュアリズムと放送の民主主義

1 『夢であいましょう』と素人の民主主義

永六輔は、アマチュアリズムの実践者であった。彼の仕事は、テレビの放送作家、作詞家、ラジオのパーソナリティ、著述家など実に多岐にわたっていたが、それらに一貫した主張があったとすれば、それは「素人」性を重んじたということだと思う。例えば放送作家としては、テレビ番組にさまざまな「素人」を起用することを好んだし、作詞家としては、夜の繁華街の玄人たちの恋愛模様を描くのではなく「素人」たちの平凡な恋愛や人生を描こうとしたし、ラジオのパーソナリティや著述家としては、ごく平凡な「素人」たちの言葉を収集して紹介することに徹しようとしただろう。私は、永がそのように「素人」にこだわったということは、あらゆる市井の人びとの声を公共空間のなかに拾い上げようとする、彼なりの民主主義の実践だったように思える。だからここでは、そうした彼の思想的な実践の意義と限界は何だったのかを考えてみたい。

例えば、彼の放送作家としての代表的な仕事である『夢であいましょう』（NHK、一九六一—六六年）というテレビ番組を思い出してみよう。それはまさに題名の通り、当時の日本人にとっての「夢」のように輝いて見える世界として作られたと言えるだろう。つまり、洒落たミュージカル風の洋楽の歌や踊

りにテンポよくコントが挟み込まれるという、アメリカのバラエティ・ショー番組風の構成でできていたのだ。それは同時代に、ザ・ピーナッツとクレージーキャッツが出演して、やはりアメリカンポップスのカバー曲とコントの巧みな組み合わせで人気を博した、『シャボン玉ホリデー』（日本テレビ、一九六一―七二年）とあわせて、アメリカ的なエンターテインメント文化を日本の家庭生活のなかに示してみせて、人びとの憧れを掻き立てたことで知られている。しかし永六輔が構成した『夢であいましょう』は、『シャボン玉ホリデー』（青島幸男構成）とは一つだけ違いがあった。それが「素人」性なのだ。

『シャボン玉ホリデー』は、訓練された声で双子の絶妙なハーモニーを聞かせるザ・ピーナッツや一流のジャズバンドだったクレージーキャッツが、ずっこけた「コント」も演じてみせるというバラエティ番組だったが、しかし基本的にはプロフェッショナルなショーの世界（夢の世界）でできていたと思う。しかしそれに対して『夢であいましょう』は、音楽の演奏と歌に関してはプロフェッショナルの世界だったかもしれないが、しかしそれが「素人」性によって意図的に脱臼させられてしまうところがあった。例えば、司会（MC）に起用された中嶋弘子は、ファッションデザイナーであって、放送の仕事にはまったくの「素人」だった。だから彼女が番組の節目節目に出てきては、恥ずかしそうに上半身を右側に傾けてたどたどしく話すという「素人」性が人びとの評判になった（何年経っても下手なままだったと永六輔自身も言っている）。

そしてコントの場面も、ある意味では「素人」性を帯びていた。浅草の癖の強い芸人だった渥美清や谷幹一は、彼ら芸人同士で息の合ったコントを見せることを禁じられ、天然気味の黒柳徹子やミュージシャンで演芸にはまったくの素人の坂本九や中村八大、それに背の高い変な「外人」のE・H・エリックたちと組んだコントを必ずさせられたからだ。だから彼らはプロの芸人としては、とてもやりにくかったに違いない。しかしそのプロと素人の間の微妙な息の合わなさから生まれる可笑しさこそが、永六輔の狙いだった。彼にとってテレビとは、プロの芸など関係なく、どんな素人でも平等に参加することのできるような異種格闘技の空間（＝公共空間）であるべきだった。後の『テレビファソラシド』（NHK、一九七九―八二年）でも、彼はその方針を貫き、例えばNHKで一番堅いアナウンサーだった加賀美幸子とその時代に最も異端な素人芸をやっていたタモリというまったく呼吸の合わない二人にわざと会話をさせて、そのずれから笑いを生み出そうとしただろう。

作家・小林信彦は、まだ雑誌編集者だった時代に、『夢であいましょう』に（素人として）何回か出演したときの経験を『テレビの黄金時代』のなかで自嘲気味に記している。長篇の喜劇映画論を発表したばかりだった小林信彦は、知人だった永六輔から「ギャグ」の特集をするので、喜劇映画の専門家として生放送で解説してほしいと頼まれた。しかし実際は専門家としてスラップスティックコメディの解説をするだけでは終わらず、その後、自分の解説したギャグの内容通りにパイをぶつけられたり、水槽に入れられたりするという羽目に陥ったそうなのだ。(1)つまりここでも永は、たとえ専門家であっても、テレビ番組においては、芸人や歌手と平等にコントに参加して笑い者にならなければならないと考えたのだ。そこに、彼の放送に関する民主主義的な平等思想がよく表れているだろう。だから放送作家としての彼自身もまた、自分の番組のなかで笑われるべき一人の出演者になっていった。ただし彼は、青島幸男や大橋巨泉のように放送作家から出演者のプロへと「玄人化」してしまうというのではなく、あくまで「素人」的な恥じらいをどこかに残したままで出演し続けた。そこがやはり、いかにも永六輔的だったと思う。

2 「こんにちは赤ちゃん」とマイホーム主義

このような「素人の民主主義」とでも言うべき永六輔の思想が、さらに明確に言葉として表現されたのが、作詞家としての仕事だった。例えば、『夢であいましょう』の「今月の歌」のコーナーから生まれた、坂本九の「上を向いて歩こう」(一九六二年)や梓みちよの「こんにちは赤ちゃん」(六三年)といった曲(中村八大作曲)の、平凡な(素人的な)私生活を描いた歌詞を思い出してみよう。実は私は小学生時代、「こんにちは赤ちゃん」をテレビで聞いて、ちょっとした衝撃を受けたのだ。やや逆説的だが、そのときの私にとって歌謡曲とは、大人の恋愛の艶っぽい世界を垣間見せてくれるような文化だったからだ。例えば、青江三奈が濃い化粧とスパンコールつきのドレスを着て歌う「伊勢佐木町ブルース」(六八年)の冒頭部分の「アー、アー」という吐息の表現に、大人の性的世界をうっすらと感じつつも、その過剰な表現方法が面白くて同級生たちみんなと真似しあって遊んでいたし、いしだあゆみが「ブルー・ライト・ヨコハマ」(六八年)で、「揺れーて揺れーて、揺れてあなたの腕の中」と鼻にかかったような甘い声で歌うその歌い方に、やはり不健全な大人の恋愛の世界を感じて心惹かれていたのだった。

そんな夜の繁華街の恋模様を歌ったような歌が多い歌謡曲の世界のなかにあって、「こんにちは赤ちゃん」はまったく違った雰囲気を持っていたのが私には新鮮だった。そこにはごく普通の「素人」の生活の健全な匂いがあったからだ。「こんにちは赤ちゃん　あなたの笑顔　こんにちは赤ちゃん　あなたの泣き声　そのちいさな手　つぶらな瞳　はじめまして　わたしがママよ」。この歌詞の内容は、私にとってはあまりにも身近な日常的世界そのままであり、平凡な家庭生活の一場面から生まれるような、ごく普通の感情を表しているとしか思えなかった。夜の女が男に捨てられた未練をドラマチックに歌った歌謡曲と比べたとき、自分の赤ちゃんに「わたしがママよ」と語りかけるという日常的な家庭生活の一場面は、あまりにドラマ性がないように感じられたのだ。

しかし永六輔が作詞家として狙ったことは、まさにそうした素人的世界を描き出すことだったと言えるだろう。なぜなら永にとっては、ふつうの人びと（＝素人）の平凡な私生活のなかの小さな幸福の感情こそが、最も社会的に尊重されるべき事柄であり、他人の目から見れば恥ずかしいような私生活のなかの小さな幸福の感情を、公的な場で堂々と歌えるような社会こそが日本の目指すべき社会だったからだ。違う言い方をするならば、それは、国民の私生活の喜びを抑圧した戦時中の全体主義国家に対抗するという意味での、永六輔の戦後的な民主主義思想のメッセージだったと思われる。(2)

だから、その素人民主主義の思想は、「いつもの小道で目と目があった　いつものように　目と目をそらせた」と平凡な初恋の感情を歌った「いつもの小道で」（六三年）であっても、娘の結婚を父親が「娘よ　おめでとう　パパもママもあの野郎がとても　好きになったよ　あん畜生が」と祝う「娘よ」（六四年）であっても表されているのだし、さらには、いずみたくと作った「見上げてごらん夜の星を」（六三年）における、「見上げてごらん　夜の星を　小さな星の　小さな光りが　ささやかな幸せを　祈ってる」というところは、それがより直接的に表現されていると言えるだろう。この「ささやかな幸せ」というフレーズこそが、永六輔の作詞家としてのテーマだったのだと思う。

もちろん、そうした永の「ささやかな幸せ」というマイホーム主義的な民主主義思想には、時代的な制約があったことは間違いない。「こんにちは赤ちゃん」のなかに「わたしがママよ」という印象的なフレーズがあるように（この時代に「ママ」という呼称を家庭で使う習慣は日本社会にまったくなかったから、大勢の視聴者から「アメリカかぶれ」と批判されたそうだ）、そこにはアメリカ的な消費生活への憧れがあったのだ。(3)だから永六輔の表した、誰もが私生活の幸福を目指す権利があるという思想は、そのまま高度経済成長や消費主義的生活を推し進めていった国民的な思想でもあった。つまり、それは国民全体に共有されていた大きな物語であって、本当に永六輔の一人の「素人」としての私的感情を歌った歌ではなかった。だから実際に永六輔は、六〇年代後半に高石友也（現在では「ともや」）、岡林信康、三上寛、小室等といったフォークソングのシンガーソングライターたちが、本当に素人の歌手として彼ら個人の政治的考えを訴えたり、自分の私的な世界を歌い始めたりしたときに、自分は「引き時」だと考えて作詞家を辞めたと説明している(4)。その意味で永六輔の作詞家の仕事は、フォークシンガーのような自作自演の素人作家たちが大量に出現する前の段階で、プロフェッショナルな作家として素人の私的な民主主義を主張するという、特異な作品だったと言えるかもしれない。

3　『日曜娯楽版』と放送の民主主義

こうした「素人の民主主義」と呼ぶべき永六輔の思想は、もちろん昭和八年生まれの彼自身の戦争体験に直接的には根ざしたものだったのだろうが、しかし同時にそれはとりわけ「放送」という形式にも関わったものだったと思われる。永六輔は、戦後日本で行われたラジオ「放送」の民主主義的可能性の探求の影響をもろに受け、それを引き継ぐような現場で育てられたからだ。どういうことか。

日本の戦時中の（ラジオ）放送は、国家に管理された放送であった。日米開戦の知らせも天皇による終戦の詔勅もともにラジオを通して国民に遍く知らされた。つまり国家はラジオ放送を通して国民の生活や感情をコントロールした。放送というメディアは基本的には、一人の声を放射状に大勢の人に向かって伝達するという形式でできているから、自然に任せていれば必ず権力者の伝達媒体として利用されてしまう。だから占領軍は、人為的に日本の放送のありようを、民衆＝素人たちを主役にするような民主主義的なメディアに変革しようとした。例えば、マイクを持ったアナウンサーが街頭に出て、食糧問題や失業問題といった社会問題について人びとの意見を聞く『街頭録音』（一九四五―五八年）、誰でも望めばマイクの前で好きな歌を歌うことができる『素人のど自慢』（一九四六年―）、聴取者が投稿したトンチやなぞなぞに回答者の専門家が答えられなければ賞金が出る『話の泉』（一九四六―六四年）といったように、聴取者（素人）が主役として自由に発言・表現ができるような番組が次々と作られたのだ。(5)

こうした「素人の民主主義」を実現した放送のなかでも、とりわけユニークだったのが三木鶏郎が作ったことで知られる音楽バラエティ番組『日曜娯楽版』（一九四七―五二年）だろう。これは、歌とコントをテンポよく組み合わせて、世相や政治を「風刺」して圧倒的な人気を誇るという特異な娯楽番組だった。例えば、当時頻発して人びとを困らせていた「停電」をテーマにした初期の回では、合唱で「オヤまた停電　マックラケ　電気がなければ仕方がない　これじゃ何にもできません　だけど停電大好きだ」と歌われるとそのままコントとなって、「停電大好き？　みんなが困ってるのに、なんでまた停電が好きなのよ？／へーい、ロ一ソク屋でございい」とか「みんなが困っているのに、何がそんなに嬉しいんだい？／だって、ちょうど彼氏と会ってたときなんですもの」と、同じ「停電」をテーマにしたさまざまな掛け合いのコントがテンポよく続けられるといった具合だった。(6)しかしこの番組の歌やコントは、トリローグループという番組専属の専門集団が演じていたのだから、素人が主役として登場したわけではない。ではどこに素人性があったのか。

まず第一に、こうしたコントの多くが素人＝聴取者からの投稿だったということだ。ふつうの市民にとっては、この番組は正面切って政治批判ができる唯一の番組だったために匿名の投稿は後を絶たなかったという。実はそうした素人の投稿者の一人が永六輔だったのだ。彼は、中学三年生のころ（一九四八年）から小遣い銭稼ぎに投稿の常連となり、大学生になるとそのままトリロー文芸部という番組の制作グループに迎え入れられてプロの放送作家となったのである。いわば素人としての活動の延長で、素人の代表としてプロになったと言えばよいだろうか。

そして第二に、その聴取者から投稿されたコントを演じていたトリローグループもまたプロの芸人ではなく、中学の数学教員（河井坊茶）、映画商事会社の宣伝係（小野田勇）、新劇俳優（三木のり平）、日劇のダンサー（丹下キヨ子）といったようなまったくバラバラな経歴の持ち主の四人が、彼らなりのチームを組んでコントと歌を演じていたのだ。彼ら自身が、戦災で家を失ってバラックに住んでいた自分たちのことを「みんな素人なんですよ。……白足袋芸術ではない。つまりバラック建のものをつくりたいんだ。ぼくたちは物質的に恵まれない良識のある大衆の同志だと自負している⑺」と、自分たちが素人の代表であることを強調していた。いや何よりも彼らのリーダーの三木鶏郎自身が、音楽雑誌を編集していただけで、放送にも音楽にもコントにもほぼ素人という特異な人物だった。

つまり『日曜娯楽版』は、放送における「素人の民主主義」の理想的なありようを実現したような奇跡の番組だった。永六輔は、その投稿者から制作者へと、まさにその放送の民主主義の探求のただなかで放送作家としての基本を身に付けていった。永によれば、そのトリロー文芸部の様子もまた、映画や芝居における徒弟制度を中心にした封建的な雰囲気とまったく違って、才能さえあれば若い人でも採用するような開放的な気分に満ちていて「ああ、これが民主主義だと思った⑻」と述べている。つまり放送とは、戦後民主主義社会のなかにあって、既存の封建的なルールに縛られずに素人たちが誰でも主役になれるような民主主義の社会を実現しようとするヴァーチャルな実験空間だったことがよくわかる。だからこそ、ここから神吉拓郎、野坂昭如、五木寛之といった才人たちが育っていったのだろう。

そして実は永六輔が独り立ちして作った『夢であいましょう』は、歌とコントをテンポよく組み合わせた番組という意味でも、素人同然の人たちがそれを演じてみせるという意味でも、テレビ版の『日曜娯楽版』だったと言うことができるだろう。永六輔は、『日曜娯楽版』が生み出した素人の民主主義の理想郷をテレビにおいて彼流に受け継ごうとしたのである。

4　ラジオと「素人の民主主義」の実践

一九六〇年代末以降、永六輔は、流行歌の作詞家やテレビの放送作家のようなマスメディアの仕事を控え目にして、ラジオと活字という地味な世界へと活動の舞台を移すことになった（舞台関係の活動も多かったのだが、これに関しては私は無知なので省略させて頂く）。その理由は、（先述したが）高石友也らフォークのシンガーソングライターたちが大勢出現したためだと永は言っている。彼らがそれ以前のプロの正式な作法や常識にこだわることなく、素人（アマチュア）として自分が作った歌を自在に歌って人びとに自分の主張を訴えている姿を見て、永は自分の仕事がしょせん素人のフリや味方をしたプロの仕事でしかない（私にはそれは素晴らしいことだと思うのだが）ということに限界を感じたらしい。だからその後の永六輔は、もっと間近で「素人」の声に触れて、それを紹介するという直接的なコミュニケーションに関わる仕事に向かっていくことになる。それはいわば、放送や歌詞のなかにおいて仮構されていた「素人の民主主義」という理想的空間を、現実的な空間において実現していくための実践的活動だったように思われる。

まず著述業においては、それは「無名人名語録」という形を取って表現された。永は日常生活や旅のなかで聞いた、さまざまな無名人＝「素人」の言葉をメモに取って、それを論理的に整理するというよりも、バラエティ番組の細切れのコントのように、それぞれの発言の個性を生かすように編集して本にするという作業を続けた（『無名人名語録』講談社、一九八七年、『普通人名語録』講談社、一九八八年など）。そのなかの「老い」「病」「死」についての言葉を集めて彼自身の簡単なコメントをつけたのが、大ベストセラー『大往生』（岩波新書、一九九四年）である。その本の内容は、例えば、◯「タフですねと言われるようになったら、身体に気をつけなさいよ」、◯「あの人はいい人だって言って歩くと、その人はいい人になる努力をするんですね。それで早死するんです」、◯「歳をとったら女房の悪口を言っちゃいけません。ひたすら感謝する、これは愛情じゃありません、生きる智恵です(9)」といった具合に一つひとつの言葉が、常識や綺麗事をひっくり返すコントのような楽しさに満ちていて、まさに素人たちを主役としたバラエティ番組が紙上で形作られるといった趣きになっているだろう。

そしてラジオにおいても、それが「放送」というマスメディアの形式でありながら、パーソナルに一人ひとりのリスナーに語りかけているように聞こえるという特徴を生かして、永六輔はテレビでは実現できないような「素人の民主主義」を実現しようとし続けた。もちろん通常のラジオと同様に番組に届いた手紙を紹介するという形を取ったのだが、それだけでなく、旅の先々で出会った人びと（素人）の会話や出来事を、番組で報告するというスタイルでラジオのパーソナリティを務めたのだった。永自身の説明によれば、一九七一年に民俗学者の宮本常一に出会ったとき、「放送の仕事をするなら、電波が飛んでない先にも行ってくれ。そこで考え見たものを、スタジオに持って来て伝えて欲しい」と言われたことをモットーとしてきたと言っている(10)。そういう意味で、『永六輔の土曜ワイドラジオTokyo』（一九七〇―七五年、『土曜ワイドラジオTOKYO永六輔その新世界』一九九一―二〇一五年）や『永六輔の誰かとどこかで』（一九六七―二〇一三年）といった長期にわたって続けられたラジオ番組は、放送というメディアを利用して素人の公共圏を現実的に作り出すための仕事だったと言えるだろう。

そして何よりラジオでは、テレビとは違って、永六輔自身が自分の意見を率直に言うことができた。いわば彼が憧れた、フォークシンガーたちの自作自演の歌と同じように、自分の考えを自分の言葉で人びとに向かって語ることができたのだ。だから彼はラジオを通して、職人たちが曲尺《かねじゃく》を使うと法律違反になってしまうのは理不尽だという尺貫法復権運動を唱えたり、彼が好きな山頭火の俳句を読み続けてブームを起こしたり、あるいはあまり知られていないが、「フォークの反対側にご飯を乗せて食べるのをやめよう市民連合」という当時の洋食の日本的作法の不自然さを批判するといったような、独特の言論活動を展開していった。いわば「ささやかな幸せ」を作り出しているはずの日常生活のなかにある、ちょっとした理不尽なことに対して、素人感覚で怒り、それを素人の一人として変えようとした。まさにアマチュアリズムの実践だ。それらは、もはや放送の空間のなかに「素人の民主主義」をヴァーチャルに作り出すというプロの仕事ではなく、現実社会のなかに「素人の民主主義」を作り出す媒体としてラジオを利用するという活動だったのである。

だが私たちは、テレビ時代、作詞家時代の永六輔の仕事が、虚構の民主主義を作ったにすぎない偽物であって、ラジオ時代の仕事が現実を変革する本物の仕事だったという評価の仕方に賛成できるかというと違うと思うのだ。実際、私たちは東日本大震災のあとで、「上を向いて歩こう」という、私たちの日常的感情の表面を歌っているようでいながら、実はどこかで個々人の心の奥底の悲しみに触れてくるような、しなやかな力を持った日本語の歌があったことに、どれほど感謝したかわからないだろう。フォークシンガーによる自己表現の革命が起きたあと、確かにパーソナルな自分の感情を素直に訴えるような歌はたくさん作られるようになった。しかしそれらは、結局はその作り手の世界に閉じていて、私たちの社会には届いていなかったのではないか。その意味で、永六輔が放送と流行歌を通して作り出した「素人の民主主義」の空間は、いまだ私たちの達成されざる課題として宙吊りにされたままなのだ。それをどのように実現するかは私たちの手に委ねられていると言うべきだろう。

付記

1　永六輔は、素人を重視すると同時に、日本の伝統的な文化や芸能、芸人などを尊重した活動を行ってきたのも事実だ。芸能史を勉強して『芸人その世界』（文藝春秋、一九六九年）などの著作も数多く書いている。永六輔の「素人」への視点をクローズアップした本章では、筆者の力不足もあってこの点をうまく組み込めなかったが、この点に関しては、永六輔が佐々木守による批判（永六輔は芸人にこだわっているから反動的だ）に反論した文章が参考になると思う（永六輔『六輔　その世界』話の特集、一九七二年、一〇四―一〇六ページ）。

2　私事だが、むかし永六輔のラジオにはまって七通ほど番組宛ての葉書を出したことがある。奇しくも永六輔が『日曜娯楽版』に投稿を始めたのと同じ中学三年生のときだ。素人の民主主義を実践していた永六輔はそのすべてに返事をくれた。「お手紙拝読に候」、「楽しいはがきの書ける方ですね」、「オノョーコ語録多謝」（私が彼女の発言を教えようとしたらしい）、自分が出した葉書がないのでそれらの意味はわからないが、いまでも大切に保管してある。永六輔のラジオを通した直接民主主義は、少なくとも私には大きな感化を与えたようだ。「楽しいはがきの書ける方ですね」という返事がどれほどその後の私に励みになったかしれない。だから、こうして追悼の雑誌特集に文章を寄せる機会が訪れたことを感謝する。

注

（1）小林信彦『テレビの黄金時代』文藝春秋、二〇〇二年、八六―九〇ページ

（2）もちろん、これは本書第12章の「子どもの民主主義」、第13章の「儀礼の論理」、第14章の「愚痴の公共圏」

に通じる議論である。

（3）永六輔『上を向いて歌おう』飛鳥新社、二〇〇六年、九五ページ
（4）同上、一八一―一八二ページ
（5）本書第13章や次の論文を参照せよ。長谷正人「テレビジョン、低俗番組、弱者の民主主義――放送の公共性をめぐって」『表象・メディア研究』第六号、二〇一六年
（6）三木鶏郎『三木鶏郎回想録②冗談スケルツォ』平凡社、一九九四年、一五六ページ
（7）井上保『「日曜娯楽版」時代』晶文社、一九九二年、一六六ページ
（8）井上、前掲、二四一ページ
（9）永六輔『大往生』岩波新書、一二ページ
（10）矢崎泰久編『永六輔の伝言』集英社新書、二〇一六年、一九八ページ

17 大量消費社会とパーソナル文化

「テレビが溢れ出てくるようだ」と心のなかで呟いていた。二〇一一年三月の東日本大震災で、街のなかに流れ込んできた津波がメリメリと音を立てて家屋を押し流し、電柱を押し倒し、自動車や船をおもちゃのように運んでいくという、あの凄まじい映像をテレビで見たときのことである。

むろん、電気製品としてのテレビが、その津波の映像のなかに映っていたわけではない。だから「テレビが溢れ出てくる」などという言い方はおかしいかもしれない。だが、津波が押し流していくその家屋のなかには、テレビ、冷蔵庫、洗濯機、エアコン、パソコン、ウォシュレット付きトイレといった、現在の私たちの家庭生活を成り立たせている電気製品がいっぱいに詰まっていただろう。そうした電気製品に囲まれた「安楽な」文明生活が、津波の力でまるごと大地から引き剝がされて、いまその安楽な環境のなかでテレビを見ている私の方向に向かって流れ出してくるかのような恐怖を覚えたのだ。実際、そうした電化された生活環境は、まさに「テレビ」というメディアの力によって、(一九六〇年代以降)歴史的に作り出されてきたものではなかったか。だから私は、津波に押し流されているのは、私たちが共有しているテレビ的な家庭生活それ自体であるように思えた。

逆に言えば、一九五〇年代半ばまで日本の家庭生活は、電気製品なしにでも成り立つものだった。貧しい時代であっても、電気洗濯機や電気冷蔵庫が人びとの生活を安楽にするものとして強く欲望されていたわけではない。石鹼と盥さえあれば洗濯はできたし、近所で新鮮な食材を買ってくれば家庭料理に困ることはなかった。だからさまざまな電気製品を備えた近代的な家庭生活は、生活のなかの必要性から求められたというよりは、幸福な生活の記号やイメージとして人びとの心をとらえたと言うべきだろう。そしてまさに、そうした幸福のイメージを社会に普及させたのがテレビメディアだった。よく言われることだが、アメリカ製テレビドラマの家庭生活の場面に出てくる大きな冷蔵庫に驚き、日本の家電メーカーのコマーシャルに映し出される真っ白な洗濯物のイメージを通して、人びとはそれらを所有する近代的生活への憧れを抱くようになったのだ。

むろん人びとは、そうした幸福な電化生活のイメージを実現しようと必死に働き、そうした生活を獲得することに幸福を感じてきた。それは間違いない。しかし、そうした欲望が自分たちの生活のなかの必要性から自発的に生み出されたものでなく、記号やイメージを通して外発的に作り出されたものである限り、その生活にどこかお仕着せの嘘くささを感じていたことも間違いないだろう。本当にそれが自分にとって必要なのかを問う暇もなく、六〇年代の人びとはひたすら豊かな生活というイメージにとらわれて走っていった。だからそうした大量消費生活は、六〇年代を席巻した高度経済成長の負の側面が、公害問題、石油危機、ドルショックなどによって露わになった七〇年代初頭になって一挙に疑いの目を向けられるようになっていった。

例えば、たかがトイレットペーパー一つを手に入れることに狂奔しなければならないオイルショック時の人びとの惨めな姿は、私たちの文明生活がどれほど脆弱で精神的に貧しいものであるかを示した典型的な事例だろう。だから若者たちを中心に、それまでテレビメディアが広告を通して宣伝してきた豊かな大量消費生活を徹底的に批判するような、エコロジー運動、コミューン主義、ヒッピー文化、ドラッグカルチャーといった、文明的な便利さを拒絶して物質的には貧しくても自然のなかで精神的に豊かに生きようとするオルタナティブな生活を探求する運動が展開されたのだ。そうした大量消費社会を疑う文化革命の潮流こそが、対抗文化としてのサブカルチャーの発信源だったはずだ。

＊　＊

そうやってテレビ的生活が疑われ始めた七〇年代の後半（一九七八年一二月）、テレビ開局二五周年を記念して、テレビメディアが日本社会にもたらしたものは何だったかを問い直そうとするシンポジウムが、四〇名の著名なパネリストを集めて筑波大学で開催された。(1)そこに参加した批評家・津村喬は、テレビがもたらした大衆消費社会の評価をめぐって渡部昇一と激しく対立したことをある時評で報告している。(2)

津村喬によれば、彼がテレビを「高度成長期の大量消費のイデオロギーの主たるメディア」だったと批判したのに対して、渡部昇一は「広告のある国に生まれてよかったといい、買い物の自由こそあらゆる自由の基礎だといい、大量消費社会の維持こそ政治の究極の目的だ」と発言をした。驚いた津村は反論し、①渡部氏は高度経済成長を素朴に肯定するが、資源や環境の問題で成長の論理が根底から崩壊したという事実をどう考えるのか、②消費を統制されるソ連よりまだましという卑しい発想で高度経済成長を擁護することは不可能だ、③広告は消費物資の紹介ではなく、使えるものを捨てさせ、だまして買わせ、ニセの需要を作り出す装置である、④買い物によって自分の自由が成立するという幻想こそ人びとを賃金奴隷にしている、⑤ものを買うことによって人はライフスタイルを選ぶことができるのではなく、企業からライフスタイルを押し付けられているにすぎない、⑥買う自由が自由の本質だとしたら、金のある者しか自由がないことになってしまう、といった論点を提示したという。

昨年（二〇一三年）テレビの歴史を調べるなかで、この津村喬の正当なテレビ批判に出会って、私は率直に驚いてしまった。あの津波の映像を見て私が抱いたようなテレビ的文明生活への根本的な疑念は、すでに高度経済成長の終焉期（七〇年代）に当たり前のように提示されていたのだ。にもかかわらず私たちの社会は、その後の八〇年代以降、バブル経済に踊って、よりいっそう「買い物によって自分の自由が成立する」ような虚構の幸福を追いかけ、低成長時代をいかに生きるかといった七〇年代的なオルタナティブな生活への問いかけを忘れていった。そしてバブル経済が崩壊したあとでも、いやそれどころか、東北の大震災で津波が街を押し流し、原発事故によって私たちの電化生活がいかに脆弱な基盤の上に成り立っているかが露わになったあとでも、相変わらず私たちの社会は、あの出来事をなかったことにするかのように、いかに景気を上昇させ、「買い物」の幸福としての大量消費生活をいかに復活させるかが日本社会の至上命題であるかのような議論ばかりを氾濫させている。だからいまや渡部昇一のような買い物主義への素朴な信仰は、アベノミクスを唱える総理大臣に始まって、ショッピングモールの開発に勤しむ企業人や景気をよくしてくれと政府に要求する庶民にいたるまで、薄められた宗教のように自明な世界観として人びとの意識を支配しているように思える。

＊　＊

だが、それでも大量消費主義とは異なった、オルタナティブな生活の質への問いかけの可能性が私たちの社会のなかですべて閉じられてしまったわけではない。むしろ、その生活のありようを問い直そうとする七〇年代的な文化革命の潮流は、バブル経済の圧倒的な潮流のなかにあっても細々とした流れとして探求され続け、いつの間にか私たちの生活のなかに流れ込んで人びとの生活感覚や意識を変化させつつあると言ってもいいいかもしれない。

ここで私が取り上げたいのは、パーソナルコンピュータの普及によって起きた、生活文化の小さな変容のことである。むろん否定的に考えれば、パソコンはテレビやエアコンや自動車に加えて、人びとに無駄な買い物をさせようと企業が企んで大量生産した電気製品の一種にすぎないだろう。相変わらず私たちは、いまここで大量消費社会のなかに生きていることは間違いない。しかしにもかかわらず、このテクノロジーは、七〇年代のアメリカ西海岸で起きたカウンターカルチャーやヒッピー運動のなかで、それまで国家や大企業が独占していた巨大計算機の技術を極小化して、一人ひとりの個人が自分のパーソナルな内面世界と向き合うための道具として発明された、反＝テレビ文明的なテクノロジーであることも間違いないのだ。

だから私たちの社会はこの機械の影響を受けて、知らず知らずのうちにパーソナルな内面的世界を表現する文化を育ててはいないだろうか。例えば、スマートフォンやデジタルカメラを使って、自分の周囲のパーソナルな生活を自ら撮影し、記録し、インターネットを通して他者と共有するという私的な表現文化がいま隆盛しているだろう。それは同じ映像文化であっても、プロフェッショナルな人びとが大衆に消費されるために作り上げてきた映画作品や広告写真やテレビ映像といった、公的な映像文化とはまったく異なった種類のものである。私たちが自分自身の生活のなかで感じた小さな心の動きを、自分なりのやり方で文字や写真として表現すること。そうした映像文化のＤＩＹ化とでも呼ぶべき現象は、七〇年代に始まったパーソナル文化革命が私たちの生活のなかに浸透してきたことの証左だと思う。

最後に、もう一度津波の映像の話を思い出してほしい。私が衝撃を受けたあの津波映像は、決してテレビ局がヘリコプターを飛ばして大勢の人びとのために撮った、迫力ある俯瞰映像ではなかった。そうではなく、私の心に突き刺さったのは、被災者たちが家庭用デジタルビデオカメラを家から持ち出して、近くの小高い土地などから撮影したパーソナルな映像だった。彼らが、誰のためでもなく撮影した映像は、心理的な動揺でカメラが小刻みに揺れ、状況に応じて素人っぽいパンやズームを繰り返し、撮影者や周囲の人びとが上げる「アー、アー」とか「キャー」とか「地獄だ」などといった恐怖の叫び声とともに津波を迫真性を持って捉えていた。

そうした映像を見て私は初めて、名もなき人びとがパーソナルに津波を経験するとはどういうことなのかをわかった気がしたのだった。それまで私は、映画のような俯瞰的な視点で捉えられた巨大津波しか想像することはできなかった。それこそが大衆消費社会によって育てられた感受性だろう。だとすれば、ホームムービー用のデジタルビデオカメラで捉えられたあの津波映像は、実は私たちの世界観にパーソナルな感覚による変化をもたらしたのではないか。匿名の人びとの私的世界のありように自分の想像力を広げるための訓練となったのではないか。そのような小さな生活感覚の変化が、大量消費社会が進行し続けるなかでも起き続けている。そういう可能性は私たちの社会のなかでつねに開かれているはずだ。……そう信じなければ、息が詰まってしまうくらい、この社会は閉塞感に充ちているということでもあるのだが。

注

（1）筑波会議「テレビジョン二十五年は日本をどう変えたか」（『潮』一九七九年二月号）に、安田武、山田宗睦、田英夫、秦野章、田原総一郎ら一部のパネリストの発言要旨が掲載されている。

（2）津村喬「CM時評」『放送批評』一九七九年二月号、四六―四七ページ

あとがき

本書は、筆者がここ一〇年ほどの間に、多様な映像文化をめぐって書いてきたエッセイや論文を収集したものである。こうして全体を見渡してみると、筆者のなかには、他人から「格好悪い」と言われそうな卑俗な題材をわざわざ選ぼうとする欲望があるように思われる。芸術としての写真ではなく、写真館で撮られた平凡な記念写真。芸術とは何かを探求した現代アートではなく、テーマパークのような見せかけを重視したモネの庭。ブレッソンやドライヤーのような純粋形式としての映画ではなく、卑俗な大衆文化としての股旅映画。そして、写真や映画に比べて低級に見られるテレビの文化。

こうした日常生活の卑俗な文化のなかにこそ、私たちの退屈で閉塞的な現代社会を開放してくれる可能性が眠っているはずだ。そう信じているからこそ、筆者は「ヴァナキュラー」（土着的）という概念を、映像文化を論じた本書の表題に掲げた。日常生活を超える可能性を夢見るためには、頽落した日常生活そのもののなかにもぐり込み、そこで人びとがどんな欲望を持って暮らしているかを、目を凝らして観察しなければならない。優れた映像作品がいかにして日常の論理を超えているかを分析するのではなく、平凡に見える映像文化がどれほど日常の論理に塗れつつそれに抗おうとしているのかを両義的に探求しようとした。不遜かもしれないが、ベンヤミンが、ワイマール期の大衆文化を論じたクラカウアーを評して「屑拾い」と言ったように、本書もまた現代文化の「屑拾い」の役割を果たしていればいいと思いながら編集に取り組んだ。

以下は、本書各章の初出情報である。書いた時期に一〇年以上の幅があり、また雑誌のエッセイから学術的叢書の論文までのさまざまな文脈があったため、各章は長さや文体に関してばらつきがあるかもしれないが、全体を無理に統一するよりも個々の文章の個性をそのまま生かしたほうが「屑拾い」の作業にふさわしいと判断して、加筆や修正は最小限にとどめてある。お許しいただければ幸いである。

第1章：「創造とは何か？——フーコー、キアロスタミ、デリダ」『Mobile Society Review 未来心理』第八号、モバイル社会研究所、二〇〇六年、四—一一ページ

第2章：「写真、バルト、時間——『明るい部屋』を読み直す」『d/sign（デザイン）』第一〇号、太田出版、二〇〇五年、九九—一〇三ページ（その後、青弓社編集部編『明るい部屋の秘密——ロラン・バルトと写真の彼方へ』（青弓社、二〇〇八年、二三三—二四八ページ）に転載）

第3章：「ヴァナキュラー・モダニズムとしての心霊写真」一柳廣孝編『心霊写真は語る』青弓社、二〇〇四年、六三—八七ページ

第4章：「ジオラマ化する世界1　カール・エイクリー／杉本博司の生態ジオラマ」『写真空間1』青弓社、二〇〇八年、二一五—二二四ページ

第5章：「ジオラマ化する世界3　モネの庭」『写真空間3』青弓社、二〇〇九年、一三七—一四五ページ

第6章：「ジオラマ化する世界2『父親たちの星条旗』、あるいはジオラマの内と外」『写真空間2』青弓社、二〇〇八年、一六九—一七九ページ

第7章：「「ヴァナキュラー・イメージ」と「メディア文化」——シミュラークルとしての「ルー大柴」をめぐって」『SITE／ZERO　ZERO／SITE』第三号、メディア・デザイン研究所、二〇

一〇年、一二四―一三三ページ
第8章：「反＝接吻映画としての『晩春』――占領政策と小津安二郎」『ユリイカ』二〇一三年一一月臨時増刊号、青土社、一七五―一八七ページ
第9章：「長谷川伸と股旅映画――映画を見ることと暮らしの倫理性をめぐって」十重田裕一編『横断する映画と文学』森話社、二〇一一年、二四五―二七〇ページ
第10章：「男・健さんどこへ行く――任侠映画以降の高倉健」『ユリイカ』二〇一五年二月号、青土社、八八―九六ページ
第11章：「日本映画のポストモダン――映画文化のパーソナル化をめぐって」『日本映画は生きている第三巻　観る人、作る人、掛ける人』岩波書店、二〇一〇年、二五一―二七二ページ
第12章：「テレビジョン、生活革命、子どもの民主主義」『月刊民放』第四五巻第八号、日本民間放送連盟、二〇一五年、一二―一五ページ
第13章：「解題　テレビの文化人類学」黄菊英／長谷正人／太田省一『クイズ化するテレビ』青弓社、二〇一四年、一六〇―一七八ページ
第14章：「山田太一、あるいは「愚痴の公共圏」の可能性」『ユリイカ』二〇一二年五月号、青土社、九七―一〇四ページ
第15章：「「パーソナル文化」としてのテレビドラマ――山田太一とサリンジャー」『文藝別冊　山田太一』河出書房新社、二〇一三年、二〇四―二一一ページ
第16章：「アマチュアリズムと放送の民主主義」『ユリイカ』二〇一六年一〇月号、青土社、一二五―一三四ページ

第17章：「大量消費社会とパーソナル文化」『世界思想』第四二号、世界思想社、二〇一五年、一八―二二ページ

本書をまとめることを提案され、出版に導いてくださったのは、東京大学出版会の木村素明さんである。木村さんに心から感謝したい。そのほかお名前はいちいちあげないが、初出の雑誌や叢書に原稿を書くときにお世話になった方々にも深く感謝したい。あとは本書が多くの読者の方に出会うことを楽しみにするだけである。

二〇一七年七月

長谷正人

長谷正人（はせ・まさと）
1959年生．早稲田大学文学学術院教授．映像文化論・文化社会学．著書に『映画というテクノロジー経験』（青弓社），『敗者たちの想像力――脚本家　山田太一』（岩波書店），『映像という神秘と快楽――〈世界〉と触れ合うためのレッスン』（以文社），『悪循環の現象学――「行為の意図せざる結果」をめぐって』（ハーベスト社），編著に『映像文化の社会学』（有斐閣），共編著に『映画の政治学』，『テレビだョ！全員集合――自作自演の1970年代』（ともに青弓社），共編訳書に『アンチ・スペクタクル――沸騰する映像文化の考古学』（東京大学出版会）など．

ヴァナキュラー・モダニズムとしての映像文化

2017年 9 月 8 日　初　版

［検印廃止］

著　者　長谷正人

発行所　一般財団法人　東京大学出版会

代表者　吉見俊哉

153-0041 東京都目黒区駒場4-5-29
http://www.utp.or.jp/
電話　03-6407-1069　Fax 03-6407-1991
振替　00160-6-59964

装　幀　水戸部 功
組　版　有限会社プログレス
印刷所　株式会社ヒライ
製本所　牧製本印刷株式会社

ISBN 978-4-13-003380-0　Printed in Japan